2023

宁夏法治蓝皮书

宁夏蓝皮书系列丛书

宁夏法治蓝皮书

宁夏法治发展报告

（2023）

中共宁夏回族自治区委员会全面依法治区委员会办公室　宁夏社会科学院　编

主编 / 李保平

黄河出版传媒集团
宁夏人民出版社

图书在版编目(CIP)数据

宁夏法治蓝皮书：宁夏法治发展报告．2023 / 李保平主编．-- 银川：宁夏人民出版社，2022.12
（宁夏蓝皮书系列丛书）
ISBN 978-7-227-07751-0

Ⅰ．①宁… Ⅱ．①李… Ⅲ．①社会主义法治 - 研究报告 - 宁夏 - 2023 Ⅳ．①D927.43

中国版本图书馆 CIP 数据核字(2022)第 246368 号

中共宁夏回族自治区委员会全面依法治区委员会办公室
宁夏社会科学院 编

宁夏蓝皮书系列丛书
宁夏法治蓝皮书：宁夏法治发展报告（2023） 李保平 主编

责任编辑 姚小云 闫金萍
责任校对 陈 晶
封面设计 张 宁
责任印制 宋 华

黄河出版传媒集团
宁夏人民出版社 出版发行

出 版 人 薛文斌
地 址 宁夏银川市北京东路 139 号出版大厦（750001）
网 址 http://www.yrpubm.com
网上书店 http://www.hh-book.com
电子信箱 nxrmcbs@126.com
邮购电话 0951-5052104 5052106
经 销 全国新华书店
印刷装订 宁夏银报智能印刷科技有限公司
印刷委托书号 （宁）0025088

开本 720 mm × 1000 mm 1/16
印张 21.5
字数 320 千字
版次 2023 年 1 月第 1 版
印次 2023 年 1 月第 1 次印刷
书号 ISBN 978-7-227-07751-0
定价 54.00 元

目　录

总　报　告

法治领域篇

法治理论篇

法治专题篇

法治调研篇

法治市域篇

总报告

ZONG BAOGAO

2022年宁夏法治发展状况与2023年法治形势展望

李保平

2022年党的二十大的胜利召开，是我国政治生活中的一件大事，为我们全面擘画了新时期以中国式现代化推进中华民族伟大复兴的共同愿景和实现方略，也对全面依法治国，推进法治中国建设做出安排和部署，是新时期法治建设的纲领性文献和基本遵循。2022年，在习近平法治思想的指引下，宁夏法治建设取得了重大成果。自治区第十三次党代会明确提出实施依法治区战略，坚决贯彻习近平法治思想，坚定不移走中国特色社会主义法治道路，坚持依宪行政、依法执政、依法行政共同推进，法治宁夏、法治政府、法治社会一体建设，全面推进科学立法、严格执法、公正司法、全民守法，不断提高运用法治思维和法治方式深化改革、推动发展、化解矛盾、维护稳定、应对风险的能力，在法治轨道上加快推进治理体系和治理能力现代化。正是在全面贯彻党的二十大精神，以习近平法治思想为指导，实施依法治区战略的推动下，2022年法治宁夏建设取得了积极成果，维护了社会大局稳定和社会公平正义，为宁夏经济社会发展和社会和谐提供了坚强的法治保障。

作者简介　李保平，宁夏社科院社会学法学研究所研究员。

注：本文在撰写过程中参考了本书有关篇章内容，特此说明。

一、2022 年宁夏法治发展状况

2022 年是宁夏法治建设不断取得成就的一年。全面学习贯彻落实党的二十大报告要求，以《法治中国建设规划（2020—2025 年）》《法治社会建设实施纲要（2020—2025 年）》《法治政府建设实施纲要（2021—2025 年）》为引领，全面实施依法治区战略，法治宁夏建设取得积极成就，迈上了新的台阶。

（一）打造平安宁夏福地取得新进展

2022 年，在以习近平同志为核心的党中央坚强领导下，平安中国建设持续推进，我国已经成为世界上公认的最安全的国家，人民群众的安全感、幸福感空前提升。2022 年，也是平安宁夏建设取得积极成效的重要年份。宁夏紧紧围绕自治区党委和政府关于建设更高水平的平安宁夏安排部署，以党的二十大维稳安保工作为主题主线，以切实增强人民群众获得感、幸福感、安全感为出发点和落脚点，以防范化解影响安全稳定的重大风险为切入点，以市域社会治理现代化、基层社会治理创新、平安创建活动为着力点，扎实做好防风险、保安全、护稳定、促发展各项工作，平安宁夏建设这一“名片”更加亮丽，人民群众安全感、幸福感和满意度进一步提升。宁夏公众安全感连续 12 年保持在90%以上，为加快建设黄河流域生态保护和高质量发展先行区、继续建设美丽新宁夏营造了安全稳定的政治社会环境。

1. 深入推进常态化扫黑除恶斗争

健全和完善扫黑除恶组织领导、举报奖励、依法严惩、防范整治等制度机制，充分运用联合办案、交叉办案、提级办理、领导包案、交办督办等形式，建立扫黑除恶与“打伞破网”一体推进的常态化办案模式，推动常态化扫黑除恶斗争走深走实。2022 年，宁夏共打掉涉恶团伙 4 个；纪检监察机关共立案查处涉黑涉恶腐败和“保护伞”问题 13 件，处理 55 人，给予党纪政务处分 33 人，移送司法机关 7 人。

2. 深入开展打击整治养老诈骗专项行动

针对养老诈骗案件持续上升，2022 年 4 月以来，宁夏部署开展打击整治养老诈骗专项行动。专项行动期间，宁夏共办理涉养老诈骗线索 1765

条，查实 109 条，立案 77 件，侦办养老诈骗刑事案件 88 起，破案 82 起，打掉犯罪团伙 6 个，抓获犯罪嫌疑人 77 人。共排查发现涉诈问题隐患 209 个，已整治完成 180 个，对 89 家企业、机构做出行政处罚，罚款 151.31 万元。

3. 深入推进反电信网络诈骗人民战争

针对近年来电信诈骗多发高发态势，宁夏聚焦严重损害人民群众切身利益的电信网络诈骗违法犯罪，召开反电信网络诈骗人民战争工作部署会，建立健全防范、治理、打击“三管齐下”的工作机制，打响为期三年的反诈人民战争。开展以“全民反诈　你我同行”为主题的平安建设集中宣传活动，营造反诈人民战争浓厚舆论氛围。2022 年以来，宁夏电信网络诈骗发案数连续 10 个月环比下降，共破获电信诈骗案件 3784 起，同比上升 26.9%；破案率 43.2%，同比上升 20.1%；抓获犯罪嫌疑人 4574 人，同比上升 44.9%；挽回财产损失 7647.8 万元，同比上升 9.6%。

（二）践行全过程人民民主，科学立法持续推进，立法质量效益显著提升

在自治区党委的领导和安排部署下，截至 2022 年 11 月底，宁夏人大常委会共审议法规 19 件，其中：制定 4 件、修改 13 件、废止 2 件；批准设区的市地方性法规 5 件，立法质量显著提升，为宁夏经济社会发展提供高质量法治保障。

1. 围绕党委重大决策部署，持续提高立法质效，助推宁夏经济社会发展

制定了《宁夏回族自治区建设黄河流域生态保护和高质量发展先行区促进条例》。打造黄河流域生态保护和高质量发展先行区是习近平总书记赋予宁夏的时代重任，为“先行区”立法，是宁夏人大常委会 2022 年度立法任务的“重头戏”。为营造稳定、公平、透明、可预期的营商环境，制定出台《宁夏回族自治区优化营商环境条例》，全面修订《宁夏回族自治区中小企业促进条例》《宁夏回族自治区枸杞产业促进条例》《宁夏回族自治区节约用水条例》《宁夏回族自治区水工程管理条例》《宁夏回族自治区爱国卫生工作条例》《宁夏回族自治区安全生产条例》《宁夏回族自治区烟花爆竹安全管理条例》《宁夏回族自治区土地管理条例》，打包修改了《宁夏回族自治区道路交通安全条例》等 8 件法规，同时废止了《宁夏回族自治区劳动合同条例》《宁夏回族自治区预防职务犯罪工作条例》。《宁夏回

族自治区固体废物污染环境防治条例》已提交宁夏第十二届人大常委会第三十七会议审议，预计于2022年内通过。上述立法（修法）注重制度机制创新，切中体制、机制障碍和制度瓶颈，体现时效性，为助推先行区建设提供了高质量法治保障。

2. 贯彻落实全过程人民民主理念，不断完善立法工作机制和方法

发挥人大在立法中的主导作用，扎实制定年度立法工作计划，强化落实机制。人大常委会紧紧围绕宁夏经济社会发展需要，在广泛征求意见、认真梳理代表议案建议、深入调查研究、反复论证协商的基础上，完成年度立法计划编制工作。为使立法更加接地气，反映基层人民群众的呼声，加强了基层立法联系点建设，推动全过程人民民主实践。截至目前，宁夏人大常委会法工委共设立21家基层立法联系点，覆盖5个设区的市社区、企业、院校、律师事务所等机构，形成以基层立法联系点为核心，以立法咨询委员会委员、立法联络员、人大代表和立法信息采集点相互联系为延伸的工作格局。统筹立改废释纂，按照党委统一部署，对宁夏现行有效的174件地方性法规和56件法规性决定进行了全面集中清理。截至目前，已审议修订、修正地方性法规41件，废止6件，取得了良好的政治效果、法律效果和社会效果。

3. 以提升备案审查工作质量为抓手，强化人大监督职责

2022年，宁夏人大常委会分别向全国人大常委会、国务院报备地方性法规备案文件23件；收到宁夏政府和设区的市人大、政府报送备案的规范性文件19件，报备率达到100%。创新备案审查形式，开展委托第三方审查。由第三方机构提出初步审查意见，充分发挥专家、学者和法律从业人员的“智库”“外脑”作用，提高了备案审查工作的质量和效率。适应信息化发展的需要，法规规章规范性文件数据库建设实现新突破。2021年6月，全国人大常委会法工委将广东、浙江、重庆、宁夏确定为省级法规规章规范性文件数据库建设的示范地区，经过一年多的努力，现已基本完成了数据库建设示范任务。

4. 设区市立法水平显著提高

2022年，宁夏人大常委会共审查批准设区的市地方性法规5件，其中

批准设区的市制定地方性法规3件，修改2件。其中，石嘴山市制定了《石嘴山市城市公园管理条例》，固原市制定《固原市城市市容管理条例》，中卫市制定《中卫市养犬管理条例》，银川市修订了《银川市城市供热条例》。这些立法都是立足小切口和民生实际，与以往相比，质量效果显著提升。

（三）推进落实《宁夏回族自治区法治政府建设纲要（2021—2025年）》，法治政府建设全面提速

2022年，宁夏紧紧围绕实施全面依法治区战略，以落实《宁夏回族自治区法治政府建设纲要（2021—2025年）》规定的各项任务为抓手，推动宁夏法治政府建设全面提速。

1. 加强督察考核，压紧压实各方责任

坚持把法治建设纳入宁夏党委年度督查检查工作计划稳步推进，优化法治建设效能目标管理考核细则，法治考核分值在效能目标管理考核中的分值比重不断提高。

2. 不断深化法治政府建设示范创建工作，组织开展第二批宁夏法治政府建设示范创建活动

经宁夏党委依法治区委员会办公室第八次会议研究，评选出石嘴山市、灵武市，宁夏市场监督管理厅、药品监督管理局为第二批宁夏法治政府建设示范地区（单位），银川市“多措并举打造村（居）法律顾问‘银川品牌’”等11个项目为法治政府建设示范项目。银川市兴庆区被命名为第二批全国法治政府建设示范地区。

3. 落实行政机关负责人出庭应诉工作，发挥司法监督作用

印发了《关于全面深入推进行政机关负责人出庭应诉工作的若干意见》，建立行政败诉案件分析报告和行政败诉、不履行生效裁判通报等制度，倒逼依法行政责任落实。2022年前三季度，宁夏行政机关负责人出庭应诉率达86.94%，其中10个市、县（区）和7个区直部门（单位）达100%。加快推进行政争议协调化解中心建设，19个市、县（区）建立了行政争议协调化解中心，石嘴山市、固原市实现市、县两级行政争议协调化解中心全覆盖。

4. 行政决策水平有效提升

建立政府常务会议会前学法常态化制度，2022 年 10 月底前，会前讲法学法 6 次；27 个市、县（区）政府常务会会前学法 172 次，区直部门（单位）定期学法 184 次。将合法性审查作为重大行政决策的必经环节，凡提请政府常务会审议的重要议题，由政府或政府办公厅（室）下发的文件，都必须进行合法性审查，截至 10 月底，宁夏各级法制审核部门共审查各类文件、协议 3676 件。出台《宁夏回族自治区重大行政决策事项目录编制指引（试行）》，明确了重大行政决策的事项范围、编制程序、责任分工等，以事项目录化推动决策程序落实。宁夏人民政府连续 3 年向社会公布宁夏政府重大行政决策事项目录，已确定的 40 项重大行政决策事项，均经过了公众参与、专家论证、风险评估、合法性审查和集体讨论决定必经程序。建立健全重大行政决策跟踪反馈制度，对《宁夏回族自治区廉租住房和经济适用住房保障办法》开展决策后评估工作，切实将决策后评估结果作为调整重大行政决策的重要依据，推进重大行政决策科学化、民主化、法治化。

5. 行政执法改革持续推进，公正文明执法成为新常态

编制宁夏《重大执法决定法制审核目录清单》，公布宁夏本级行政执法主体 81 个，宁夏各级执法机关配备法制审核人员 1241 人，占行政执法人员总数的 5.13%。开展行政执法人员资格全面清理工作，“无证执法”现象基本杜绝。全面落实裁量权基准制度，开展行政处罚案卷评查评议活动，纠正执法不规范、程序瑕疵等问题 148 个。编印《宁夏执法案例汇编》，公布行政执法优秀案卷 20 个，以案卷评查促执法质效提升。强化资格证件管理，对 7730 名执法人员统一换发制式服装和标志。开展食品安全专项整治，检查食品生产经营主体 6.58 万户次，完成食品抽检 5016 批次，查处食品违法案件 721 件，罚款 482.51 万元；销毁各类过期药品近 35 万件，检查特种设备生产使用单位 3182 家，发现并消除安全隐患 1485 处；开展“携手清四乱保护母亲河”“黄河干流中卫段取水工程整治”“防汛保安、地下水”等专项行动，黄河流域乱占、乱采、乱建等 6013 个突出问题得到整治，查处水事违法案件 37 件，罚款 81.4 万元。推行说服教育、劝导示

范、警示告诫、指导约谈等柔性执法，积极探索包容审慎监管模式，努力实现宽严相济、法理相融，让执法既有力度又有温度。印发宁夏总体应急预案和16部灾害事故应急预案，建立“1+1+4”应急管理组织指挥机构，搭建“1+41+7”预案框架体系，科学处置“6·21”“7·11”强降雨等灾害，应急管理领域法治保障能力持续强化。

（四）践行司法公正，维护社会公平正义，以高水平司法护航高质量发展

司法被认为是维护社会公平正义的最后一道防线，让人民群众在每一个司法案件中都感受到公平正义是司法工作永恒的追求。

1. 全面落实党对司法工作的绝对领导，把政治建设摆在司法工作的首位

人民法院坚决贯彻党中央决策部署和宁夏回族自治区党委工作要求，围绕“强主责、护稳定、迎廿大”工作主题，出台《关于争做平安宁夏建设者的实施意见》《关于争做法治宁夏先行者的实施意见》《关于争做公平正义守护者的实施意见》，奋力推动新时代法院工作高质量发展，推进更高水平平安宁夏、法治宁夏建设。人民检察院牢牢把握检察机关的政治属性，自觉把党对检察工作的绝对领导贯穿履职始终。认真抓好《中国共产党政法工作条例》贯彻落实，主动进行全面自查并自觉接受宁夏党委和中央政法委督查，认真组织开展“回头看”工作，及时发现并扎实整改问题，形成长效机制，确保《中国共产党政法工作条例》的具体要求在检察机关落地落实。2022年1—10月，向宁夏党委请示报告15次，向宁夏党委政法委请示报告18次。

2. 以优质司法，维护社会和谐稳定，助力高质量发展

依法惩治各类刑事犯罪。1—10月，宁夏法院共受理各类刑事犯罪案件7786件，审结6883件，结案率88.4%。依法严惩渗透颠覆破坏、暴力恐怖、民族分裂、宗教极端等犯罪，依法审结栾某某颠覆国家政权、周某某宣扬恐怖主义等案件。始终保持惩治腐败高压态势，依法审理戴向晖、魏耀东、徐庆、濮实等重大职务犯罪案件。深入开展“反诈人民战争”，深入开展打击整治养老诈骗专项行动，切实维护人民群众合法权益。人民检察院依法履行法律监督职能，2022年1—10月，批准逮捕各类犯罪嫌疑人1628人，提起公诉5604人。依法行使侦查权，立案查办司法工作人员相

关职务犯罪 8 人。深入贯彻“少捕慎诉慎押”刑事司法政策，最大限度减少、转化社会对立面，促进社会内生稳定，不批准逮捕 1370 人，不捕率 45.7%；不提起公诉 2231 人，不诉率 28.47%；开展羁押必要性审查案件 940 人次，诉前羁押率 21.24%。

3. 关注民生福祉，充分发挥司法定分止争和维护社会大局稳定的职责

人民法院全面准确适用民法典，妥善审理好涉教育、医疗、养老、育幼、住房、劳动争议、社会保障等群众关注的热点难点案件。1—10 月，共受理各类民事案件 155325 件，审结 131932 件，结案率为 84.94%。人民检察院深入贯彻《信访工作条例》，对 770 件群众来信实现“件件有回复”，开展信访积案清理和集中治理重复信访“回头看”活动，院领导包案办理首次信访 166 件，化解重复信访积案 43 件，对 1728 件案件组织公开听证，促进矛盾纠纷源头预防和排查化解。聚焦人民群众“舌尖上”“脚底下”“头顶上”“钱袋子”“邮包里”的安全，深化“公益诉讼守护美好生活”、高层建筑二次供水安全整治、窨井施工管理等专项监督，立案办理食药安全领域公益诉讼案件 156 件，同比上升 6.1%；开展道路交通安全公益诉讼专项监督活动，依法监督相关部门整治各类道路沿线运行环境及生态环境；积极参与“反诈人民战争”，深入推进“断卡”行动，起诉电信网络诈骗犯罪 552 人；通过召开联席会议、赴企业走访调研检查、督促快递网点纠改安全隐患等方式，努力推动形成寄递安全“防护墙”。

4. 强化生态司法保护，助力美丽宁夏建设

宁夏法院 1—10 月新收一审环境资源案件 2503 件，审结 2365 件。建立健全协调联动机制，宁夏高级人民法院与宁夏回族自治区人民检察院、宁夏回族自治区公安厅联合出台《关于环境资源刑事案件集中管辖的意见》，中卫市沙坡头区法院与甘肃省白银市白银区人民法院签署审判协作框架协议，中卫中级人民法院联合相关单位出台《关于建立生态环境和资源保护行政执法与司法联动工作机制的意见》，在涉案企业环境污染修复地设立环境司法警示教育基地。人民检察院跟进落实《中华人民共和国黄河保护法》，建立健全水行政执法与检察公益诉讼协作机制，依法起诉破坏黄河流域生态环境犯罪 54 人，监督移送涉嫌犯罪线索 19 人，办理生态环境保

护领域公益诉讼案件904件，同比上升46.8%。持续开展“黄河下流（宁夏段）取水工程”专项监督，部署开展“自备井”取用水问题公益诉讼专项监督和“水行政执法+公益诉讼”专项监督，强化黄河流域水资源保护，提高水资源集约节约利用能力。

5. 司法责任制综合配套改革深入推进

人民法院全面落实司法责任制改革要求，加快构建系统完备规范高效的司法制约监督体系，持续推进审判权力责任清单和履职指引制度，完善“四类案件”识别监管机制，举办宁夏三级法院“四类案件”监管系统操作培训班，压紧压实院庭长监督管理责任。定期分析研究审判执行工作态势，着力提升一审服判息诉率、二审终结率和再审终局率。充分发挥专业法官会议、审判委员会作用，促进疑难复杂案件妥善审理。人民检察院深入推进检察改革任务落实。积极适用认罪认罚从宽制度，刑事案件认罪认罚适用率90.48%、确定刑量刑建议法院采纳率98.47%、一审服判率95.85%。积极适用认罪认罚从宽制度，刑事案件认罪认罚适用率90.48%、确定刑量刑建议法院采纳率98.47%、一审服判率95.85%。完善入员额领导直接办案管理办法和检察官业绩考评机制，常态化开展案件质量评查，立足业务指标抓实科学管理，形成正向激励，172名入员额检察院领导办案4670件，占案件总数的13%。

（五）公安改革扎实推进，公安执法规范化水平不断提升

1. 政治建警成果显著

2022年，宁夏公安机关始终坚持以习近平新时代中国特色社会主义思想为指导，深入学习贯彻习近平法治思想，特别是习近平总书记关于新时代公安工作的重要论述，贯彻落实新时代党的建警治警方针，牢牢把握对党忠诚、服务人民、执法公正、纪律严明总要求，坚持统筹发展和安全，以政治建设为统领，以全面深化公安改革为动力，全力以赴防风险、保安全、护稳定、战疫情、促发展、惠民生，为宁夏经济社会发展创造了安全稳定的政治社会环境。发挥党委理论学习中心组学习、支部“三会一课”、公安大讲堂、专题研讨等多种平台作用，深入学习贯彻习近平新时代中国特色社会主义思想、习近平法治思想、党的二十大精神和习近平总书记重要讲话指示批示、重要训词精神，研究制定宁夏回族自治区公安机《关于贯彻落实自治区第十三次党代会报告分工任务实施方案》《服务保障宁夏经济工作的任务分工方案》，压实工作责任，确保落地落实，坚决做到党中央有部署、自治区党委有安排、公安机关有行动。始终牢记“五个必须”，严防“七个有之”，坚决同一切违背和损害“两个维护”的言行做斗争，全面彻底肃清流毒影响，坚定自觉忠诚核心、拥护核心、跟随核心、捍卫核心。

2. 履行公安职责，维护社会稳定和政治安全

坚定不移贯彻总体国家安全观，强化底线思维，发扬斗争精神，始终把防范政治安全风险置于首位，严密防范、严厉打击境内外敌对势力各类渗透颠覆捣乱破坏活动。推动出台《关于新形势下加强反恐怖工作的实施意见》，完善反恐怖防范标准体系，扎实开展严打暴恐活动、网络暴恐音视频等专项行动，持续保持涉恐案事件“零发生”。依法严厉打击非法宗教和邪教组织违法犯罪活动，运用法治思维和法治方式处理民族宗教领域矛盾和问题，全力确保民族宗教领域安全稳定。组织开展“净网”行动，依法打击治理网络谣言和有害信息，健全并落实网络安全等级保护、关键信息基础设施安全保护等制度措施，全力营造安全清朗网络空间。2022 年以来，打掉恶势力犯罪团伙 4 个，抓获犯罪嫌疑人 43 人。宁夏刑事案件发案数连续三年下降，杀人案件连续 5 年保持全破，“八类”主要刑事案件破案率达到 96.8%，抢劫、抢夺案件破案率达到 100%，电信网络诈骗案件发案数下降至近 3 年最低值，现有吸毒人数下降至历史最低值。

3. 做好重大活动、重大事件安保维稳工作

针对 2022 年大事多、喜事多的现状，宁夏公安坚持“万无一失、一失万无”标准和“精致、细致、极致”的作风，主动靠前工作，系统前瞻谋划，制定方案预案，优化圈层防控措施，强化关键点位防护，严密人车检查流程，严格周边巡逻防控，备足应急处置力量，依法规范文明执勤，圆满完成一系列重要会议、重大活动、重要节日的安全保卫任务，最大限度减少对群众正常工作生活的影响，着力实现安全效果和政治效果、社会效果的有机统一。全力抓好疫情防控。严格落实“外防输入、内防反弹”总策略和“动态清零”总方针，将疫情防控工作融入公安机关日常工作，持

续完善与卫健、交通、通管等部门和口岸地联动对接机制，坚持抓牢两个“第一例”，高效稳妥处“4·06”“4·24”“8·04”“9·20”等突发疫情，全力做好人员转运、检疫站点查控、高风险小区（村）封控管控“三项重点工作”和境外疫情防控工作，积极配合做好流调溯源、秩序维护等工作，依法严厉打击涉疫违法犯罪活动，有效服务宁夏疫情防控大局。

4. 深化公安改革，夯实基层治理基础

深入贯彻落实宁夏加强基层治理“1+6”政策文件精神，制定改革和加强派出所工作“两年规划”，警务室规划建设完成率达 90.8%，派出所民警与县级公安机关民警、社区民警与派出所民警占比达 45.18%、48.55%，派出所所长进班子率达到 100%、社区（村）民警（辅警）进班子率达到 72%，社区民警提供线索破案数同比上升 68.7%，“一室两队”“一警多能”两种勤务模式全面推开。开展“为派出所办实事”活动，制定推行 43 件为基层减负举措，有效激发基层工作活力。持续深化公安“放管服”改革，建立健全“365 天×24 小时”公安政务服务受理办理机制，公安实体窗口非工作日办件量增长 30%。加强警企共建，护航企业发展，建立常态化联系服务企业工作机制，全面落实服务企业 10 项任务举措，制定出台便民利企举措 39 条，协调解决企业群众诉求 160 件。全面推行“严管轻罚”执法举措，轻微交通违法行为免除罚款 2400 万元。加速“宁警通”扩能升级，推动“无犯罪记录证明”等 7 个事项全程网办，公安交管互联网综合服务排名全国第 3 位。持续深化公安大数据智能化建设应用，加快智慧警务建设。颁布实施《宁夏公安视频图像智能化建设应用三年计划》，优化升级移动警务终端功能，上线运行数字警务超市系统，建立态势感知、可视分析、数据建模三大功能模块，研发搭建各类数据模型 700 余个，新建改建视图采集设备 5000 余路，基本形成宁夏公安大数据智能化应用新生态，更好地赋能决策指挥、风险管控、精准打击、基础工作和“放管服”改革，有效提升了警务运行效能和核心战斗力。

（六）法治社会建设取得实实在在的成果，法治宁夏根基更加牢固

1. 基本建成覆盖城乡的公共法律服务体系

公共法律服务体系建设更加完善。印发《公共法律服务护航黄河流域生态保护和高质量发展先行区建设专项行动实施方案》《推进公共法律服体系建设实施方案》，整合宁夏公共法律服务人才资源，组建大中专院校法律援助志愿者团队，建立公共法律服务人才库，推进公共法律服务进园区，成立宁夏首个工业园区公共法律服务中心。组建公共法律服务团，建立参与政府重大决策、重大事项、重大实践维权机制，为重大案件善后提供法律咨询、维权指导、指派辩护等工作。公共法律服务体系建设首次被写入宁夏党代会报告。上线运行宁夏智慧法律服务调度管理平台，实现一台多端、数据融合、协调联动。推进“12348”法律咨询热线与“12345”市民热线归号并线，累计解答法律咨询11万余条，同比增长35%，群众满意率达98.4%，法律服务网在线咨询2300余条，留言咨询2100余条，群众满意率达99.1%。印发《监狱法律援助工作办法》《加强残疾人司法保护的实施方案》等，实行法律援助经济困难告知承诺制，全面推行法律援助异地协作机制，实现法律援助宁夏通办。上门办理法律援助案件257件，异地协作办理82件，累计办理法律援助案件14800余件，援助人数19000余人，挽回经济损失1.8亿元。在全国法律援助案件质量评估中，宁夏通过率100%，优秀率全国第四。在全国率先出台《深化公证体制机制促进公证事业健康发展的实施意见》，将“最多跑一次”公证服务事项从48项增加至70项，推广线上公证服务模式，开通公证云等网络服务平台，实现4项“跨省通办”，22项高频公证事项“线上办、马上办”，梳理制定73项高频公证事项证明材料清单，位居全国前列。宁夏3家公证机构被司法部遴选为参与海外远程视频公证试点。贯彻落实司法部关于“每名律师每年提供至少50小时的公益法律服务”的要求，推动将律师参与公益法律服务列入政府购买服务目录，积极拓展律师公益法律服务领域，努力培育一批有特色、叫得响的律师公益法律服务品牌。宁夏公职律师全覆盖工作取得了新突破，石嘴山市率先实现公职律师工作全覆盖目标，建立的“123456工作法”公职律师统筹使用机制得到司法部肯定，并在全国推广。宁夏党政机关法律顾问工作取得了新进展，1692家党政机关，有1246家配备了法律顾问，各级党政机关逐步推动建立以内部法律顾问为主体、外聘法律顾问为补充的法律顾问队伍。

2. 深入开展法治宣传教育，增强全民法治观念

印发《“谁执法谁普法”履职报告评议实施方案》，进一步压实各部门单位普法责任。聘请56名专家学者组建宁夏“八五”普法讲师团，在宁夏开展普法宣传教育。以“民法典进农村”为重点，部署开展“美好生活·民法典相伴”主题宣传月活动。联合财政厅印发《关于进一步加强村（居）法律顾问工作经费保障的通知》，推动村（居）法律顾问工作再上新台阶。宁夏893名法律顾问为2812个村（居）提供各类法律咨询万余件，化解矛盾纠纷千余件，用法治力量保障乡村全面振兴。印发《宁夏“法律明白人”精准培养试点工作方案》，在全国率先探索“法律明白人”精准培养机制，经验做法被《半月谈》杂志宣传报道。累计培养“法律明白人”7.7万人、骨干8675人，争取中央政法转移资金支持宁夏法治文化阵地高质量建设项目21个，宁夏村居（社区）法治文化阵地覆盖率达90%以上，向司法部推荐申报第九批“全国民主法治示范村（社区）”12个。

3. 加强基层治理，提升基层社会治理法治化水平

印发《宁夏回族自治区基层治理指标体系（试行）》《贯彻落实〈宁夏党委人民政府关于进一步加强基层治理体系和治理能力现代化建设的实施意见〉重点工作任务分工方案》，推动基层治理任务落实。协调6个重点领域治理牵头部门全面总结基层治理“1+6”文件贯彻落实情况，针对瓶颈问题提出意见建议，形成工作报告报宁夏党委。《宁夏回族自治区坚持在法治轨道上推进基层治理体系和治理能力现代化》被中央依法治国办作为法治政府建设实地督察发现的典型做法予以全国通报推广，宁夏党委主要领导同志给予肯定性批示。组织开展宁夏社区矫正“规范管理年”活动，加强社区矫正机构建设，宁夏三级社区矫正机构实现全覆盖，完成5个县区部级“智慧矫正中心”申报和网上考核验收工作，指导7个县区开展部级“智慧矫正中心”创建工作，不断强化科技支撑。指导各地开展“调解九进 服务万家”活动和“调解促稳定 喜迎二十大”专项行动，指导新建立调解组织247个，宁夏现有各类人民调解组织3868个，同比增长7%。不断健全完善诉调对接、访调对接、警调对接工作机制，共设立诉前调解组织28个、信访事项调解组织70个、派驻公安派出所调解室67个，建成

一站式调解中心239个。各类人民调解组织排查矛盾纠纷11万余次，化解矛盾纠纷4.5万件，成功率96%以上。宁夏“塞上枫桥”经验做法被中央依法治国办作为法治政府建设实地督察发现的典型做法予以全国通报推广。目前，宁夏2842个村（居）配备893名律师担任村（居）法律顾问，提供各类法律咨询万余件，化解矛盾纠纷千余件，让群众形成办事依法、遇事找法、解决问题用法、化解矛盾靠法的良好法治环境，零距离为群众提供法律服务。2021年以来，宁夏村居法律顾问共办理17413件法律事务，提供44308小时法律服务，开展3474场普法宣传，参与调解矛盾纠纷2164次，协助村居“两委”起草、审核修订村规民约等1346件，为村居民提供法律咨询等51461次，取得良好社会效果。

4. 充分发挥领导干部在法治宁夏建设中的示范带头作用，努力在全社会形成尊法学法守法的氛围

开展为期半年的行政应诉突出问题专项治理，印发《关于开展宁夏行政应诉突出问题专项治理的实施方案》《关于全面深入推进行政机关负责人出庭应诉工作的若干意见》《宁夏回族自治区行政败诉案件过错责任追究办法》，充分发挥各级行政机关和司法机关联席会议机制作用，细化对行政应诉工作的考核指标，开展行政纠纷诉源治理，有力促进行政争议实质性化解。2022年前三季度，宁夏行政机关负责人出庭应诉率为86.94%，其中10个市、县（区）和7个区直部门（单位）为100%。宁夏行政应诉败诉率为16.17%，低于全国平均水平（19.82%），排名由全国第18名降至第28名。行政机关和领导干部带头尊法学法守法，对引导全体人民做社会主义法治的忠实崇尚者、自觉遵守者、坚定捍卫者，发挥了重要的作用。

（七）法治智库建设为法治宁夏建设提供了高质量的政策建议，发挥了咨政建言、下情上达的重要作用

1. 坚持法学会工作正确的政治导向，做好服务保障工作

全力推进各级法学会和研究会党组织建设。银川市金凤区、吴忠市红寺堡区法学会率先成立党组织，创新推动所属9个研究会成立了党支部，确保党中央、自治区党委和党委政法委决策部署落细落实落到位。印发《关于全区法学会系统认真学习宣传贯彻党的二十大精神的通知》《关于认

真学习宣传贯彻习近平总书记视察宁夏重要讲话指示批示精神的通知》等，推进党的二十大报告和总书记重要讲话指示批示精神学习宣传贯彻；组织全区法学法律界学习贯彻党的二十大、自治区第十三次党代会精神，开展习近平法治思想研究，召开座谈会、专题培训班多场（次）。

2. 法学研究成绩斐然，很好发挥了法治智库作用

2022年，宁夏法学会批准72项法学研究课题结项。其中，《以科学立法助推宁夏黄河流域生态保护和高质量发展先行区建设的建议》《宁夏认罪认罚从宽制度实施情况及若干具体问题研究》《行政公益诉讼在宁夏的实践及效能研究》《宁夏大调解工作的考察与思考》《“半个立法权”的法律规制与实践研究》《乡村振兴战略背景下的乡村治理法治化研究》等10余项研究成果分别得到自治区党委、人大、政府、政协有关领导批示肯定。16人聘任为自治区党委法律顾问、人大常委会立法咨询专家委员会委员、自治区人民政府法律顾问，先后参与《宁夏回族自治区妇女权益保障条例》《宁夏回族自治区生活饮用水卫生监督管理条例》等30余部立法调研、咨询、论证，参加全面依法治区指标考核评估等工作，咨政建言和服务决策的能力不断提高。组建“宁夏黄河流域生态保护和高质量发展法治智库”，成立“宁夏黄河流域生态保护和高质量发展法治研究会”。“习近平法治思想大宣讲”工作成功入选全区“法治为民办实事”五大项目。全面推行首席法律咨询专家制度，聘任72名专家学者进入宁夏首席法律咨询专家库，积极参与党委和政府重大决策论证、重大风险防控、重大矛盾纠纷调处、重大信访积案化解。

3. 法学研究交流有新突破

举办第八届“中国·民族区域法治论坛”，围绕共同富裕与法治建设、黄河流域生态保护和高质量发展法治保障和乡村振兴战略实施中的重大理论与实践问题，深入开展交流研讨，为不断推动少数民族地区法治建设提供有益的法律支撑。承办第十七届“中国西部法治论坛”，形成了一批具有理论价值和指导实践的智力成果，对西部地区经济社会高质量发展起到了积极的促进作用。举办“法治宁夏论坛”、面向五个少数民族地区广泛征集论文1000余篇，既有全国知名学者的创新成果，又有实务部门业务骨干的

真知灼见，层次高、质量优，对于推动法治宁夏建设起到了积极促进作用。宁夏大学法学院联合宁夏社科院社会学法学研究所、宁夏社会学会举办“面向新时代乡村振兴与社会治理论坛”。宁夏法学会组织参加“中国法学家论坛”等高端法治论坛，征集论文500余篇，36篇论文获奖。

二、2022年法治宁夏建设存在的问题

习近平总书记在二十大报告中指出，全面建设社会主义现代化国家，是一项伟大而艰巨的事业，前途光明，任重道远。2022年，国际形势发生重大变化，逆全球化、单边主义、贸易保护主义开始抬头，世纪疫情又使得发展形势更加复杂多变，不确定因素增多，我国发展进入战略机遇与风险挑战并存阶段。这一切，不但对法治中国建设提出更高要求，也使得法治建设面临许多新的问题与挑战。与全国一样，受国内外经济发展形势和世纪疫情影响，宁夏经济社会发展也面临许多亟待解决的问题，全力拼经济，把疫情造成的损失降到最低是一段时期以来自治区党委、政府的核心任务，法治在促进发展和维护社会稳定的压力陡然增加。系统梳理并清醒认识到宁夏法治建设在新的历史背景下所面临的新问题，不仅有利于法治宁夏建设，而且对推动中国式现代化的宁夏实践具有重要意义。

（一）对法治中国建设和实施依法治区战略思想认识不深，行动自觉不够

自治区十三次党代会报告提出宁夏要实施依法治区战略，把坚决贯彻习近平法治思想，坚定不移走中国特色社会主义法治道路，坚持法治宁夏、法治政府、法治社会一体建设，全面推进科学立法、严格执法、公正司法、全民守法，不断提高运用法治思维和法治方式深化改革、推动发展、化解矛盾、维护稳定、应对风险的能力，在法治轨道上加快推进治理体系和治理能力现代化作为实施依法治区战略的重要内容。这是宁夏党代会报告第一次明确把依法治区与创新驱动、产业振兴、生态优先、共同富裕一起，作为新时期建设社会主义现代化美丽新宁夏的重要任务，具有非常重要的意义和鲜明的法治价值导向。在党的二十大报告中，习近平总书记指出，全面依法治国是国家治理的一场深刻革命，关系党执政兴国，关

系人民幸福安康，关系党和国家长治久安。必须更好发挥法治固根本、稳预期、利长远的保障作用，在法治的轨道上全面建设社会主义现代化国家，有助于我们准确把握和理解法治国家建设的重大意义。

1. 对实施依法治区战略在推动宁夏经济社会发展中的作用在一些地方、一些人中还存在模糊认识

改革开放以来，我们是在“一手抓建设，一手抓法制”中推进中国特色社会主义建设的。由于法制不完备，事实上，政策在国家治理中发挥了重要作用。虽然随着法治的不断加强，政策适用的空间也在逐渐压缩，但长期形成的政策路径依赖仍然存在，许多领导干部习惯使用政策工具，且认为好用有效，对法治建设有抵触情绪。面对发展中出现的问题，有些人基于传统思维，认为是法治阻碍了权力的手脚，导致不能放手干事创业，牺牲了效率。因此，对法治建设不认同、有抵触。法治到底是有利于经济社会发展还是相反，实际上历史已经给出了答案。发达国家基本上都是法治国家的事实和改革开放以来我们所取得的巨大成绩，都证明了法治与经济发展的正相关关系。中国超大型国家的历史与现实，也迫切需要法治在国家治理中发挥保障作用。习近平总书记明确指出：法治兴则国兴，法治强则国强。那些认为法治阻碍了发展，牺牲了效率的人，实际上是权力意识在作怪，是思想观念落后的表现。宁夏地处西北地区，长期以来官本位思想影响较大，对法治的适应性低，规则意识不强，一些领导干部习惯搞一言堂，长官意志浓，没有从根本上认识到法治建设的重要性，这也是影响宁夏经济社会发展的影响因素之一。

2. 对法治固根本、稳预期、利长远的保障作用理解不深，落实不够，存在认识偏差

在党的二十大报告中，习近平总书记用固根本、稳预期、利长远对法治建设的重要作用做了高度准确概括，有利于全面加深对法治建设重要性的认识。固根本是要用法治巩固中国特色社会主义的根本政治制度、基本政治制度和重要制度，构建起中国特色社会主义制度的四梁八柱，以法治方式维护中国特色社会主义制度不褪色、不变质。稳预期是从社会治理角度对法治有利于社会长期繁荣稳定所做的说明。随着社会治理复杂性的增

加，人们的预期在社会治理、经济发展中的作用不断增强，所谓信心比黄金还重要就是对预期作用的形象表达。从人类社会治理的经验看，能够给人民带来普遍预期的不是执政者的承诺、政策，而是包括法律在内的法治，与其他规范相比，法律最大的特点是它的稳定性和权威性，这是任何其他规范无法比拟的。利长远是对法治有利于国家长远利益所做的说明。不管是物质利益还是精神利益，利益都是社会的聚合剂，大到国家社会，小到家庭、社会组织、市场主体，利益都在其中扮演了非常重要的作用。有利益就有追逐，有追逐就需要满足。但利益有眼前利益，也有长远利益，有根本利益，也有局部利益，国家存在的价值之一就是对利益的区分与分配，兼顾长远利益与短期利益。在利益的分配中，历史上习俗、道德、政策等规范都是利益分配的依据，但在市场经济发展的今天，只有建立法治化的利益分配制度体系，才能兼顾不同群体的需要，达到利益分配的平衡，才能适应社会发展的需要。完善的社会保障制度的背后，是一系列的法律规范。共同富裕既是道德追求，现实目标，从某种意义上说，也是法治理想。

3. 关键少数以法治理念看待问题，以法治思维分析问题，以法治方式解决问题还没有完全建构起来

习近平总书记非常重视关键少数在法治建设中的作用，提出要发挥领导干部示范带头作用，努力使尊法学法守法用法在全社会蔚然成风。党的十八大以来，随着全面依法治国的推进和法治宁夏建设的提速，宁夏广大干部法治意识、法治观念、法治思维均有较大提升，遇事找法，解决问题靠法的习惯逐渐养成，但也不同程度存在一些问题。在以法治理念看待问题，以法治思维分析问题，以法治方式解决问题存在一些误区。把法治理念理解为法律理念，对道德、习俗、政策等不同规范在社会治理中的作用和价值缺乏深刻认识。把法治思维简化为法律思维，把法治方式，简单理解为是打官司，习惯引导群众通过诉讼渠道解决问题，致使多元纠纷解决机制存在空转现象，不能很好发挥作用。

4. 习近平法治思想学习研究还没有建立起长效机制，学习活动全覆盖仍有盲区

理论是实践的先导，不掌握理论，就会在实践中出问题。当代中国法治建设的最大的理论成果就是我们党依据马克思主义的法治理论，结合中华传统优秀法律文化，汲取人类法治文明成果而形成的习近平法治思想。对习近平法治思想的学习研究，是一个长期的、不断深入的过程，党的二十大报告以“坚持全面依法治国，推进法治中国建设”为题，对法治建设进行全面部署，也是习近平法治思想的实践要求。习近平法治思想从提出至今，宁夏社会各界，特别是自治区法学会、宁夏社科院、宁夏区委党校、各高校，在学习习近平法治思想中做了大量工作，发挥了重要作用。但总体看，对习近平法治思想的学习研究在深度有待提升，在广度上有待扩面，在长效机制建设上有待进一步建立和完善。

（二）面对新形势新任务，以良法促进发展保障善治还存在一定的差距

党的二十大报告对新时期立法工作做出全面部署，提出新的要求。指出人大立法工作要健全吸纳民意、汇集民智工作机制，建设好基层立法联系点。同时，要进一步完善协商民主体系，强化以立法协商为主的人大协商。要加强重点领域、新兴领域、涉外领域立法，统筹推进国内法治和涉外法治，以良法促进发展、保障善治。推进科学立法、民主立法、依法立法。统筹立改废释纂，增强立法系统性、整体性、协同性、时效性。完善和加强备案审查制度。二十大报告关于人大立法工作的重要论述，是指导新时期人大立法工作，推进立法科学化、民主化、法治化的纲领性文件，对指导宁夏立法工作、对照查找立法工作差距具有重要意义。与二十大报告提出的要求相比，宁夏立法工作还存在许多不足。

1. 立法草案质量有待进一步提升

质量是产品的生命线，立法质量也是立法工作的生命线，只有良法才能达至善治目标。亚里士多德认为，法治就是良法以及公民对法律的服从。中国古代也提出法令简约、公正无私等要求。由此可见，对高质量立法的追求，是古今中外法治实践的永恒追求。改革开放以来，宁夏地方立法质量稳步提升，基本满足了经济社会发展的需求，但也存在一些不足之处。在立法质量不高的背后，实际上折射出宁夏法学研究、立法人才、制度机制等方面存在的短板和弱项。实际上，立法人才不足是制约宁夏区市两级人大立法质量的主要原因，而法学人才的不足则直接与法学教育的水平密切相关。从制度机制看，人大常委会组成人员、法制委员会中法学专业人士的不足，直接影响到立法评议、立法草案的质量，进而直接影响立法质量。从宁夏立法工作的实际情况看，部门立法仍然是立法的主要形式，从立法动议到立法调研、论证、起草、审议到立法后评估，社会参与度不高，人民群众参与立法的途径少，立法联系点作用发挥有限。社会即使有参与，往往也是形式大于内容，缺少实质性的参与。

2. 立法创新不足，影响了立法的时效性

立法创新包括两个方面的内容，一个方面是立法规范创新，另外一个方面是立法体制机制创新。这两个方面的创新在实际工作中往往是相互交织在一起的。立法体制机制创新有时直接决定立法创新的水平。宁夏立法创新不足主要表现为对民族地方立法权运用不充分，没有充分发挥民族地方立法权的优势，同时，在宁夏内陆开放型经济试验区、黄河流域生态保护和高质量发展先行区建设立法中，争取全国人大授权立法方面存在不足，没有能够发挥授权立法先行先试的功能，致使“先行区”“试验区”等的建设因为缺少创新规范支持而无法实现制度突破，影响了先行区、试验区建设的质效，削弱了地方立法对改革开放的引领功能。

3. 地方立法的体系化、协同性有待加强

地方立法是一个规范体系，除地方立法外（地方立法也有多种规范形式，如条例、决定、办法等），政府规章、规范性文件都是地方规范体系的重要组成部分。在党的二十大报告中，习近平总书记特别强调要增强立法的系统性、整体性、协同性，就是要解决立法内部的自洽性不足问题。近年来，宁夏加大了对原有地方立法的立改废工作，推进了立法的系统性、整体性和协同性，但仍然存在一些问题。地方立法之间、立法与部门规章之间、立法与规范性文件之间还存在一些系统性、整体性、协同性不足的问题。地方性法规与国家法律、部门规章与地方性法规、规范性文件与地方性法规之间还存在一些冲突，特别是区级人大立法与设区市人大立法在立法内容上如何强化沟通协调、建立相关机制、解决重复立法、突破立法边界问题，是我们面临的重要课题。

4. 存在重立法轻执法的问题

法律的生命在于实施。近年来，宁夏两级立法机构从立法数量来说并不少，但立法得到执行的情况并不乐观，许多立法，特别是设区市立法存在一立了之的现象，立法后评估滞后，执法检查还没有建立常态化监督检查机制，影响了作用的发挥。

（三）法治政府建设还不能满足经济社会发展的需要，依法行政还需要扎实推进

1. 对法治政府建设存在认识误区

党的二十大报告指出，法治政府建设是全面依法治国的重点任务和主体工程。行政权力是与老百姓关系最为密切的公权力，把权力关进制度的笼子，确保权力规范运行，是法治政府建设的重要目标。同时，法治政府建设的好坏，直接决定全面依法治国能否实现。受认识局限、传统文化、路径依赖、利益关系等因素影响，许多党员干部对法治政府建设存在不同程度的模糊认识，对法治政府建设，特别是政府职能转变、行政审批制度改革存在不理解、不适应问题。认为法治捆绑了手脚，影响了行政效率。还有部分领导干部对市场在资源配置中的决定性作用和更好发挥政府作用理解不深，认为两者之间不能兼容，是一对矛盾。实际上，更好发挥政府作用不是权力不受约束的恣意妄为，而是在法治轨道上依法用权。市场经济不是弱肉强食的丛林法则，而是法治经济，也要遵循法治的要求。事实上，正是法治，形成政府与市场的最大公约数，在政府与市场之间搭建起了桥梁和纽带，一手牵两家，共同推进社会主义市场经济健康发展。

2. 重大行政决策程序不够规范，一些决策存在程序空转现象

程序是看得见的正义，程序规定可以有效保障决策的质量，也可以最大限度限制权力滥用，维护行政行为公平公正。但在实际工作中，程序规定的作用发挥得不是很好，有些程序表面上看是得到了执行，但实际上只是在“走程序”，完成了形式合法性，这种情况在部门，尤其基层决策中表现尤为明显。把行政决策的程序规定演化为“走程序”的过程，不但反映出一些领导干部法治意识淡薄，对程序的意义价值理解不深，同时，也反

映出具体行政过程中对法治的变通执行。上面有政策，下面有对策，导致程序被滥用而无法发挥应有的作用，这种人为扭曲法治的现象，极大消解了法治的意义和价值，也滋生了大量的形象工程和腐败现象，是法治政府建设亟须关注并解决的问题。

3. 基层执法存在盲点，行政案件败诉率高，基层不作为，乱作为现象时有发生，人民群众反响强烈

行政执法一直以来都是法治政府建设的软肋，虽然宁夏在贯彻落实“三项制度”和“两随机一公开”执法模式方面做了大量的工作，取得了积极成效，但总体看来，基层执法仍然是法治政府建设的重点领域，行政案件败诉率高，行政复议变更率居高不下，涉及行政行为违法信访案件层出不穷，官员腐败多发高发，特别是在疫情防控期间，一些官员不作为、乱作为，不担当，习惯于搞层层加码，行政执法简单粗暴，缺乏大局意识，甚至在公务行为中夹杂个人私利，胆大妄为，引起人民群众不满，导致社会对法治政府建设成效评价度普遍走低。如何加强基层执法能力和水平，规范执法行为，修复人民群众对法治的信心，是今后法治政府建设的重要任务。

（四）司法改革有待深入，司法公信力建设需要持续推进

1. 司法责任制综合配套改革有待进一步深化

党的十八大以来，宁夏司法机关按照十八届四中全会要求，持续推进新时期司法体制改革，取得了显著的成效。但司法改革是一项系统工程，需要持续不断地用力，才能达到改革的目的。如果说前期的改革主要解决司法保障、外部对司法的干预、实施员额制等重大问题的话，新时期司法改革渐入深水区，司法责任制综合配套改革和以审判为中心的刑事诉讼制度改革就成为主要内容。由于上述改革任务涉及面广，许多深层次问题逐渐浮出水面。现实中，既要落实主审法官责任制，让审理中裁判，让裁判者负责，同时也要保证司法质效，维护公平正义。如何在制度上保障既能满足主审法官的审判责任，又能保障司法公平公正，是新时期司法责任制综合配套改革的重要任务。

2. 司法公信力有待进一步提升

从某种意义上说，司法改革的终极目的就是要维护社会公平正义，提

高司法公信力。但在普通民众看来，司法公信力有更为直接的表现，如司法文书的质量、裁判是否公正、裁判文书是否得到尊重和执行等，都会对司法公信力产生影响。如何提高司法文书的说理性，依法办案，持续用力解决“执行难”问题，避免法律白条，仍然是司法机关必须面对的重要任务。

3. 司法队伍建设仍然存在不足，司法铁军打造亟需持续加强

法律制定出来以后，法律实施就成为首要任务。在执法环节，人的作用与价值凸显，再好的法律也需要人去实施。经过对政法干部队伍教育整顿，宁夏司法队伍建设质量、素质得到显著提升，但在司法腐败整治、服务意识提升、专业能力素养培育等方面还存在一些问题。在政法干部队伍教育整顿中，宁夏各级法院查纠整改各类司法作风问题 3544 个，追责问题干警 217 人次，宁夏检察机关也刀刃向内，查处多起违规违纪和作风问题案件，说明宁夏司法队伍建设还存在许多不尽如人意之处，作风纪律建设永远在路上。

（五）法治社会建设存在短板弱项，还不能满足人民群众的需要

1. 公共法律服务体系建设存在重建设而轻应用问题

建立公共法律服务体系，一方面是要满足人民群众对法治的需要，提供高质量的法律服务，另外一方面要把矛盾解决在基层，防止矛盾纠纷外溢和扩大化。近年来，宁夏公共法律服务体系建设成绩有目共睹，乡镇司法所建设，“一村一法律顾问”得到落实，极大方便了人民群众的司法需求。但同时也要看到，人民法院受理案件数量持续上升，据不完全统计，2022 年 1—10 月，宁夏各级人民法院共受理各类案件 264668 件，其中刑事案件 7786 件，民事案件 155325 件，行政案件 4123 件，执行案件 95116 件，其他 2318 件。与宁夏 720 万人口总量相比，人案比在全国都处于较高水平。虽然这里有经济社会发展、人民群众法治意识提高所产生的矛盾纠纷，但不可否认的是，大量案件聚集到法院，说明我们基层公共法律服务体系没有能够很好发挥拦截坝、分流池的作用，多元纠纷解决机制建设作用发挥有限。

2. 法治宣传教育创新不足，影响了普法的质效

普法宣传是一个将法律知识、法治观念作为载体，逐渐深入人心的过

程。法治宣传教育得好与不好，往往不取决于法律，而是与受众的喜好和需要密切关联，不单纯是一个知识观念传授的问题，也是一个社会的、心理的接受过程。在信息化时代，随着传播方式的转变，传统的方式已经不能适应社会发展的需要，需要不断创新传播载体，丰富传播内容，拓展传播方式，只有如此，法治才能深入人心。虽然宁夏法治宣传教育近年来取得不俗的成绩，但也存在一些问题。比如对传统普法路径的依赖，受制于普法应用型人才的不足，普法产品形式单一，内容不能引人入胜，使得普法效果受到影响。

3. 基层社会治理行政化、形式主义现象突出，基层自治功能弱化

村民委员会、居民委员会等自治组织已经成为行政末梢，忙于处理上面派下来的工作，根本无暇过问自治事宜，导致基层自治功能弱化，各种形式主义不时出现。党的十九大召开后不久，新华社刊发了《形式主义、官僚主义新表现值得警惕》一文，罗列了六种形式主义、官僚主义在新的时代背景下的新的表现形式：一是光喊口号，不抓落实；二是搞形象工程，爱图虚名；三是弄虚作假，欺上瞒下；四是不了解实情，乱拍脑袋；五是不担当，想当太平官；六是爱摆谱，迷恋权力。上述六种情形，形象地为我们展示了形式主义、官僚主义在新的历史条件下的新表现。

（六）法学研究水平有待提高，法治智库建设和作用发挥亟待加强

1. 法学学科建设相对滞后，影响了法学教育水平和法治人才培养

虽然宁夏社科院设有社会学法学研究所，宁夏大学和北方民族大学都设有法学院，但由于宁夏法学研究基础较弱，学科建设投入不足，法学学科门类不齐全，导致法学学科建设与全国相比仍有较大的差距，影响了法治人才培养的质量，法治研究领军人才不足，对法治宁夏建设产生了一定的负面影响。

2. 法治智库作用发挥不够

智库建设是将社会科学知识转化为党委、政府决策的重要纽带和桥梁，国际上发达国家和国内发达地区都非常重视发挥智库，特别是专业性智库的作用。从宁夏目前法治智库建设情况看，基本都内设在相关单位内，成

为单位内设机构的一项职能而发挥作用，还没有建立专业化的独立智库机构和团队，也缺少相应的保障措施，不同程度影响了宁夏法治智库作用的发挥和法治宁夏建设质量的提升。

3. 法治智库转化渠道不健全

法治智库研究成果缺少向党委、人大、政府、政协报送的制度化渠道，致使智库成果转化较慢或者得不到应有的重视。

三、对 2023 年法治宁夏建设的展望

（一）以党的二十大精神为指导，大力实施依法治区战略，充分发挥法治固根本、稳预期、利长远的作用

中国共产党第二十次全国代表大会，是在我国全面建成小康社会，迈向建设社会主义现代化国家新征程关键时期召开的一次具有里程碑意义的会议。习近平总书记代表中国共产党第十九届中央委员会向大会作了题为《高举中国特色社会主义伟大旗帜，为全面建设社会主义现代化国家而团结奋斗》的报告，全面阐述了过去 5 年工作和新时代 10 年的伟大变革和取得的历史性成就，擘画了中华民族伟大复兴的光辉前景，求真务实，闪耀着马克思主义真理光芒，具有深刻历史洞察力和强大实践指导力，是指导我们推进各项改革发展任务的纲领性文献和行动指南，必将鼓舞和动员全党全国各族人民在以习近平同志为核心的党中央坚强领导下，踔厉奋发，勇毅前行，奋力谱写全面建设社会主义现代化国家的崭新篇章。同时，在二十大报告中，也对我国当前面临的复杂国内外环境做了充分的分析阐述，指出我国发展进入战略机遇和风险并存、不确定性难预料因素增多的时期，各种“黑天鹅”“灰犀牛”事件随时可能发生，加之世纪疫情的影响，更是增加了未来发展的不确定性。如何在不确定的时代寻找到确定性，维护好确定性，增强发展的动力和信心，历史和现实证明，只有法治才能担此历史重任。全面依法治国，关系党执政兴国，关系人民幸福安康，关系党和国家长治久安。越是面临风险挑战，不确定性越是增加，越需要坚守法治定力，发挥法治固根本、稳预期、利长远的保障作用。2023 年，是全面贯彻落实党的二十大精神的开局之年，也是落实自治区党代会精神的第一

年，随着党的二十大精神的学习贯彻，报告中关于坚持全面依法治国，推进法治中国建设的有关要求将得到持续推进和落实，法治宁夏建设将会进入新的历史阶段，依法治区战略也将取得一系列重大成就，让法治成为未来宁夏核心竞争力的重要标志将不仅仅是对坚守法治的宣示，而是一定会实现，也一定能够实现。

（二）以“立法法”修改为契机，践行全过程人民民主理念，不断提高宁夏地方立法的质量

在党的二十大报告中，习近平总书记对人大立法工作做出专门要求，提出人大工作要加强重点领域、新兴领域、涉外领域立法，推进科学立法、民主立法、依法立法，统筹立改废释纂，增强立法系统性、整体性、协调性、时效性，完善备案审查制度。这些论述，为宁夏地方立法工作指明了方向和路径。另外需要注意的是，立法法的修改作为“初次审议的法律案”列入2022年度立法工作计划，这是“立法法”时隔7年后的第二次修改，这次修订除将习近平法治思想确立为立法指导思想，将全过程人民民主作为立法的基本原则外，在具体的制度设计、立法机制上也有较大的突破，地方立法的重要性和作用将会进一步凸显。我们相信，随着新的“立法法”颁布，宁夏地方立法将会为内陆开放型经济试验区、黄河流域生态保护和高质量发展先行区更好发挥先行先试、制度创新功能提供高质量的法治保障。

（三）深化司法体制综合配套改革，全面准确落实司法责任制，加快建设公正高效权威的社会主义司法制度

公正司法是维护社会公平正义的最后一道防线。努力让人民群众在每一个司法案件中感受到公平正义是一个较高的要求，需要司法机关付出巨大的努力才能完成。2023年，全区司法机关将深入学习，贯彻落实党的二十大提出的司法改革要求，全面准确落实司法责任制，让审理者裁判，让裁判者负责，通过科学的制度设计，规范司法权力内部运行机制，强化司法权力的外部监督制约体制机制，把权力关进制度的笼子，进一步夯实司法公正的制度根基。2023年，随着依法治区战略的实施，宁夏司法机关将在保持社会稳定、保障人权和公民财产权、维护市场经济秩序、打造法治化营商环境、强化司法监督等方面持续用力，助力法治宁夏建设，推动中国式现代化的宁夏实践在法治轨道上前行。

（四）弘扬社会主义法治精神，传承中华优秀传统法律文化，引导全体人民做社会主义法治的忠实崇尚者、自觉遵守者、坚定捍卫者

在党的二十大报告中，习近平总书记指出，法治社会是构筑法治国家的基础。历史唯物主义告诉我们，作为上层建筑的法治，不是凌驾于社会之上，而是内生于社会之中，是社会存在决定法治意识，而不是法治意识决定社会存在。人是构成社会的主体，没有人，也就没有社会。正是人的交往关系和生产关系，不但产生了法治的需求，也决定了法治的性质。所以，在法治社会建设中人的作用是第一位的，只有引导全体人民做社会主义法治的崇尚者、遵守者、维护者，法治社会才能建立起来，进而推进法治政府、法治国家建设。2023 年，是实施依法治区战略的开局之年，在党的二十大和自治区第十三次党代会精神的指引下，宁夏法治社会建设将提速升级，基层治理、社会诚信、法治教育、公共法律服务等与法治社会建设联系密切的领域将会有实质性推进，不断夯实法治宁夏建设的根基。

（五）以更高质量的法学研究，助力实施依法治区战略，服务黄河流域生态保护和高质量发展先行区建设

法学研究的水平决定了法治人才的质量，而法治人才的素质，又是法治国家建设的决定性因素。因此，加强法学学科建设，提高法学研究水平，不但是宁夏实施依法治区战略的重要内容，也是宁夏实施依法治区战略的重要依托。2023 年，基于对法治人才重要性的认识，宁夏依法治区战略在实施中将会更加重视法学学科建设，更加重视法治人才培养。因此，建议自治区制定依法治区战略实施方案，在宁夏社科院、宁夏大学、北方民族大学等高校研究机构加大法学学科建设的投入，把法学学科作为自治区重点学科来建设，着力培养各类法学人才，强化法学领军人才培养，争取在较短时期内缩短甚至赶上宁夏与区外法学研究水平之间的差距。宁夏社科院是宁夏唯一一家哲学社会科学研究机构，也是宁夏唯一一家在国内外有一定影响的智库。党的十八大以来，宁夏社科院积极推进智库建设，取得了许多研究成果，研究成果多次获得党和国家领导人、自治区领导的肯定性批示，产生了较大的影响。同时，宁夏社科院在智库建设过程中，形成了自己的研究特色，积累了非常丰富的智库建设经验，建议以宁夏社科院为依托，搭建宁夏法治智库，以学科建设和智库建设双轮驱动，推进宁夏法学研究事业取得更大成绩，发挥更大的作用。

法治领域篇

FAZHI LINGYU PIAN

2022年平安宁夏建设发展报告

宁夏回族自治区党委政法委课题组

2022年，在自治区党委、政府的坚强领导和平安中国建设协调小组的有力指导下，宁夏政法单位深入学习贯彻党的二十大精神，认真贯彻落实习近平法治思想和习近平总书记关于平安中国建设的重要论述，紧紧围绕自治区党委和政府关于建设更高水平的平安宁夏安排部署，以党的二十大维稳安保工作为主题主线，以切实增强人民群众获得感幸福感安全感为出发点和落脚点，以防范化解影响安全稳定的重大风险为切入点，以市域社会治理现代化、基层社会治理创新、平安创建活动为着力点，扎实做好防风险、保安全、护稳定、促发展各项工作，平安宁夏建设这一“名片”更加亮丽，人民群众安全感、幸福感和满意度进一步提升，宁夏公众安全感连续12年保持在90%以上，为加快建设先行区、继续建设美丽新宁夏营造了安全稳定的政治社会环境。

一、加强统筹部署推进，平安建设责任不断压实

（一）强化顶层设计，健全和完善平安建设协调推进机制

制定《平安宁夏建设2022年工作要点》等43份平安宁夏建设顶层设

作者简介 宁夏回族自治区党委政法委课题组成员：苏发坤，自治区党委政法委副书记；孙健嵘，自治区党委政法委综治督导处处长；常晓东，自治区党委政法委综治督导处副处长；杨洋，自治区党委政法委综治督导处三级主任科员。

计文件，安排部署年度重点工作和阶段性任务，强化工作指导，进一步压实各方责任。推动各地健全和完善平安建设协调机制，压紧压实平安建设党政“一把手”第一责任，督促各级党委和政府把平安建设纳入经济社会发展规划，摆上重要议事日程，及时研究解决重大问题。

（二）持续推进平安宁夏各项工作落实落细

筹备召开平安建设协调小组、平安宁夏协调小组办公室等工作会议，紧盯党的二十大维稳安保、反诈人民战争、打击整治养老诈骗等重点工作，定期通报重要指标情况，持续推进重点工作各项措施落地落细，推动平安建设重点工作全面铺开。各地各部门按照自治区的部署要求，结合实际制定工作方案、任务清单，细化明确任务步骤、责任部门等，全面系统推进平安建设工作取得明显成效。以自治区党委、政府名义召开平安宁夏建设表彰大会，总结2017年以来平安宁夏建设成绩经验，部署推进更高水平的平安宁夏建设。76个平安宁夏建设先进集体、150名先进个人及6个“平安宁夏建设示范县”受到表彰。

（三）健全完善平安建设考核体系，压实平安建设责任

健全完善平安建设考核评价体系，根据平安中国建设和自治区党委的工作部署，调整考核项目分值，优化考核指标，同时将平安建设工作纳入自治区效能目标管理考核体系，增强考核工作的科学性、权威性和可操作性，使考核结果充分反映平安建设工作实绩。加强日常督导检查，推动各级党委和政府将平安建设纳入工作督促检查范围。2022年以来，先后对常态化扫黑除恶、维稳安保、打击整治养老诈骗、重点人群服务管理等工作多次开展实地督导调研，及时提出对策建议，推动各类风险隐患立整立改、真改实改，平安宁夏建设基层基础更加牢固，影响政治安全和社会稳定的风险隐患及时有效化解，各地各部门平安建设责任进一步压紧压实。

二、有效防范化解风险隐患，全力维护宁夏社会大局稳定

（一）组建维稳专班，持续推进社会稳定

自治区党委政法委依托平安宁夏建设协调机制，抽调精干力量组建自治区党的二十大维稳安保工作专班，设立综合、研判、督办、宣教四个工

作组，先后召开推进会、调度会、专题会、会商会、碰头会、培训会等会议 17 次，持续部署推进党的二十大维稳安保工作任务。坚持每日专报、分析研判预警、交办转办督办，构建形成上下贯通、左右联动、协同推进的工作格局。政法各单位充分发挥主力军作用，网信、应急管理、信访等有关部门持续开展风险隐患和矛盾问题大排查、大起底、大化解，确保各项措施落实落细落地。各地按照自治区统一部署，组建工作专班，建立工作机制，制定工作方案，明确责任目标，强化工作运行，推动各项维稳安保工作任务落实落细。

（二）完善风险预警机制，提高矛盾风险化解研判能力

创新完善研判预警机制，印发《党的二十大维稳安保紧急突发和重要敏感涉稳信息报送工作规定》，建立日排查、日分析、日研判、日交办、日督办机制，排查的 1164 件矛盾风险隐患化解率达到 84.19%。创新完善协同配合机制，制定《关于进一步健全完善党的二十大维稳安保专班工作机制的通知》，组织各地各有关部门及时对跨地区、跨部门、跨行业重大敏感风险隐患，集中研判会商，针对性提出化解稳控措施。创新完善领导包抓机制，建立“一事制定一个工作方案、组建一个专班化解、一个领导包抓落实”的工作体系，对 10 件突出矛盾风险进行挂牌督办。

（三）聚焦重点领域风险点，强化事前研判排查

针对社会稳定、经济民生、网络等领域突出风险，平安宁夏办多次召开专题会议，会同有关部门共同分析研判形势，研究制定对策措施，采取挂牌督办、点对点印发提示函、实地督办等形式，推动涉稳风险及时化解、有效稳控。聚焦经济金融、涉众投资、房地产、劳动就业等重点领域，开展 4 轮次滚动式、拉网式、地毯式摸底排查，确保矛盾风险发现在早、处置在小。持续开展根治拖欠农民工工资工作专项行动，共为 3.13 万名劳动者追发工资等待遇 2.12 亿元。2022 年以来，宁夏共摸排矛盾纠纷 34983 件，化解 34706 件，化解率 99.21%。

（四）多举措开展风险隐患督导督办

组织对 5 个地市、22 个县（区）和 53 个自治区成员单位维稳安保工作部署实施、交办风险隐患问题处置、重大涉稳风险隐患化解稳控等情况，进行了4批次集中督导检查和19次现场督办，督进度、查作风，发出工作提示函42份、督办意见书81份。对宁夏10件重大矛盾风险进行挂牌督办，开展机动式、点穴式督导，督成效、查责任。针对重要节点活动和重点涉稳问题，开展即时性、随机式督导，督重点、查细节。通过适时调度、集中攻坚、定期通报，有力推动了各地各部门主动作为、果断处置、有效应对、即知即改。

三、严厉打击突出违法犯罪，全面推动平安建设提质增效

（一）深入推进常态化扫黑除恶斗争

健全和完善扫黑除恶组织领导、举报奖励、依法严惩、防范整治等制度机制，充分运用联合办案、交叉办案、提级办理、领导包案、交办督办等形式，建立扫黑除恶与“打伞破网”一体推进的常态化办案模式，推动常态化扫黑除恶斗争走深走实。强化督导整改，对宁夏5个地市及重点推进县（区）扫黑除恶斗争情况进行调研督办，印发《宁夏扫黑除恶斗争调研督办情况通报》，督导指导后进县（区）迎头赶上。加强宣传引导，把《中华人民共和国反有组织犯罪法》宣传作为推进常态化扫黑除恶斗争的有利契机和重要抓手，出台宣传贯彻实施方案，举办专题讲座，广泛开展宣传解读，有效提升防范和打击黑恶犯罪能力水平。加强重点领域专项整治，印发《关于持续深化宁夏教育　金融放贷　市场流通等重点行业领域整治工作的通知》，深入开展重点行业领域整治，坚决铲除黑恶势力滋生土壤，不断优化营商环境。2022年以来，宁夏共打掉涉恶团伙4个，破获各类刑事案件47起，抓获犯罪嫌疑人31人，查封、扣押、冻结涉案资产3516万元；纪检监察机关共立案查处涉黑涉恶腐败和“保护伞”问题13件，处理55人，给予党纪政务处分33人，移送司法机关7人。

（二）深入开展打击整治养老诈骗专项行动

2022年4月以来，部署开展打击整治养老诈骗专项行动。各地各有关部门坚持依法打击、整治规范、宣传教育“三箭齐发”，依法严惩养老诈骗违法犯罪，延伸治理侵害老年人合法权益的各种涉诈乱象，打了一场打击整治养老诈骗整体战、攻坚战。专项行动期间，宁夏共办理涉养老诈骗线

索1765条，查实109条，立案77件，侦办养老诈骗刑事案件88起，破案82起，打掉犯罪团伙6个，抓获犯罪嫌疑人77人。共排查发现涉诈问题隐患209个，已整治完成180个，对89家企业、机构做出行政处罚，罚款151.31万元。

（三）深入推进反电信网络诈骗人民战争

聚焦严重损害人民群众切身利益的电信网络诈骗违法犯罪，召开宁夏反电信网络诈骗人民战争工作部署会，建立健全防范、治理、打击“三管齐下”的工作机制，打响为期三年的反诈人民战争。开展以“全民反诈 你我同行”为主题的平安建设集中宣传活动，营造反诈人民战争浓厚舆论氛围。2022年以来，宁夏电信网络诈骗发案数连续10个月环比下降，共破获电信诈骗案件3784起，同比上升26.9%；破案率43.2%，同比上升20.1%；抓获犯罪嫌疑人4574人，同比上升44.9%；挽回财产损失7647.8万元，同比上升9.6%。

四、推动社会治理体系建设，夯实筑牢平安建设基层基础

（一）强化统筹协调督导作用

坚决贯彻落实自治区第十三次党代会关于推进全域社会治理现代化的工作要求，总结市域社会治理现代化试点工作经验，研究起草《关于推进全域社会治理现代化的意见》，强化全域社会治理顶层设计。组织召开宁夏市域试点工作推进会、创新工作座谈会，印发试点工作“年度重点任务、量化指标任务、制度机制建设任务、负面清单”“四个清单”，督促指导五市清单化、项目化推进试点工作落实。组织开展宁夏市域试点工作交叉互验，推动互学互鉴、全面提升。

（二）夯实基层治理基础

加强智治支撑建设，宁夏公共安全视频监控建设联网应用共享交换平台汇聚各类视频资源6.8万余路，宁夏社会治理综合指挥平台录入试点地区基础数据400余万条。组织开展矛盾纠纷集中排查化解专项行动，宁夏累计排查矛盾4.4万余条，化解4.3万余条，化解率达到97.72%。大力弘扬见义勇为精神，推动有关部门（单位）对25名见义勇为困难家庭给予

30万元救助金、慰问金，何伟、哈彦俊、赵成义3人被中央政法委表彰为全国第十四届“见义勇为模范”群体，邱志明入选中央政法委2022年第三季度见义勇为勇士榜。

（三）推进综治中心规范化建设

加强区—市—县—乡四级综治中心规范化建设，深化网格化服务管理，加强社会治理信息化建设，着力构建“网格化+综治中心+大数据”的基层社会治理体系。联合自治区党委组织部、民政厅、妇联等部门出台《关于深入推进城市基层党建引领基层治理的实施意见》《城市网格员管理办法》，规范网格化服务管理。推动“互联网+社会治理”建设，配合信息中心开发建设涵盖信息采集、事件办理、辖区概况三大功能的基层社会治理综合指挥平台，加快推进平台部署应用，录入基础数据150万余条。推进市级综治中心规范化建设，银川市、吴忠市建立完善《综治中心规范化运行管理办法》等制度规定，石嘴山市、中卫市建成有编制、有机构的市级实体化综治中心。县（区）综治中心创新发展，宁夏22个县（区）建成综治中心20个，6个县（市、区）建成实体化编制中心。宁夏所有乡镇（街道）综治中心实现全覆盖，共建成240个乡镇（街道）综治中心。

（四）打造市域社会治理亮点

开展市域试点优秀成果评选活动，征集各类经验材料400余篇，评选优秀成果137篇，编发《优秀成果汇编》，在宁夏政法微信公众号和宁夏长安网开设《市域社会治理实践》专栏，集中展示治理经验和治理成效，推进学习转化、经验集成。银川市“三预三合两支撑”民族宗教领域涉稳风险防控化解机制、吴忠市“凝聚政治力量”试点经验在全国第七次新时代政法工作创新交流会、全国试点创新第一届研讨会上进行交流，《宁夏以志愿之治激发群众活力》被中央政法委《政法动态》刊发推广，银川市、吴忠市、固原市有关市域社会治理做法被全国市域社会治理现代化试点工作交流会充分肯定，石嘴山市“调赔结合、推进医患矛盾化解”经验做法在全国相关会议上发言推介。

五、着力强化源头治理，全面提升平安建设工作水平

（一）深入推进重点行业领域整治

聚焦信息网络、自然资源、工程建设、交通运输等重点行业领域，持续深入开展专项整治。建立健全“月度调度、季度通报、半年研判、年度考评”工作机制，通过同步开展线上清查和线下整治、执法检查和暗访评估、专项行动和日常监管，推进重点行业领域专项整治，推进乱点乱象标本兼治，切实解决传统行业粗放管理、资源行业非法垄断、娱乐行业藏污纳垢、新兴行业野蛮生长等问题，重点行业领域整治取得阶段性成效。宁夏清理空壳网站 1.1 万余家，警示约谈违规网络主播 80 人次。排查自然资源领域乱点乱象 361 条，立案查处违法案件 286 宗，处罚没款 5446 万元。对工程建设领域 477 家企业记录不良行为进行处理，处理同体监督、未批先建、转包挂靠问题 595 个。开展流动治超联合执法 4387 次，查处超限车辆 2.58 万辆次。

（二）深入推进重点人群服务管理

制定《2022 年平安宁夏建设协调小组重点人群专项组任务清单》，督促指导各类重点人群行业主管部门加强研究部署，抓好服务管理各项工作。全面推进社区矫正“规范管理年活动”，组织开展宁夏社区矫正安全隐患大排查大整治专项行动，切实做到预防和减少社区矫正对象再犯罪。加强刑满释放人员信息核查和释放衔接工作，完善“一人一档”帮教档案，制定“一人一策”帮教计划，严格落实教育、监管、培训、帮扶等服务管理措施。宁夏刑满释放人员帮教率达 100%，重点人员必接必送率 100%。加强严重精神障碍患者服务管理工作，开展集中排查专项行动，宁夏排查 452 万余人，复核确诊患者 2416 人，逐一纳入管理。开展专题调研，推动解决各部门信息共享、排查报告、救治救助等方面存在的短板弱项。扎实开展“夏日送清凉”“6·19 机构开放日”和“寒冬送温暖”等流浪乞讨人员专项救助活动，2022 年以来共救助 965 人次。

（三）持续推进命案防范打击

紧盯婚恋家庭、邻里纠纷、民间借贷等重点领域矛盾纠纷，加大排查

化解工作力度，明确化解标准，落实化解责任。及时对有“民转刑”“刑转命”苗头倾向人员进行教育训诫，排查防范可能造成情绪激化、事态升级的风险点，从根本上解决问题、消除隐患。积极推广“零命案县（区）”经验，加大法治宣传力度，开展“血案教训”“以案释法”等警示教育，引导群众尊重生命、敬畏法律。深入开展命案积案攻坚行动，侦破历年命案积案12起，抓获命案积案逃犯7名。2022年以来，宁夏共发生命案27起，同比下降20.6%。2019年至2022年，宁夏命案实现“四连降”。

（四）持续推进社会治安防控体系建设

深入开展民爆物品、交通运输、寄递物流等领域风险整治，加强对人员密集场所、关键信息基础设施等安全防范，宁夏连续9年未发生重大道路交通事故，连续6年枪爆物品“不打响”“不炸响”，连续5年未发生重大以上安全事故和自然灾害。全面开展重点目标安全隐患联合排查整治行动，落实落细安全警卫措施，确保重点目标绝对安全。强化“平安学校”创建，深入开展“护校安园”专项行动，建立护学岗2470个，实现城区、城镇“护学岗”全覆盖，对610所偏远乡村，建立民警、辅警定人定岗定期到校工作机制。深入推进平安医院建设，宁夏89家二级以上医疗卫生机构安防系统建设达标率达100%。

六、平安宁夏建设面临的问题和发展展望

平安宁夏建设工作虽取得了一些成绩，但对照平安中国建设协调小组和自治区党委要求、对照人民群众的新期待新需求还存在一定差距，距离实现建设更高水平的平安宁夏的目标还存在一些不足和短板，主要表现为：影响宁夏政治安全和社会稳定的风险隐患依然较多，涉疫矛盾问题呈高发态势，还需精准施策、有力化解；平安宁夏建设基层基础工作还比较薄弱，预判预警预防风险隐患的能力还不够强，化解稳控重大矛盾风险的举措还不够扎实有效，日常督导检查、通报整改的力度还需持续加大；全域社会治理抓手还不多，社会治理基层基础还比较薄弱；平安建设宣传的广度和深度有待进一步提高。

2023年，平安宁夏建设将坚持以习近平新时代中国特色社会主义思想

为指导，深入贯彻习近平法治思想和习近平总书记关于平安中国建设的重要思想，认真贯彻党的二十大和自治区十三次党代会精神，全面贯彻落实中央政法工作会议和宁夏政法工作会议部署要求，坚持以人民为中心的发展思想，坚持稳中求进总基调，坚持统筹发展和安全总要求，以维护国家政治安全和社会稳定为主线，以依法严厉打击群众反映强烈的违法犯罪为抓手，以扎实推进全域社会治理现代化为载体，持续推进常态化扫黑除恶斗争、重点人群服务管理、重点行业整治、反诈人民战争和县级综治中心规范化建设等重点工作，为建设先行区、现代化美丽新宁夏提供有力保障。

（一）努力建设稳定局面更牢的平安宁夏

社会更加安全有序，是检验更高水平的平安宁夏建设成效的重要标志。宁夏社会大局总体平稳、稳中向好，但不稳定不确定因素依然较多。重点做到“五个严防”：严防政治安全风险，严密防范、严厉打击敌对势力渗透颠覆破坏活动，深入开展反恐怖反分裂斗争，切实筑牢维护国家安全的铜墙铁壁。严防经济安全风险，加强公安、地方金融监管、银保监、证监、人民银行等相关部门协调联动，完善产权交易、预付消费、房地产等领域风险隐患预警防范处置联动机制，防止经济金融风险向政治安全和社会稳定领域传导。严防社会稳定风险，健全重大决策社会稳定风险评估机制，深入摸排征地补偿、房地产、婚恋家庭、涉法涉诉、拖欠工资等领域矛盾风险，健全完善矛盾风险多元化解机制，严防矛盾风险传导、外溢、上行。严防公共安全领域风险，常态化开展一竿子插到底的随机暗访抽查，强化人员密集场所治安防控，健全精神障碍患者预防犯罪综合治理体系，完善社会心理服务体系和危机干预机制，深入开展重点领域安全生产专项整治，加强寄递物流等行业监管，严格落实常态化疫情防控各项措施，严防疫情输入扩散。严防网络安全风险，捍卫网络政治安全，打击造谣抹黑、煽动社会对立等活动，加强网络舆论正面引导，营造清朗网络空间。推动集中开展治理网络犯罪专项行动，斩断黑灰产业链。落实“三同步”机制，及时回应社会关切。

（二）努力建设治理效能更高的平安宁夏

加快出台《关于推进全域社会治理现代化的意见》，建立“自治区抓统筹、市级负主责、县级重执行”的全域社会治理指挥领导体系，打破部门壁垒、地区界限，实现情报信息联通、重大安保任务联手、重点人员联管、重大突发事件联处、突出矛盾风险联治。重点做到“三个建强”：建强全域“作战司令部”，结合宁夏地域面积小、人口数量少、治理半径短等特点，充分发挥自治区一级在制度建设、资源统筹、手段防范和技术支撑等方面的优势，做好顶层设计、政策制定、资源配置、督导考核等工作，探索具有宁夏特色的全域社会治理新路子。建强市域“前线指挥部”，以市域社会治理现代化为抓手，推进方式方法创新，树立一批社会治理新样板，落实市域主体责任，推动城乡融合发展，提升风险防控能力水平，切实把大矛盾大风险化解在市域。建强基层“前沿战斗堡垒”，进一步提高社区、乡村、宗教等基层重点领域治理能力，深化网格化服务管理，进一步做小做细基层治理单元，使治理触角延伸至楼栋、家庭、个人。

（三）努力建设人民群众更满意的平安宁夏

主动适应人民群众对美好生活的向往，以更优的平安“供给”解决好老百姓的急难愁盼问题，让更高水平的平安宁夏以人民群众可见、可触、可感的方式实现。重点做到“三个聚焦”：聚焦保障人民安宁，常态化推进扫黑除恶斗争，开展好为期三年的宁夏反诈人民战争，推进常态化打击整治养老诈骗工作，严厉打击跨境网络赌博和“盗抢骗”“食药环”“黄赌毒”等违法犯罪，更快破大案、更多破小案、更准办好案、更好控发案，切实保障人民群众生命财产安全。聚焦维护人民权益，深入推进科学立法、严格执法、公正司法、全民守法，坚持在法治轨道上行使权力，提高严格规范公正文明执法司法水平，努力让人民群众在每一项法律制度、每一个执法决定、每一宗司法案件中都感受到公平正义。聚焦确保人民满意，充分发挥人民群众的主体作用，广泛动员社会力量参与平安宁夏建设，完善体现民意的评价标尺，加大群众意见在平安建设考评中的权重，在共建共治共享中不断提升人民群众获得感安全感幸福感。

2022年宁夏立法工作发展报告

朱 婷

2022年，在党的领导下，宁夏回族自治区人大及其常委会坚持以习近平新时代中国特色社会主义思想为引领，深入学习贯彻习近平法治思想、习近平总书记关于坚持和完善人民代表大会制度的重要思想，全面贯彻落实党的二十大精神，坚持党的领导、人民当家做主、依法治国有机统一，深入推进科学立法、民主立法、依法立法，不断完善党委领导、人大主导、政府依托、各方参与的立法工作格局，着力提高立法工作质量和效率，以良法促进发展、保障善治。一年来，宁夏人大地方立法步伐明显加快，立法质量明显提高，立法效果显著提升，地方立法在推进区域治理体系和治理能力现代化建设中发挥了重要作用，为建设美丽新宁夏提供了坚实有力的法治保障。

一、宁夏立法工作的基本概况

2022年，宁夏立法工作紧紧围绕宁夏第十三次党代会确定的重大决策部署，以发展全过程人民民主为主线，坚持科学立法、民主立法、依法立法，立法质量和效率不断提高。截至2022年11月底，宁夏人大常委会共审议法规19件，其中：制定4件，修改13件，废止2件；批准设区的市

作者简介 朱婷，宁夏回族自治区人大常委会法工委立法二处一级主任科员。

地方性法规 5 件。

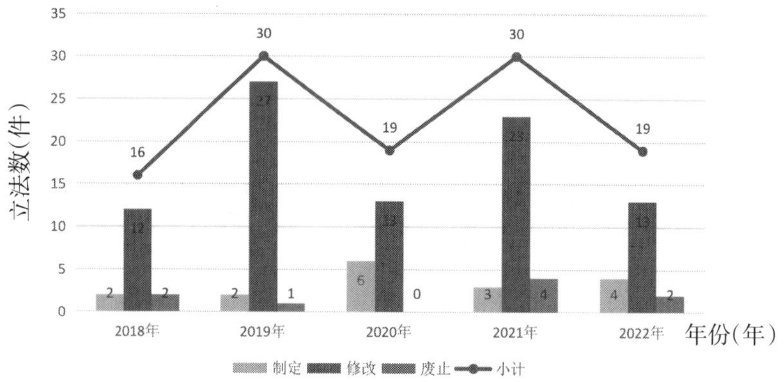

图 1　自治区第十二届人大及其常委会立法情况

（一）坚持党对立法工作的全面领导

党的二十大报告明确提出，推进科学立法、民主立法、依法立法，统筹立改废释纂，增强立法系统性、整体性、协同性、时效性。宁夏人大及其常委会自觉把立法服务工作放在中央和宁夏党委决策部署、发展大局上来思考、来谋划、来推进，深刻领悟“两个确立”的决定性意义，增强“四个意识”，坚定“四个自信”，做到“两个维护”。严格执行请示报告制度，重大立法项目、立法中的重大问题和立法工作中的重要事项，及时主动向宁夏党委请示报告，并向依法治区委员会汇报，按照宁夏党委的安排部署开展立法工作。注重将“党言党语”转化为“法言法语”，不论在立法内容上，还是立法程序上，都把党的领导落实落细落具体，体现在立法的各环节和全过程。

（二）持续提高立法质量和立法效率

1. 担当时代重任，开展先行区立法

制定了《宁夏回族自治区建设黄河流域生态保护和高质量发展先行区促进条例》（以下简称《条例》），是习近平总书记赋予宁夏的时代重任，是宁夏人大及常委会 2022 年度立法任务的“重头戏”。在宁夏党委的领导下，按照常委会工作安排，2022 年 1 月 23 日，在常委会两次对《条例》草案进行审议的基础上，宁夏人大十二届五次全体会议全票审议通过《条例》。这是坚决贯彻落实习近平总书记重要指示精神和党中央决策部署的重要举措，彰显了站位黄河流域、服务国家战略、担当宁夏责任的政治决心和法律使命。《条例》的制定是一次探索性、综合性、创制性的立法实践，《条例》全面贯彻习近平总书记对建设黄河流域生态保护和高质量发展的总要求，落实党中央、国务院《黄河流域生态保护和高质量发展规划纲要》部署和宁夏党委工作安排，以黄河流域生态保护和高质量发展相关的法律、行政法规为主要依据，坚决落实“重在保护、要在治理”的原则，针对宁夏生态脆弱、发展质量不高等问题，把生态环境保护治理作为先行区建设的前提和支撑，明确“四水四定”“四权改革”，对山水林田湖草沙综合治理、系统治理，让绿色发展成为高质量发展的鲜明底色。《条例》被誉为“绿色宝典”，由央视《新闻联播》、《人民日报》、新华社等多家主流媒体进行宣传报道，这是宁夏人大40年立法实践中的第一次。

2. 坚持新发展理念，助力高质量发展立法

营造稳定、公平、透明、可预期的营商环境，制定出台《宁夏回族自治区优化营商环境条例》，重点围绕保护市场主体权益、增强市场主体信心、激发市场主体活力等方面做出规范，通过完善体制机制，优化政务环境、市场环境、法治环境，打通肠梗阻、畅通微循环，既对当前优化营商环境的有力举措予以立法确认，又对探索创新措施予以立法引领。全面修订《宁夏回族自治区中小企业促进条例》，从财税支持、融资促进、创业扶持、权益保护等方面加以规范，明确鼓励和支持中小企业发展政策措施，通过立法优化行政审批和服务流程，缓解中小企业融资难、融资贵的问题，推动各项政策措施落实落地。从制度层面为优化营商环境、促进中小企业发展提供更为有力的法治保障和制度支撑，使立法与改革相伴而行，助推宁夏大抓发展、抓大发展、抓高质量发展。同时，修订《宁夏回族自治区枸杞产业促进条例》为促进枸杞产业高质量发展，强化科技创新，增强宁夏枸杞产业的竞争优势，明确枸杞扶持保障措施、严格质量安全监督、突出品牌建设引领，为枸杞产业高质量发展赋能添力。

3. 聚焦建设美丽新宁夏，加强和完善生态环保立法

常委会全面贯彻落实习近平生态文明思想和视察宁夏重要讲话精神，立足宁夏生态脆弱、干旱少雨、荒漠化问题突出的实际，不断加强和完善

生态环保领域立法，持续构筑生态环保立法的“四梁八柱”，现行有效的地方性法规中涉及生态环保的51件，批准设区的市生态环保法规19件，为构筑西部生态安全屏障，打造西部生态文明先行区提供了有力的法治保障。《宁夏回族自治区固体废物污染环境防治条例》已提交宁夏第十二届人大常委会第三十七会议审议，预计于年内通过，该条例通过后，将在宁夏地方立法上形成大气、水、土壤、湖泊、湿地、沙、固废为一体的“立体化”生态保护治理格局，织密生态环保“法网”。修改《宁夏回族自治区节约用水条例》《宁夏回族自治区水工程管理条例》，按照总书记关于坚持“生态优先、保护优先、合理开发、综合治理”的指示要求，发挥水资源综合效益，落实最严格水资源管理制度规定，全面系统对管水、用水、水资源保护利用、水工程管理等方面进行调整规范，强化水资源管控刚性约束，实现水资源高效节约集约利用和依法管水用水治水，推进节水型社会建设。

4. 积极回应社会关切，大力推进民生立法

常委会坚持以人民为中心，以改善民生为重点，紧贴人民群众对美好生活的需要，不断加强民生领域立法，依法保障人民群众的获得感、幸福感、安全感。制定《宁夏回族自治区公共文化服务保障条例》，传承中华优秀传统文化，丰富人民群众精神文化生活，弘扬社会主义核心价值观，坚定文化自信。为推动爱国卫生工作从环境卫生治理向全面社会健康管理转变，全面提高人民群众健康水平，修订了《宁夏回族自治区爱国卫生工作条例》。地方立法助力建设和完善公共服务保障体系，体现城乡统筹保护，促进人人享有均等公共服务更加有效，让改革发展成果更多更公平地惠及人民。

5. 促进发展和安全，加强社会治理立法

修订《宁夏回族自治区安全生产条例》，修改《宁夏回族自治区烟花爆竹安全管理条例》，把维护安全放在立法工作的重要位置，以地方立法预防和减少生产安全事故、火灾和人身伤害事故，保障人民群众生命财产安全，用法治思维和法治方式解决影响和制约安全生产突出问题。修订《宁夏回族自治区土地管理条例》，深入贯彻落实党中央、国务院关于加强土地管理的决策部署，设专章规定国土空间规划体系、效力及编制和修改原则，坚持最严格的耕地保护制度，增加建立城乡统一的建设用地市场等规定，细

化土地征收程序，严格土地监管责任和方式，规范土地保护开发利用活动，提升土地依法管理水平。围绕深化“放管服”改革，促进政府转变职能，促进改革进程在法治轨道上有序推进，加强治理体系和治理能力现代化建设，维护国家法治统一，常委会打包修改了《宁夏回族自治区道路交通安全条例》等8件法规，废止了《宁夏回族自治区劳动合同条例》《宁夏回族自治区预防职务犯罪工作条例》。

（三）不断完善立法工作机制和方法

1. 发挥人大在立法中的主导作用

制定落实年度立法工作计划。常委会紧紧围绕宁夏经济社会发展需要，在广泛征求意见、认真梳理代表议案建议、深入调查研究、反复论证协商的基础上，完成年度立法计划编制工作，法规和规范性文件备案审查工作以责任表形式分解责任，划清立法工作的“时间表”和“路线图”，将每一项法规的工作计划、时间进度、任务进程、工作环节进行分解和量化，对调研考察、草案起草、征求意见、提请审议的时间、节点、责任单位和责任人员等进行明确。发挥人民代表大会的立法职能。宁夏第十二届人民代表大会第五次会议通过《宁夏回族自治区建设黄河流域生态保护和高质量发展先行区促进条例》，充分发挥法治的引领和推动作用，人民代表大会充分行使地方立法权，是发挥主导作用的重要体现。组建工作专班确保立法修法任务稳步推进。组建若干由人大相关委员会、政府有关部门共同参与的立法工作专班，负责法规草案的起草工作，达到整合资源、集中力量、协同推进的作用。

2. 加强基层立法联系点建设，推动全过程人民民主实践

党的二十大报告指出，全过程人民民主是社会主义民主政治的本质属性，是最广泛、最真实、最管用的民主。常委会在立法工作中坚持和发展全过程人民民主，及时总结经验，积极稳妥推进基层立法联系点建设，常委会领导深入调研基层立法联系点建设工作并做出指示，为基层立法联系点建设工作谋篇布局。2022年，平罗县人大常委会被确定全国人大常委会法工委基层立法联系点，这是宁夏首个“国字号”基层立法联系点。截至目前，宁夏人大常委会法工委共设立21家基层立法联系点，覆盖5个设区

的市社区、企业、院校、律师事务所等机构，形成以基层立法联系点为核心，以立法咨询委员会委员、立法联络员、人大代表和立法信息采集点相互联系为延伸的工作格局，将了解社情民意的“神经网络”广布在乡镇街道、村居（社区）、机关事业单位、工厂企业、社会组织、人大代表之家等各处，极大拓展了基层群众参与地方立法的深度和广度，丰富了全过程人民民主的实践和内涵。

3. 坚持常态化法规清理，维护国家法治统一

根据宁夏党委的统一部署安排，对宁夏现行有效 174 件地方性法规和 56 件法规性决定进行了全面集中清理。对清理出的 58 件地方性法规，统筹缓急，分步修改。2022 年，根据全国人大常委会法工委的要求，还组织开展了涉及计划生育政策和水能资源开发利用有关地方性法规、规章、规范性文件的专项集中清理工作。截至目前，已审议修订、修正地方性法规 41 件，废止 6 件，取得了良好的政治效果、法律效果和社会效果。2022 年 6 月 16 日，全国人大常委会法制工作简报第十期刊登了题为《宁夏坚持以习近平法治思想为指导，全面开展地方性法规清理》，全面介绍了宁夏开展地方性法规清理的主要做法和工作实效，宁夏党委书记梁言顺对此专门做了批示。常态化清理，采取集中清理、专项清理和定时清理，已成为地方立法不断提高立法质量，防止出现问题和偏差，确保地方性法规与法律行政法规相一致，与国家重大方针政策、决策部署相一致的重要举措。

（四）着力提升备案审查工作质量

2022 年，宁夏人大常委会分别向全国人大常委会、国务院报备地方性法规备案文件 23 件；收到宁夏政府和设区的市人大、政府报送备案的规范性文件 19 件，报备率达到 100%。

1. 审查工作实现新提高

做好主动审查。在宁夏人大常委会领导下，专门委员会和常委会各工作委员会按照职责分工，对报备规范性文件逐一开展主动审查，充分发挥各专委会、常委会工作机构的专业优势和职能作用，通过邀请专家学者参与审查工作、与相关单位了解情况等对规范性文件严格审查，规范性文件审查率和审查反馈率均达到 100%。对审查中发现存在合法性、适当性等问

题的，及时与制定机关沟通，研究处理，督促解决，保障宪法和法律有效实施。启动被动审查。2022 年，共收到全国人大常委会法工委转来的审查建议 3 件，社会团体和公民提出的审查建议 1 件，主要涉及生育保险政策、城市环境卫生管理、出租车运营管理等方面，通过广泛听取相关部门、专家学者以及利益相关方的意见，对审查建议逐一进行研究处理答复。

2. 备案审查能力得到新提升

开展委托第三方审查。探索在报备的规范性文件中筛选出涉及改革发展稳定大局和广大人民群众切身利益、社会普遍关注等规范性文件委托第三方机构审查，由第三方机构提出初步审查意见，充分发挥专家、学者和法律从业人员的“智库”“外脑”作用，提高了备案审查的工作效率。加强备案审查业务指导。为切实提高宁夏各级人大、政府承担备案审查工作人员的能力素质，增强报备意识，提高审查服务质量，宁夏人大常委会法工委深入市、县、乡镇人大和政府部门开展实地调研和指导工作，了解基层备案审查工作开展和备案审查信息平台使用情况，开通微信答疑工作群，由备案审查工作人员和信息技术人员组成工作小组，及时解答市、县、乡镇等报备单位关于备案审查工作的疑难问题，通过征求意见、规范报备内容、开展业务交流等方式，进一步推动备案审查工作制度化、标准化、规范化，促进备案审查工作提质增效。

3. 法规规章规范性文件数据库建设实现新突破

2021 年 6 月，全国人大常委会法工委将广东、浙江、重庆、宁夏确定为省级法规规章规范性文件数据库建设的示范地区，在常委会的领导下，经过各级人大、政府、监委、法院、检察院和相关单位的共同努力，大胆探索创新，有序稳步推进，明确了“谁制定、谁报备、谁负责”工作原则，压实制定机关的主体责任。已基本完成了数据库建设示范任务。在 9 月 21 日全国人大常委会法工委召开的省级法规规章规范性文件数据库建设工作推进会上，宁夏数据库建设的经验做法得到了法工委领导的充分肯定和高度评价，“发挥了第一梯队探索、开拓、引领的重要作用”。截至目前，宁夏数据库已经将宁夏、市、县、乡四级人大、政府和县级以上监察委员会、法院、检察院的地方性法规、规章、规范性文件，以及宁夏政府组成部门和直属机构制定的行政规范性文件纳入数据库，共归集现行有效的地方性法规 265 件，法规性决定 24 件；政府规章 176 件；宁夏政府规范性文件 337 件，宁夏政府各部门各直属机构行政规范性文件 709 件；各级“一委两院”规范性文件 21 件；设区的市以下人大、政府各类规范性文件 1080 件。在优化升级备案审查信息平台的基础上，继续完善数据库内容，拓展数据库功能应用。数据库将通过“宁夏人大”微信公众号和“我的宁夏”APP 等多种渠道，免费向社会公众开放，提供检索查询服务，为社会各方面提供最新、最完备、最权威的数据库信息，最大程度地满足全社会、全方位、全时空的智慧法治需求。

（五）有序开展设区的市地方立法

设区的市地方立法工作以“小切口”为突破点，突出地方特色，充分发挥立法在地方治理中的优势和独特作用。宁夏人大常委会通过提前介入五个设区市的立法工作，共同研究讨论，从体例、内容、技术等方面给予指导，及时提出意见建议，把规范性、合理性、合法性问题解决在法规报批前，切实提高立法质量。2022 年，宁夏人大常委会共审查批准设区的市地方性法规 5 件，其中批准设区的市制定地方性法规 3 件，修改 2 件。

银川市修订了《银川市城市供热条例》，明确了供热期间居民用户卧室、起居室温度不得低于 20℃，其他部位温度应当符合设计规范标准要求，有效促进了城市供热事业发展，保障了供用热各方合法权益，突显以人民为中心的立法追求；结合宁夏水资源管理实际，适应当前黄河流域生态保护和高质量发展的要求，修订《银川市水资源管理条例》，为科学合理开发、利用、节约和保护水资源，推进深度节水控水，促进黄河流域生态保护和高质量发展，发挥水资源的综合效益，实现水资源的可持续利用，奠定了法治基础。石嘴山市制定了《石嘴山市城市公园管理条例》，用地方立法满足人民群众对城市公园更高的需求，巩固提升全国文明城市、国家森林城市、国家园林城市建设成果，促进公园事业高质量发展。固原市制定《固原市城市市容管理条例》，推动城市环境更加宜居宜业，回应社会关切期盼，为建设宁夏副中心城市提供一定的法制保障，及时填补了固原市容管理上的立法空白。中卫市制定《中卫市养犬管理条例》，将政府规章上升为地方性法规，明确规范公民的养犬行为。

（六）拓展立法宣传形式，讲好立法故事

常委会高度重视讲好立法故事，注重立法在起草、审议、通过等环节的宣传，通过组织代表集中学习研读，与相关部门共同召开新闻发布会，在《人民日报》、《光明日报》、《法治日报》、《中国日报》、《宁夏日报》、央视新闻、人民网、新华社、学习强国等多家主流媒体发布立法信息，对法规的颁布施行、重点内容、关键话题等进行多角度多维度宣传报道。通过为有关市县举办培训班授课等形式，努力做好条例宣传解读，先后为宁夏党校新任市县党政领导干部、市县人大常委会组成人员，党校在职培训班、金凤区人大、红寺堡人大、宁夏人大组织的环境保护培训班、人大代表履职培训班等讲授先行区条例、环境保护法律法规解读、立法理论与事务、备案审查理论与事务等内容，收到了良好的效果。

二、宁夏立法工作面临的现实挑战

党的二十大对立法工作提出了新要求，做出了新部署，面对改革发展的需要和人民群众的需求，地方立法任务逐渐加重，立法步伐逐渐加快已成为趋势。随着立法工作的逐步深入，很多立法都涉及一些深层次的制度调整和利益调整，立法难度越来越大，人民群众对立法的要求已经不是有没有，而是好不好、管不管用。面对现实挑战，立法工作如何来适应改革、适应经济社会发展的需要，是当前必须深入思考的问题。

（一）法规草案质量有待提高，地方特色还需强化

在提高法规草案质量的几个关系上还需要继续找准突破口、把好关键点，如照抄照搬上位法条款和突显地方特色的关系，完善法规原则性指导性条款和操作性实用性条款的关系，法规体例结构完整和“小切口”“小快灵”立法新模式的关系等需要继续在立法实践中探索总结新的经验。

（二）民主立法的工作机制还不够完善

现有立法调研的方式，受新冠肺炎疫情等客观因素的影响较大，限制了立法调研的广度和深度，需要继续探索创新立法调研新方式。法规征求意见缺乏针对性，公众意见的征求和反馈机制不健全，公众对意见征求途径的知晓度不高，提出意见的积极性不足。

（三）备案审查制度需要进一步完善

备案审查工作取得了新的进展和新的突破，在实践中也总结出很多新的经验，需要通过立法等形式对现行法规中关于备案审查有关规定进行补充、完善，进一步规范备案审查的内容、标准、程序等，完善和加强备案审查制度。

（四）设区的市立法能力需要进一步提升

设区的市地方立法工作力量薄弱，立法和备案审查专业知识理论有待进一步提高。尤其地方人大换届后，人大代表和常委会组成人员需要及时更新立法和备案审查工作相关知识，提升工作能力。

三、2023 年做好宁夏立法工作的建议

2023 年是贯彻落实党的二十大精神的重要一年，也是新一届人大及其常委会工作开局之年，地方立法要深入贯彻落实党的二十大和习近平总书记视察宁夏重要讲话指示批示精神，围绕中央和宁夏党委重大决策部署，加强重点领域、新兴领域等领域立法，增强立法系统性、整体性、协同性、时效性，努力提高立法工作质量和效率，为实现经济繁荣、民族团结、环境优美、人民富裕的美丽新宁夏做出新贡献。

（一）进一步围绕中心，服务大局，跟进地方立法工作

坚持把立法工作放在党和国家事业发展大局上来谋划、来推进，紧扣宁夏党委贯彻落实党中央大政方针的决策部署，通过法定程序使党的政策、中央精神、国家法律在宁夏落地生根，确保党中央和宁夏党委决策部署到哪里，人大立法工作就跟进到哪里，力量就汇聚到哪里，作用就发挥到哪里，确保把党的方针、政策和主张通过法定程序落到实处。

（二）继续发扬全过程人民民主，探索民主立法、开门立法新方式

坚持在立法的全过程各环节广泛听取和吸纳各方面的意见，不断丰富拓展公民有序参与立法的渠道，从项目征集到项目立项，从立法调研到法规起草，从评估论证到修改完善，从审议通过到备案审查，从立法公开到宣传教育，始终做到开门立法、开门问策，同人民保持密切联系，倾听人

民呼声，体现人民意志，保障人民权益，凝聚最大共识，形成最大公约数，让人民群众的意见建议成为提高立法质量的“源头活水”，把全过程人民民主的要求贯彻到立法的全过程各方面。

（三）充分发挥职能作用，坚持人大主导立法

发挥人大在立法工作中的主导作用，是加强和改进新时代地方立法的必然要求，也是全面落实科学立法、民主立法、依法立法的重要体现。应从立法规划、计划的选题，到法规的起草、调研、审议，发挥常委会和相关委员会、常委会组成人员和人大代表的主导作用，定方向、把程序，组织协调，总揽大局。同时，充分落实政府依托、各方参与的职责，唱好“大合唱”，跳好“集体舞”。

（四）守正创新与时俱进，统筹推进地方立法工作

坚持问题导向，不断探索实践，适应新形势、吸纳新经验、确认新成果、做出新规范。要统筹谋划、重点实施，有序调整、分步推进，既要防止立法急推冒进，更要防止裹足不前、无所作为。既要注重立法规划的系统实施，也要随着中心工作和重点任务的变化而及时调整年度立法计划；既要注重城乡经济社会发展立法统筹，也要注重行业、领域立法的兼顾；既要统筹基本公共服务，也要兼顾弱势群体的特殊保护。把当下立、见成效与管基础、立长远、见长效相结合；把强化优势特色与补齐短板相结合；把系统覆盖与消灭立法空白点相结合；把治理能力的提升与个体权益的保护相结合，增强立法的系统性、整体性和协同性。

（五）突出重点工作，加强备案审查制度和能力建设

法规规章规范性文件数据库是构建中国特色社会主义法治体系的一项基础工作，是信息化发展对法治建设提出的必然要求，是备案审查工作的重点任务，要紧抓重点工作，以数据库建设为突破口，启动规范性文件备案审查立法调研论证工作，制定或者修改相关地方性法规，从制度上解决规范性文件的规范性和合法性问题。备案审查信息平台是数据库建设的基础，是全面、权威、准确的数据资源的重要来源，以数据库建设推动备案审查信息平台优化升级，夯实数据基础，要加强对数据库信息的分析和运用，拓展相关功能提高备案审查工作质效。

2022年宁夏审判工作发展报告

朱丽梅　康　莹

2022年，宁夏各级人民法院高举习近平新时代中国特色社会主义思想伟大旗帜，以习近平法治思想为统领，深入学习宣传贯彻党的二十大精神和自治区十三次党代会决议，紧守“三地”法院建设奋斗目标，紧扣“强主责、护稳定、迎廿大”工作主题，紧盯“全国有位置、西北走在前”目标定位，争当平安宁夏的建设者、法治宁夏的先行者、公平正义的守护者，为平安宁夏、法治宁夏建设做出积极贡献。2022年1—10月，宁夏各级人民法院共受理各类案件264668件，其中刑事案件7786件，民事案件155325件，行政案件4123件，执行案件95116件，其他2318件。

一、以政治建设为统领，确保党对法院工作的绝对领导

（一）强化理论武装

始终把政治建设摆在首位，深入贯彻习近平法治思想，深刻领会“五个牢牢把握”的重要要求，认真贯彻落实党的二十大精神，深刻领悟“两个确立”的决定性意义，增强“四个意识”、坚定“四个自信”、做到“两个维护”。通过召开党组会、党组理论学习中心组（扩大）学习会，组织专

作者简介　朱丽梅，宁夏回族自治区高级人民法院研究室副主任；康莹，宁夏回族自治区高级人民法院研究室干部。

题政治轮训班、专题研讨班，开展专题辅导等多种形式，确保把党的二十大精神落实到法院工作的具体实践中，使其成为推动工作、指导实践的强大思想武器和力量源泉。深入开展“两个确立”主题教育，结合实际制定印发《宁夏法院开展“深刻领悟‘两个确立’决定性意义，坚决做到‘两个维护’”主题教育实施方案》，聚焦习近平新时代中国特色社会主义思想、习近平法治思想、“两个确立”重要内涵持续抓好理论学习，打牢思想根基。深入开展习近平总书记视察宁夏重要讲话和重要指示批示精神“大学习、大讨论、大宣传、大实践”活动，持续掀起学习自治区第十三次党代会精神热潮，通过党组领学、支部带学、专家辅导、专题学习、干警自学等形式，切实把思想和行动统一到习近平总书记视察宁夏重要讲话和重要指示批示精神上来，将学习成效转化为推动法院工作高质量发展的强大动力。

（二）把准政治方向

坚决贯彻党中央决策部署和宁夏回族自治区党委工作要求，围绕“强主责、护稳定、迎廿大”工作主题，出台《关于争做平安宁夏建设者的实施意见》《关于争做法治宁夏先行者的实施意见》《关于争做公平正义守护者的实施意见》，奋力推动新时代法院工作高质量发展，推进更高水平平安宁夏、法治宁夏建设。扎实开展巡视整改“回头看”活动，细化175条整改措施，统筹推进审判执行、司法改革、队伍建设等各项工作，建立完善各类制度31项，切实把巡视整改成效、政法教育整顿成果转化为服务大局、司法为民、公正司法的生动实践。

（三）严格执行党规党纪

认真贯彻落实《中国共产党政法工作条例》，严格重大事项请示报告，及时向党委及政法委汇报重大事项、重大问题、重要案件，确保人民法院始终沿着正确的方向前进。及时研究解决法院工作面临的新情况新问题，所有“三重一大”事项均上会研究，确保党的各项决策部署在人民法院得到不折不扣贯彻落实。全面贯彻“三同步”理念，确保宁夏法院网络舆情平稳可控。

二、深入推进依法治区，推进审判工作高质量发展

（一）依法惩治各类刑事犯罪

1—10月，宁夏法院共受理各类刑事犯罪案件7786件，审结6883件，结案率88.4%。依法严惩渗透颠覆破坏、暴力恐怖、民族分裂、宗教极端等犯罪，依法审结栾某某颠覆国家政权、周某某宣扬恐怖主义等案件。始终保持惩治腐败高压态势，依法审理戴向晖、魏耀东、徐庆、濮实等重大职务犯罪案件。深入开展“反诈人民战争”，依法严惩盗抢骗、黄赌毒、食药环等犯罪，积极参与宁夏打击非法集资犯罪，打击治理电信网络诈骗、食品药品安全、金融风险化解、治理洗钱违法犯罪、烟草打假等社会治安综合治理专项行动，切实提高人民群众的安全感和幸福感。深入开展打击整治养老诈骗专项行动，建立健全工作机制，成立专业化审判团队、合议庭，组建宁夏法院打击整治养老诈骗审判专业人才库，吸纳宁夏50余名专业法官入库，提升涉养老诈骗案件审判质效，切实维护老年人合法权益。

（二）常态化开展扫黑除恶斗争

印发《2022年宁夏法院常态化扫黑除恶斗争重点工作》，明确重点任务目标，建立健全长效机制，推动宁夏法院常态化扫黑除恶斗争走深走实。深入学习宣传贯彻《中华人民共和国反有组织犯罪法》，加大黑恶势力及保护伞犯罪案件的审理力度，依法审结马某某等15人涉黑案、糟某等18人涉恶案等一批涉黑涉恶案件。加大黑财清底工作力度，高效查处马荣富等34人涉黑案财产1.5亿余元，有效铲除黑恶势力经济基础。挂牌督办赵维东等3件重点涉黑案件，推动涉黑恶案件审理提质加速。

（三）全力保障人民合法权益

全面准确适用民法典，妥善审理好涉教育、医疗、养老、育幼、住房、劳动争议、社会保障等群众关注的热点难点案件。1—10月，宁夏法院共受理各类民事案件155325件，审结131932件，结案率为84.94%。加强未成年人司法保护和普法力度，兴庆区法院联合兴庆区检察院、公安局发出宁夏首例家庭教育指导令，西夏区法院、大武口区法院与学校共建青少年法治教育实践基地。持续推进家事审判改革创新，西夏区法院首创家事审

判“两封信”制度，西吉县法院打造《阿宁说家事》专栏，选取典型家事案例，用身边事教育身边人。

（四）持续优化法治营商环境

依法平等保护企业和企业家合法权益，1—10月，宁夏法院受理强制清算与破产案件271件，审结79件。加强破产审判工作机制创新，联合税务机关出台《关于优化企业破产程序中涉税事项办理的实施意见》，深化破产审判中司法与税务协作机制，最大限度解决企业破产涉税问题难题，降低市场主体退出成本。妥善审理宁夏天净冶金有限公司、宁夏普华冶金制品有限公司等破产案件，取得了良好的法律效果和社会效果。

（五）守好改善生态环境生命线

牢固树立保护与发展并重的理念，持续深化环境资源类案件集中管辖，依法审理各类环境资源案件，有力打击破坏生态环境违法犯罪行为。1—10月，宁夏法院新收一审环境资源案件2503件，审结2365件。建立健全协调联动机制，宁夏高级人民法院与宁夏回族自治区人民检察院、宁夏回族自治区公安厅联合出台《关于环境资源刑事案件集中管辖的意见》，中卫市沙坡头区法院与甘肃省白银市白银区人民法院等两家法院签署审判协作框架协议，中卫中级人民法院联合相关单位出台《关于建立生态环境和资源保护行政执法与司法联动工作机制的意见》，在涉案企业环境污染修复地设立环境司法警示教育基地，宁夏大学生态环境学院在银川铁路运输法院挂牌成立“环境资源司法理论研究和实习实践基地”，形成环境资源保护强大合力。

（六）助推法治政府建设

加强行政审判工作，既注重依法保护行政相对人合法权益，又支持和监督行政机关依法行政，1—10月，宁夏各级法院共受理各类行政案件4123件，审结3414件，结案率为82.8%。妥善化解行政争议风险隐患，依法审理300余人诉银川市金融工作局“4·18”政府信息公开案、涉政策性移民户籍迁移案等一大批涉众敏感案件。加强行政争议诉源治理，发挥行政争议协调化解中心、行业诉源治理工作室等职能作用，有效化解一大批行政争议。强化府院良性互动，部署开展行政应诉突出问题专项治理活动，成立领导小组，制定任务清单，细化8类28项措施，推动行政争议实质性化解。强化司法建议功能，连续13年发布行政审判白皮书，通过主动邀请行政机关派员旁听、开展讲座、参加府院座谈会等形式，从源头规范行政机关执法。

（七）巩固执行专项整治成果

在宁夏法院部署开展“抓管理、强业务、促规范”执行建设提升年活动，深入推进常态化执行领域顽瘴痼疾排查整治。继续大力推行执行指挥中心实体化运行工作机制，宁夏法院执行综合管理15项考核评价指标中10项优于全国平均值。固原市中级人民法院组织开展“执行大会战”“执行大会战协同战”，固原市全市22家联动单位齐心解决执行难的问题，综合治理格局进一步形成。吴忠中级人民法院联合23家单位对失信被执行人进行联合惩戒，与吴忠市公安局联合制定《关于规范移送涉嫌犯罪案件工作办法》，畅通“拒执罪”移送渠道。

（八）深化人民法庭创建

继续深化塞上枫桥人民法庭创建工作，设置巡回办案点和审务工作站，创新发展马锡五审判方式，充分运用车载法庭等模式，巡回审理，就地审判，形成司法服务网络全覆盖。发挥基层法庭桥头堡作用，积极参与无讼村（居）创建，推进多元解纷机制，指导基层人民调解组织推进乡村振兴，形成社会治理网格化联动机制，提升基层治理能力和治理水平。2022年上半年，银川市兴庆区法院大新人民法庭等24个基层法庭成功创建第二批“塞上枫桥人民法庭”，西夏区法院成立首家“石榴籽”法官工作室，石嘴山市平罗县法院庙庙湖审务工作站成为服务生态移民、助力乡村振兴亮丽名片。

（九）提升诉讼服务水平

推行法官进村组网格、审务进乡镇街道，广泛开展网上立案、跨域立案、在线庭审、在线调解，在宁夏范围构建起立体化诉讼服务网络，诉源治理成效明显，宁夏法院同期民事一审案件收案数下降7个百分点。加强线上线下诉调对接，完善“法院+社会各界”多元化解格局，联合宁夏侨联、证监会、发改委、工商联等单位出台在线诉调对接的九个机制意见，构建“纵向到底、横向到边”的矛盾纠纷预防化解网络体系，1—10月，调解案件总量81097件，“总对总”在线诉调对接工作模式基本形成。发挥人民法院调解平台集约集成优势，对接入驻555家基层治理单位，分流超过30%的一审民商事案件，人民群众足不出户就能享有一站式在线解纷服务。宁夏法院现代化诉讼服务质效评估体系目前得分86.71分，位列西北第一。银川市金凤区法院集成物业调解、婚姻家事调解、工会调解等12个调解室，诉前调解案件数居宁夏法院第一。

三、坚持改革创新，全面深化司法体制改革和智慧法院建设

（一）深化司法责任制综合配套改革

全面落实司法责任制改革要求，加快构建系统完备规范高效的司法制约监督体系，持续推进审判权力责任清单和履职指引制度，完善“四类案件”识别监管机制，举办宁夏三级法院“四类案件”监管系统操作培训班，压紧压实院庭长监督管理责任。定期分析研究审判执行工作态势，着力提升一审服判息诉率、二审终结率和再审终局率。充分发挥专业法官会议、审判委员会作用，促进疑难复杂案件妥善审理。制定出台《关于进一步加强改判、发回重审、再审案件监督管理的意见》，进一步完善司法权力运行监督机制，提高宁夏法院改判、发回重审、再审案件办理质效，推动涉诉矛盾纠纷实质性化解。设立改判案件监督管理专栏，对重大案件逐案分析，充分发挥类案处理参考作用。健全法官惩戒工作机制，起草印发《宁夏回族自治区法官检察官惩戒工作程序规则（试行）》，强化法官队伍监督管理。

（二）完善诉讼制度改革

深化以审判为中心的刑事诉讼制度改革，认真落实庭前会议、非法证据排除、法庭调查三项规程，积极推进庭审实质化。继续推进案件繁简分流、轻重分离、快慢分道，切实提升民事案件审判效率。深入推进四级法院审级职能定位改革试点，完善案件提级审理机制，起草了《宁夏法院提级管辖实施意见》。

（三）深化智慧法院建设

推进《宁夏法院信息化建设五年发展规划（2021—2025）》实施，加强

应用系统优化，积极推进大数据、人工智能、区块链等科技创新成果同审判执行工作深度融合，扎实推进电子卷宗随案同步生成及深度运用，高效完成制式文书自动生成和智能立案管理等周边应用建设。利用智慧法院建设成果，推进“互联网+诉讼”高效率供给。1—10月，宁夏法院累计完成网上立案20924件，跨域立案404件；送达案件123731件，完成保全案件1175件，审判辅助全面提速。石嘴山中级人民法院建成宁夏首家驻拘留所远程视频室，吴忠市红寺堡区法院应用“互联网+司法”拓展网上鉴定功能。

（四）加强基层基础建设

积极争取最高人民法院和自治区党委、政府关心支持，仅用两年多的时间高标准高质量高效率建成审判法庭及辅助综合用房，并于2022年5月顺利搬迁使用。新的诉讼服务大厅的建成启用，推动宁夏法院“一站式”建设工作实现新突破，促进高级法院诉讼服务提档升级，将为人民群众提供更便捷更高效更优质的司法服务。实施“我为基层解难题”活动，积极争取自治区政府支持，为宁夏法院配备执法执勤车辆93台、化解中基层法院历年遗留债务8000多万元。

四、加强队伍建设，打造忠诚干净担当的法院铁军

（一）坚持抓党建带队建促审判

持续打造精品党建品牌，《“一站式”建设树品牌“全覆盖”服务展形象》党建项目被自治区直属机关工委树为党建创新品牌，列入示范名录，《党建引领“双报到”服务群众“双报告”“12345+N”工作模式》荣登宁夏回族自治区直属机关工委党建创新榜。部署开展政治型、友好型、节约型、廉洁型、表率型“五型”机关建设，风清气正的政治生态和比学赶超的干事氛围日渐浓厚。强化党建引领作用，推行设立党员示范岗、党员先锋岗，引导党员干警亮身份、亮承诺、亮责任，激发党员干警忠诚干净、担当作为的干事激情。截至10月底，宁夏高级人民法院共创建五星级支部6个，四星级支10个。

（二）巩固深化政法队伍教育整顿成果

制定印发《宁夏回族自治区高级人民法院政法队伍教育整顿未完结事

项整改方案》《关于常态化开展执法司法顽瘴痼疾排查整治工作的实施方案》，深化顽瘴痼疾整治。开展司法作风突出问题集中整治行动，全面起底影响制约司法公信力的司法作风顽疾，宁夏各级法院查纠整改各类司法作风问题3544个，追责问题干警217人次，建立健全各类机制23项，制定、修订完善各类规章制度17项。

（三）持之以恒正风肃纪

围绕违反防止干预司法“三个规定”问题、违规经商办企业和配偶、子女及其配偶违规从事经营活动等问题，全面摸清底数，切实堵塞廉政风险点。坚决执行新时代政法干警“十个严禁”，严格落实“三个规定”月报告、定期通报、约谈督导等制度，强化纪法教育、警示教育，推进廉洁文化建设，部署开展违规收送红包礼金和不当收益及违规借转贷或高额放贷专项整治活动，教育引导干警修身律己，筑牢思想道德防线，确保司法廉洁公正。

五、宁夏审判工作发展面临的问题及2023年工作展望

2022年1—10月，宁夏人民法院各项工作稳步推进，审判执行质效稳中有进，但也存在着一些不足。主要表现为：一是司法理念、执法水平与新形势、新任务相比，与人民群众的新要求、新期待相比还有差距，与党委、政府以及上级机关的要求还有一定差距。二是司法作风仍需进一步提升，党史学习教育和政法队伍教育整顿成果仍需进一步巩固深化，推进全面从严治党、从严治院、从严治警仍需持续强化。三是审判执行质效指标需要进一步提升，对发改案件、再审案件的质量需要持续紧盯，审判管理规范化、精细化水平仍需加强。2023年，宁夏法院将坚持以习近平新时代中国特色社会主义思想为指导，深入学习贯彻党的二十大精神和自治区十三次党代会决议，切实履行好维护国家安全、社会安定、人民安宁的重大责任，为继续建设经济繁荣民族团结环境优美人民富裕的美丽新宁夏提供更加优质高效的司法服务和保障。

（一）坚持以政治建设为统领，着力提升“政治三力”

坚持以习近平新时代中国特色社会主义思想为指导，深入贯彻习近平

法治思想，深入开展“两个确立”主题教育，紧紧围绕学习宣传贯彻党的二十大精神工作主线，深入开展主题宣传教育活动，巩固拓展党史学习教育和队伍教育整顿成果，坚决筑牢政治忠诚，牢牢坚持党对法院工作的绝对领导，认真贯彻政法工作条例，严格落实重大事项请示报告制度，确保党中央、宁夏党委各项决策部署在宁夏法院不折不扣贯彻落实。

（二）坚持以执法办案为重点，着力提升业务质效

对标对表党的二十大目标任务和自治区第十三次党代会做出的各项决策部署，充分发挥审判职能作用，持续为平安宁夏、法治宁夏建设提供优质高效司法服务和保障。常态化开展扫黑除恶斗争，纵深推进打击电信诈骗、打击整治养老诈骗等专项行动，依法从严惩处危害群众生命财产健康安全的犯罪。持续优化市场化法治化营商环境，深入推进法治政府建设和行政应诉突出问题专项治理，巩固拓展切实解决执行难工作成果。

（三）坚持以群众需求为信号，着力提升为民服务质效

持续强化民生权益保障，加强住房、医疗、养老、育幼、社会保障等民生领域案件审理，加强高校毕业生、农民工和新就业形态劳动者等权益司法保护，加大对困难群众的司法救助力度。深入推进“为群众办实事示范法院”“塞上枫桥人民法庭”创建，深入推进一站式多元解纷和诉讼服务体系建设提档升级，充分运用好智慧法院建设成果，打造更高质量的争端解决优选地、公平正义标志地、司法权威制高地。

（四）坚持以队伍建设为根本，着力锻造法院铁军

持续巩固党史学习教育和队伍教育整顿成果，扎实推进法院党建工作，巩固深化“五型机关”创建成果。严格执行防止干预司法“三个规定”和新时代政法干警“十个严禁”要求，坚决整治司法领域群众反映强烈的突出问题，确保法官清正、法院清廉、司法清明。大力弘扬“忠诚为民、崇法尚德、公正廉洁、刚正不阿、改革创新”的新时代人民法院文化建设总要求，努力锻造一支党和人民群众信得过靠得住能放心的法院铁军。

2022年宁夏检察工作发展报告

马雯悦

2022年，在宁夏党委和最高人民检察院的坚强领导下，宁夏检察机关坚持以习近平新时代中国特色社会主义思想为指导，学习贯彻习近平法治思想，深入贯彻党的二十大和宁夏第十三次党代会精神，持续落实《中共中央关于加强新时代检察机关法律监督工作的意见》《宁夏党委贯彻〈中共中央关于加强新时代检察机关法律监督工作的意见〉的实施意见》，以开展检察机关“质量建设年”活动为抓手，在统筹发展和安全中依法能动履职，不断提升检察监督质效，各项检察工作取得新成效。

一、2022年宁夏检察工作发展成效

（一）加强政治建设，始终坚持党对检察工作的绝对领导

1. 强化理论武装，夯实思想根基

深入开展党的二十大和习近平总书记视察宁夏重要讲话指示批示精神“大学习、大讨论、大宣传、大实践”活动，及时跟进学习习近平总书记最新重要讲话和重要指示批示精神，结合检察工作实际，学懂弄通做实习近平新时代中国特色社会主义思想，特别是习近平法治思想，深刻领悟“两个确立”的决定性意义，切实增强“四个意识”、坚定“四个自信”、做到

作者简介 马雯悦，宁夏回族自治区人民检察院法律政策研究室科员。

“两个维护”，坚定不移走中国特色社会主义法治道路。

2. 坚持党的领导，筑牢政治忠诚

始终坚持党对检察工作的绝对领导，牢牢把握检察机关的政治属性，自觉把党对检察工作的绝对领导贯穿履职始终。认真抓好《中国共产党政法工作条例》贯彻落实，主动进行全面自查并自觉接受宁夏党委和中央政法委督查，认真组织开展“回头看”工作，及时发现并扎实整改问题，形成长效机制，确保政法工作条例的具体要求在检察机关落地落实。严格执行重大事项请示报告制度和法律监督年度报告制度，2022 年 1—10 月，向宁夏党委请示报告 15 次，向宁夏党委政法委请示报告 18 次，形成的 2021 年法律监督年度报告被最高人民检察院推广至全国检察机关学习借鉴。

3. 强化使命担当，切实履职尽责

始终坚持以习近平新时代中国特色社会主义思想所蕴含的世界观、方法论和贯穿其中的马克思主义立场观点方法指导检察工作实践，深刻领会“两个结合”，切实做到“六个坚持”，以理论上的清醒保持政治上的坚定。切实担负起服务保障宁夏经济社会发展和安全大局的政治责任、助力推进全面依法治区新征程的法治责任、实现检察工作自身高质量发展的检察责任，努力为党的二十大和宁夏第十三次党代会各项安排部署落地落实提供优质司法服务保障。

（二）坚持服务大局，为宁夏经济社会发展贡献检察力量

1. 严厉打击严重刑事犯罪，积极维护社会安全稳定

贯彻总体国家安全观，依法惩治危害国家安全、社会安定、人民安宁的各类犯罪行为，常态化推进扫黑除恶斗争，稳慎办好涉政类重大敏感案件，2022 年 1—10 月，批准逮捕各类犯罪嫌疑人 1628 人，提起公诉 5604 人。依法行使侦查权，立案查办司法工作人员相关职务犯罪 8 人。深入贯彻“少捕慎诉慎押”刑事司法政策，最大限度减少、转化社会对立面，促进社会内生稳定，不批准逮捕 1370 人，不捕率 45.7%；不提起公诉 2231 人，不诉率 28.47%；开展羁押必要性审查案件 940 人次，诉前羁押率 21.24%。同心县检察院办理的马某某强奸羁押必要性审查案获评最高人民检察院典型案例。

2. 助力防范经济金融风险，持续优化法治化营商环境

起诉破坏社会主义市场经济秩序犯罪 218 人、侵犯非公经济权益犯罪 9 人、涉众型经济犯罪 41 人、洗钱犯罪 10 人、知识产权犯罪 10 人。联合 11 家单位制定《关于加强涉企案件办理协作配合工作的意见（试行）》，依法维护企业和企业家合法权益。联合宁夏证监局签署了证券期货行业执法检察联络工作机制备忘录，加大惩防证券犯罪力度，防范化解金融风险。设立了知识产权检察办公室，制定《关于进一步加强知识产权检察工作的意见》，加强对知识产权的全方位综合司法保护，跟进服务创新驱动发展战略实施。

3. 充分发挥检察职能作用，加强生态环境司法保护

跟进落实《中华人民共和国黄河保护法》，建立健全水行政执法与检察公益诉讼协作机制，依法起诉破坏黄河流域生态环境犯罪 54 人，监督移送涉嫌犯罪线索 19 人，办理生态环境保护领域公益诉讼案件 904 件，同比上升 46.8%。持续开展"黄河干流（宁夏段）取水工程"专项监督，部署开展"自备井"取用水问题公益诉讼专项监督和"水行政执法+公益诉讼"专项监督，强化黄河流域水资源保护，提高水资源集约节约利用能力。石嘴山市平罗县检察院办理的一起行政公益诉讼案入选最高人民检察院发布的服务保障黄河流域生态保护和高质量发展典型案例。1 名检察官获评 2021 年全国打击危险废物环境违法犯罪和重点排污单位自动检测数据弄虚作假违法犯罪专项行动表现突出个人。

（三）践行司法为民，切实增进民生福祉护航民生民利

1. 积极守护人民群众美好生活

聚焦人民群众"舌尖上""脚底下""头顶上""钱袋子""邮包里"的安全，深化"公益诉讼守护美好生活"、高层建筑二次供水安全整治、窨井施工管理等专项监督，立案办理食药安全领域公益诉讼案件 156 件，同比上升 6.1%；开展道路交通安全公益诉讼专项监督活动，依法监督相关部门整治各类道路沿线运行环境及生态环境；积极参与"反诈人民战争"，深入推进"断卡"行动，起诉电信网络诈骗犯罪 552 人；通过召开联席会议、赴企业走访调研检查、督促快递网点纠改安全隐患等方式，努力推动形成

寄递安全“防护墙”。上下一体落实最高人民检察院一至八号检察建议，针对办案中发现的社会治理漏洞和问题，制发社会治理和公益诉讼类检察建议1203份，推动建章立制，促进诉源治理。宁夏检察院以“三个专项”推进安全生产综合治理的工作做法被最高人民检察院评为全国落实“八号检察建议”典型事例。

2. 积极维护特殊群体合法权益

全面加强未成年人综合司法保护，开展旅馆业、娱乐场所涉未成年人专项整治和未成年人活动场所无障碍环境建设专项监督行动，起诉侵害未成年人犯罪281人，对未成年犯罪嫌疑人和被害人开展心理测评和心理疏导1349人次、入职查询4602人次、家庭教育指导1131次。宁夏353名检察官担任法治副校长，开展青少年法治教育964场次，依法守护未成年人健康成长。深入开展打击整治养老诈骗专项行动，制作28部原创“短视频”、395篇原创报道等网上宣传材料，深入村镇、社区等地开展线下普法宣传449场次，起诉养老诈骗犯罪18人，追赃挽损374.38万元。助力国有财产保护和残疾人合法权益保护，督促相关行政机关依法履行残疾人就业保障金征管职责，确保积欠残疾人就业保障金足额征缴入库。对439件拖欠农民工工资、侵害农民工权益案件支持起诉，帮助追讨工资及赔偿金960.27万元。海原县检察院督促保护工程建设领域农民工劳动报酬权益工作经验被最高人民检察院转发推广。

3. 积极回应解决群众诉求

深入贯彻《信访工作条例》，对770件群众来信实现“件件有回复”，开展信访积案清理和集中治理重复信访“回头看”活动，院领导包案办理首次信访166件，化解重复信访积案43件，对1728件案件组织公开听证，促进矛盾纠纷源头预防和排查化解。宁夏回族自治区人民检察院检察长带头包案，对一起刑事申诉案主持召开上门听证会，既解“法结”又解“心结”，实现案结事了人和。中卫市检察院、灵武市检察院、同心县检察院控申部门被评为第十届全国检察机关“文明接待室”。制定《关于充分发挥检察职能服务保障乡村振兴的实施意见》，持续深入开展“司法救助助力巩固拓展脱贫攻坚成果助推乡村振兴”专项活动，向226名农村地区生活困难案件当事人或其近亲属发放救助金268.72万元，防止因案致贫返贫。常态化开展行政争议实质性化解工作，推动78件行政争议得到妥善解决。

（四）强化法律监督，推进和维护社会公平正义

1. 优化刑事立案和侦查活动监督

持续推进行政执法与刑事司法衔接工作，监督行政执法机关移送涉嫌犯罪线索79件。健全完善侦查监督与协作配合机制，实现市、县（区）两级侦查监督与协作配合办公室挂牌成立全覆盖。监督公安机关立案279件、撤案1071件，纠正违法205件次，纠正漏捕漏诉210人。青铜峡市检察院办理的“花某某合同诈骗撤案监督案”被最高人民检察院评为“十大优秀立案监督案例”。

2. 强化刑事、民事、行政审判活动监督

进一步加大对人民法院生效裁判监督力度，增强监督精准度，提升监督质效。对刑事、民事裁判分别提出抗诉53件、41件，提出民事再审检察建议62件，监督纠正民事虚假诉讼47件，对行政裁判提出抗诉和再审检察建议11件。对刑事、民事、行政审判活动提出监督意见118件、548件和169件。

3. 深化刑事、民事、行政执行活动监督

切实发挥好“巡回”+“派驻”融合优势，深入推进监狱巡回检察，全面推开看守所巡回检察，积极探索社区矫正巡回检察，对5个市监狱、看守所实现跨市交叉巡回检察全覆盖。纠正“减假暂”执行不当437人、刑罚执行与监管活动违法196件、社区矫正违法317人。对民事、行政执行活动提出检察建议565件、152件。

（五）持续深化改革，不断健全和完善检察权运行机制

1. 深入推进检察改革任务落实

积极适用认罪认罚从宽制度，刑事案件认罪认罚适用率90.48%、确定刑量刑建议法院采纳率98.47%、一审服判率95.85%。灵武市检察院办理的一件危险驾驶案入选全国检察机关办理认罪认罚案件听取意见同步录音录像典型案例。发挥“捕诉一体”办案机制优势，刑事案件退查、延期次数同比减少29%、76.6%，“案—件比”从2021年的1.16降至1.1。全面贯彻落实跨行政区划改革试点工作，2021年以来，银川市铁路运输检察院集中办理涉环境资源类刑事案件47件115人，提起附带民事公益诉讼10件、民事诉前程序32件，取得良好办案质效。

2. 积极探索涉案企业合规改革

根据涉案企业合规改革试点工作具体要求，结合宁夏实际强化第三方监督评估机制适用和运行，联合宁夏工商联、财政厅、国资委等19家单位共同建立涉案企业合规第三方监督评估机制实施办法和专业人员选任管理办法，推动、指导各地审慎稳妥依法审查涉案企业合规案件39件，启动合规考察9件，做出实体处理3件，落实平等保护，助力企业纾困发展。

3. 充分发挥制约监督机制效能

以检察履职助力健全完善政法领域执法司法制约监督机制，宁夏党委、政法委等6家单位联合印发《关于加强党委政法委执法监督与检察机关法律监督衔接工作的意见》，整合监督资源，形成监督合力。完善入员额领导直接办案管理办法和检察官业绩考评机制，常态化开展案件质量评查，立足业务指标抓实科学管理，形成正向激励，172名入员额检察院领导办案4670件，占案件总数的13%。常态化开展倒查违纪违法案件和“上下联动、相互印证”排查整治违反“三个规定”工作，制定《宁夏检察机关案件管理与检务督察工作衔接办法》，强化检察机关内部制约监督。

（六）加强自身建设，锻造忠诚干净担当的检察队伍

1. 加强机关党的建设

常态化长效化开展党史学习教育，积极推进“五型”模范机关创建，抓实检察工作“质量建设年”活动开展，推动机关党建与业务工作深度融合，政治轮训与业务培训紧密结合，促进政治生态进一步优化、纪律作风进一步好转、素质能力进一步增强、司法公信力进一步提升。主动接受最高人民检察院党组巡视“回头看”，形成具体整改措施并长期坚持，切实把巡视整改要求转化为日常工作中的自觉遵守，把整改落实机制变为日常工作的制度约束。

2. 加强干部队伍建设

持续推动《宁夏检察机关人才培养规划（2022—2025）》落实落地，强化检察人员专业培训，开展法官、检察官、人民警察、律师等同堂培训 8 场次，助推法律职业共同体建设。与生态环境、市场监管、金融监管等部门互派干部挂职交流，建立检察官与律师互督互评机制，聘请 193 名行政人员兼任特邀检察官助理，借助外力、用好“脑力”，提升办案专业化水平，具体工作做法被最高人民检察院通报表扬。加强优秀年轻干部培养选拔，制定落实“3331 工程”实施方案，确定“98868”工作目标，推进相关工作任务落实。大力宣传新时代政法英模、先进典型和“身边的榜样”，弘扬正能量，展现新形象。

3. 加强纪律作风建设

持之以恒落实中央八项规定及其实施细则精神、新时代政法干警“十个严禁”和宁夏加强作风建设“八条禁令”，持续纠治“四风”。巩固深化政法队伍教育整顿成果，常态化排查整治顽瘴痼疾，认真开展违规收送红包礼金和不当收益及违规借转贷或高额放贷专项整治活动，召开严重违纪违法案件通报警示教育大会，深化以案为鉴，教育引导党员干部知敬畏、存戒惧、守底线，一体推进“三不腐”。

二、宁夏检察工作存在的问题

回顾 2022 年宁夏检察工作，虽然取得了一定的成绩，但还存在以下问题：

（一）理论学习有待进一步细化实化

认真学习宣传贯彻党的二十大精神，全面落实宁夏第十三次党代会安排部署，以法治之力服务推进中国式现代化和美丽新宁夏建设的思路举措有待进一步深化细化实化。

（二）检察监督能力发挥有待进一步强化

面对人民群众日益增长的民主、法治、公平、正义新需求，法律监督工作还有不充分、不平衡的地方，不敢监督、不善监督、不规范监督等情况还时有发生。

（三）高素质检察队伍有待更进一步强化

面对全面从严管党治检的新要求，检察队伍政治素质、业务本领和纪律作风还有不相适应的地方等。需要我们引起高度重视，采取积极有效的措施狠抓整改落实，确保检察工作能够更好承担起新时代赋予的更重政治责任、法治责任和检察责任。

三、对促进宁夏检察工作高质量发展的思考建议

（一）牢记“国之大者”，能动履职服务保障社会主义现代化美丽新宁夏建设

聚焦宁夏第十三次党代会和宁夏党委十三届二次全会安排部署，依托开展党的二十大和习近平总书记视察宁夏重要讲话指示批示精神“大学习、大讨论、大宣传、大实践”活动，主动找准对接依法能动履职的切入点和着力点，完整、准确、全面贯彻新发展理念，主动融入新发展格局，更好发挥法治固根本、稳预期、利长远的保障作用，不断增强政治自觉、法治自觉、检察自觉，依法能动履职，积极为宁夏经济社会高质量发展提供有力司法保障。

（二）强化法律监督，在纵深推进全面依法治区战略中贡献检察力量

聚焦党的二十大关于“加强检察机关法律监督工作”“完善公益诉讼制度”决策部署，坚持以习近平新时代中国特色社会主义思想为指引，认真贯彻习近平法治思想，深入贯彻《中共中央关于加强新时代检察机关法律监督工作的意见》和宁夏党委《实施意见》，更深融入全面依法治区，推动刑事、民事、行政、公益诉讼“四大检察”全面协调充分发展，以检察能动履职维护和促进社会公平正义，积极推进更高水平的平安宁夏、法治宁夏建设。

（三）全面从严管党治检，锻造堪当时代重任的高素质检察队伍

聚焦全面建设社会主义现代化国家干部人才队伍建设标准要求，坚持党对检察工作的绝对领导，认真落实新时代党的建设总要求，坚持不懈用习近平新时代中国特色社会主义思想凝心铸魂，大力弘扬伟大建党精神，深入学习贯彻党章，一体推进全面从严治党和鼓励担当作为，一体加强检察机关政治建设、组织建设、业务建设、党风廉政建设和职业道德建设，锻造忠诚干净担当的过硬检察队伍。

2022年宁夏法治政府建设报告

马 娟 马 姣

2022年以来，宁夏始终坚持以习近平新时代中国特色社会主义思想为指导，认真践行习近平法治思想，紧紧围绕宁夏党委和政府关于全面依法治区的战略部署，以落实《法治政府建设实施纲要（2021—2025年）》各项任务为抓手，聚焦问题、狠抓落实，推动宁夏法治政府建设全面提速。

一、法治政府建设的主要做法

（一）坚持党的领导，准确把握推进方向

宁夏党委坚持把法治建设与经济社会发展同规划、同部署、同落实、同考核，先后9次召开党委常委会会议、依法治区委员会会议等，研究部署法治建设工作。宁夏党委书记梁言顺带头履行法治建设第一责任人职责，率队对《宁夏回族自治区水资源管理条例》实施情况开展执法检查，对宁夏《乡村振兴促进条例》立法工作进行调研，强调以严格制度加强水资源管理，依法保障乡村振兴战略落实落地，加快推进黄河流域生态保护和高质量发展先行区建设。

宁夏政府坚决落实宁夏党委部署要求，先后7次研究法治政府建设工

作者简介 马娟，宁夏回族自治区司法厅法治调研与督察局副局长；马姣，宁夏回族自治区司法厅法治调研与督察局一级主任科员。

作，主要领导专题听取2021年宁夏法治政府建设暨中央依法治国办法治政府建设督察反馈意见整改情况，要求以对中央负责、对事业负责、对人民负责的态度，以高质量整改成果助推高质量法治建设。27个市、县（区）党委专题研究部署本地区法治建设111次，区、市、县三级党委均专题听取2021年度本地区法治政府建设情况报告。各市、县（区）党委法治建设议事协调机构及其办事机构、协调小组共召开会议80余次，协调解决法治建设问题近700个。

（二）加强督察考核，压紧压实各方责任

坚持把法治建设纳入宁夏党委年度督查检查工作计划稳步推进，优化法治建设效能目标管理考核细则，法治考核分值在效能目标管理考核中的分值比重不断提高。加强领导班子和领导干部法治建设考核力度，考核结果作为领导干部考核和选拔任用的重要参考，力促法治建设各项任务落实。宁夏及5个设区的市将领导干部履行法治建设责任情况纳入巡视巡察内容，学、用、述、考、评、督、责各环节紧密联动，增强了法治建设的强大合力。宁夏党委依法治区委员会办公室会同宁夏纪委监委建立法治督察同纪检监察协作配合和信息共享机制，强化刚性约束，针对中央依法治国办督察反馈的3个负面典型案例进行督促检查，对涉嫌违法违纪的线索移送处理、跟踪督办。开展法治建设大督察，由5名正厅级实职领导干部带队，宁夏纪委监委、党委督察室、政府督察室参加，集中宁夏有关部门法治机构35名骨干力量和15名第三方评估人员，对12个区直部门（单位）、5个设区的市、21个县（市、区）法治政府建设等工作开展了实地督察，并随机组织1025名领导干部和执法人员进行了法律知识测试。建立督察通报制度，针对宁夏法治政府建设年度报告公开情况，市、县（区）法治建设议事协调机构运行情况，政府部门权责清单动态管理情况，中央依法治国办反馈意见中期督导情况进行了通报，努力推进全面依法治国各项部署要求在基层不折不扣落实到位。举办法治政府建设大课堂3期，区市县乡四级2500余人次同步受训。

（三）加强示范创建，开展行政应诉专项治理

不断深化法治政府建设示范创建工作，组织开展第二批宁夏法治政府建设示范创建活动，通过资料审查、网上评查、实地核查、集中评议、满意度测评、媒体公示等环节，经宁夏党委依法治区委员会办公室第八次会议研究，评选出石嘴山市、灵武市，宁夏市场监管厅、药监局为第二批宁夏法治政府建设示范地区（单位），银川市“多措并举打造村居法律顾问‘银川品牌’”等11个项目为法治政府建设示范项目。银川市兴庆区被命名为第二批全国法治政府建设示范地区。印发了《关于全面深入推进行政机关负责人出庭应诉工作的若干意见》，建立行政败诉案件分析报告和行政败诉、不履行生效裁判通报等制度，倒逼依法行政责任落实。2022年前三季度，宁夏行政机关负责人出庭应诉率达86.94%，其中10个市、县（区）和7个区直部门（单位）出庭应诉率达100%。加快推进行政争议协调化解中心建设，19个市、县（区）建立了行政争议协调化解中心，石嘴山市、固原市实现市、县两级行政争议协调化解中心全覆盖，截至10月底，共接受法院委派案件238件，成功化解25件，行政争议纠纷多元化解工作有序推进。

二、法治政府建设取得的成效

（一）政府服务效能不断提升

1. 全面优化法治化营商环境

出台《宁夏回族自治区优化营商环境条例》，以地方性立法形式，推动政务环境、市场环境、法治环境不断优化，切实为先行区建设提供有力的法治保障。制定优化营商环境“新80条”“财政17条”和涉及商事登记制度改革、项目审批改革、市场监管等18个领域的495项改革举措，持续打通肠梗阻，畅通微循环，不断增强市场主体信心，激发市场主体活力。深化涉企收费专项治理，督促清退不合理收费4402.14万元。截至10月底，宁夏市场主体总量突破75.16万户，同比增长6.37%，新增市场主体连续3年超过10万户，增速每年保持在10%以上。

2. 大力推进信用体系建设

在7个重点领域、涉及606项事项中推行告知承诺制，建立7704家政府机构和事业单位主体信用档案，截至10月底，宁夏信用信息共享平台累计归集信息4628.4万条。优化宁夏“双随机、一公开”综合监管平台的使用和管理，依规将1.17万户列入经营异常名录、205户列入严重违法失信名单。银川市设立企业投诉“直通车”专线，累计向12万家企业发送投诉制度宣传及问题征集短信149万条，督促兑现奖补资金2170万元。

3. 不断提高行政效率

推动“我的宁夏”APP扩能升级，用户总量达1065万人，办事总量达1170万件，1500个事项能够“指尖办”，3500个事项可以“掌上查”，惠民补贴带动消费超1.2亿元。优化升级“我的宁夏”防疫健康码系统，增加48小时内核酸采样记录查询，支持24小时内多次核酸检测报告结果展示等，为宁夏疫情精准防控提供更加有力支撑。

（二）依法行政制度不断完善

1. 加强重点领域立法

宁夏人大常委会审议通过地方性法规5件，宁夏政府制定修改政府规章4件。《宁夏回族自治区建设黄河流域生态保护和高质量发展先行区促进条例》，成为全国首个围绕黄河流域生态保护和高质量发展的地方立法。

2. 完善地方立法机制

制定《宁夏回族自治区人民政府立法工作规定》《立法项目论证咨询办法》和《地方性法规规章草案集体审议办法》，建立健全立法项目评估论证、立法专家咨询、委托第三方和组织专班起草法规草案等制度。建立基层立法联系点，宁夏人大设立基层立法联系点21个，宁夏政府设立基层立法联系点12个；建立司法所立法信息联络员制度，确定245名立法信息联络员，组织开展立法协商、调研论证160余场次，广泛听取基层有关单位、组织、公民的意见。

3. 严格备案审查监督

从严落实行政规范性文件“四级政府、三级监督”制度。截至2022年10月底，宁夏人民政府共制定行政规范性文件14件，备案审查政府规章、行政规范性文件146件，制定的政府规章、行政规范性文件全部按规定向国务院、宁夏人大常委会报备，报备率、及时率、规范率均达100%。

（三）行政决策水平有效提升

1. 强化依法决策意识

宁夏政府建立常务会议会前学法常态化制度，2022年10月底前，会前讲法学法6次；27个市、县（区）政府常务会会前学法172次，区直部门（单位）定期学法184次。将合法性审查作为重大行政决策的必经环节，凡提请政府常务会审议的重要议题，由政府或政府办公厅（室）下发的文件，都必须进行合法性审查，截至10月底，宁夏各级法制审核部门共审查各类文件、协议3676件。

2. 严格落实决策程序

出台《宁夏回族自治区重大行政决策事项目录编制指引（试行）》，明确了重大行政决策的事项范围、编制程序、责任分工等，以事项目录化推动决策程序落实。宁夏人民政府连续3年向社会公布宁夏政府重大行政决策事项目录，已确定的40项重大行政决策事项，均经过了公众参与、专家论证、风险评估、合法性审查和集体讨论决定必经程序。

3. 加强行政决策执行

宁夏政府重大行政决策事项出台前均向宁夏党委进行了报告。建立健全重大行政决策跟踪反馈制度，对《宁夏回族自治区廉租住房和经济适用住房保障办法》开展决策后评估工作，切实将决策后评估结果作为调整重大行政决策的重要依据，推进重大行政决策科学化、民主化、法治化。

（四）行政执法严格规范公正文明

1. 行政执法监督机制不断强化

编制宁夏《重大执法决定法制审核目录清单》，公布宁夏本级行政执法主体81个，宁夏各级执法机关配备法制审核人员1241人，占行政执法人员总数的5.13%。开展行政执法人员资格全面清理工作，“无证执法”现象基本杜绝。全面落实裁量权基准制度，开展行政处罚案卷评查评议活动，纠正执法不规范、程序瑕疵等问题148个。编印《宁夏执法案例汇编》，公布行政执法优秀案卷20个，以案卷评查促执法质效提升。强化资格证件管理，对7730名执法人员统一换发制式服装和标志。

2. 重点领域执法力度不断加大

开展食品安全专项整治，检查食品生产经营主体 6.58 万户次，完成食品抽检 5016 批次，查处食品违法案件 721 件，罚款 482.51 万元；销毁各类过期药品近 35 万件，检查特种设备生产使用单位 3182 家，发现并消除安全隐患 1485 处；开展“携手清四乱保护母亲河”“黄河干流中卫段取水工程整治”“防汛保安、地下水”等专项行动，推动黄河流域乱占、乱采、乱建等 6013 个突出问题得到整治，查处水事违法案件 37 件，罚款 81.4 万元。

3. 行政执法方式不断创新

推行说服教育、劝导示范、警示告诫、指导约谈等柔性执法，积极探索包容审慎监管模式，努力实现宽严相济、法理相融，让执法既有力度又有温度。宁夏 22 个部门制定包容免罚清单，推行包容免罚事项近 300 项，适用案件 13175 件。

4. 依法应急处置能力不断加强

印发宁夏总体应急预案和 16 部灾害事故应急预案，建立“1+1+4”应急管理组织指挥机构，搭建“1+41+7”预案框架体系，科学处置“6·21”“7·11”强降雨等灾害，应急管理领域法治保障能力持续强化。

（五）行政权力运行监督制约持续强化

1. 行政复议体制改革持续深化

严格落实《宁夏回族自治区行政复议体制改革实施方案》，宁夏党委专门调剂 49 名专项编制，用于加强基层司法行政工作力量，宁夏复议机构新增复议处（科）室 7 个，从事行政复议工作中具有法律职业资格证人数达 74.17%。开展宁夏行政复议典型案例征集和评析工作，召开预防化解行政争议联席专题会议 3 次，就举报、投诉类和婚姻登记类行政争议进行研讨，助推诉源治理工作纵深发展。截至 2022 年 10 月底，宁夏各级行政复议机关受理复议申请 739 件，通过“不见面”方式提交行政复议申请率达 87%，依法受理率达 100%，行政复议化解行政争议主渠道作用日益凸显。

2. 自觉接受各类监督

2022 年 10 月，宁夏人大常委会对宁夏行政执法监督工作开展检查，提出工作意见和要求。宁夏政府办理人大代表建议 258 件、政协提案 436

件。宁夏各级检察机关提出检察建议3734件，回复3004件，采纳2945件，采纳率达98.04%。

3. 审计监督作用明显

重点开展黄河流域防洪治理及水土保持资金、宁夏重点产业资金和政策落实、疫情防控资金和捐赠款物等专项审计调查，做到应审尽审、凡审必严、严肃问责。

4. 政务公开更加深入

优化媒体政务公开功能，政策文字解读达100%、图解达80%以上，多元化解读达50%以上。规范政府信息公开答复，实行政务公开清单管理制度，2022年，区市县三级政府对符合法定答复条件的289件信息公开申请全部进行答复。

三、宁夏法治政府建设面临的主要问题及发展展望

（一）面临的主要问题

对标对表党中央、国务院的决策部署，对照人民群众对法治建设工作的新期待，在法治政府建设方面，还存在一些短板弱项。

1. 学习贯彻习近平法治思想仍需进一步深入

个别地方学习贯彻落实习近平法治思想存在简单化、碎片化现象，学习研讨不系统，全覆盖培训还不到位，在学懂原文、悟透原理上还有差距。

2. 党政主要负责人履行推进法治建设第一责任人职责仍需进一步落实

少数领导干部运用法治思维和法治方式解决问题的能力有待进一步提升，重视法治素养和法治能力的用人导向尚未有效树立。

3. 行政规范性文件监督管理仍需进一步加强

一些地方和部门（单位）制定的行政规范性文件未严格落实“三统一”和“有效期”制度，有的涉及市场主体的行政规范性文件未进行公平性竞争审查。

4. 重大行政决策机制仍需进一步完善

一些地方和部门（单位）落实重大行政决策程序不到位，存在听取公众意见不充分、合法性审查不严格、风险评估不深入等情况。行政决策合法性

审查能力不足、审查时限难以保证。

5. 行政执法规范化水平仍需进一步提升

一些地方行政执法“三项制度”落实不严格，柔性执法、说理性执法运用不够，规范文明执法仍有差距。

（二）2023 年宁夏法治政府建设展望

宁夏将始终坚持党对法治工作的领导，全面贯彻落实党的二十大精神，按照中央“一规划两纲要”和宁夏第十三次党代会关于“实施依法治区战略”的部署要求，以解决当前法治建设存在的突出问题为重点，健全完善党领导法治建设体制机制，提升法治建设工作能力和保障水平，增强人民群众在法治领域的获得感、幸福感、安全感，为全面建设社会主义现代化美丽新宁夏提供有力法治保障。

1. 健全完善学习贯彻习近平法治思想制度，坚持党对法治工作的绝对领导

坚持以习近平法治思想为指导，坚决贯彻执行党中央重大法治决策部署，把党的领导落实到法治建设工作各方面和全过程。推动各市、县（区）党委落实对本地法治建设工作的领导责任，建立党委定期研究法治工作、听取法治建设工作汇报制度，研究解决重大问题，统筹推进法治建设各项工作。

2. 健全完善监督机制和责任落实体系，压紧压实党政主要负责人法治建设第一责任人职责

将党政主要负责人履行推进法治建设第一责任人职责情况纳入新一届各级党委巡视巡察工作范围，层层传导压力，做到任务到人、责任到人。推动各级党委将法治建设工作纳入党内监督体系，实行党内监督和外部监督相结合，构建全面覆盖、有效衔接的工作机制。开展中央和宁夏法治建设督察反馈问题整改落实“回头看”，对法治建设和督察整改力度不强，责任不落实、不细致，任务完不成和行政败诉率较高的地方、部门（单位），依法依规严肃追责问责。

3. 加强依法行政制度体系建设，不断提高依法行政能力

科学编制五年立法规划和 2023 年度立法计划。严格落实国家和宁夏关

于重大行政决策程序和事项等相关制度，畅通公众参与渠道，广泛听取社会公众意见，充分发挥法律顾问、公职律师在依法决策中的重要作用。加强行政规范性文件制定和监督管理工作，严格落实备案审查制度，依法及时清理违法违规的行政规范性文件。

4. 健全完善行政执法体制机制，全面推进严格规范公正文明执法

深入推进综合行政执法改革，持续探索实行跨领域、跨部门综合执法。合理配置行政执法资源，推动执法重心向基层转移。持续推行行政执法事项清单管理制度，全面梳理、规范和精简行政执法事项。全面推进严格规范公正文明执法，加大关系群众切身利益的重点领域执法力度，完善行政执法程序，健全行政裁量基准。

5. 加大示范创建培育力度，着力补齐法治建设短板弱项

积极培育2023年全国法治政府建设示范创建地区、项目，对标对表示范创建指标体系，尽快补齐短板弱项。宁夏党委依法治区办将适时开展资料核查、实地评查、经验梳理等工作，推进创建工作做实做细。加大宁夏创建成果宣传力度，挖掘亮点树品牌，积极推广具有较强创新性、示范性、推广性的工作经验，切实把创建工作做优做精。

2022年宁夏司法行政工作发展报告

白 宽

2022年，宁夏司法厅坚持以习近平新时代中国特色社会主义思想为指导，深入学习贯彻习近平法治思想和习近平总书记视察宁夏重要讲话精神，认真贯彻落实党的二十大精神和宁夏第十三次党代会精神，紧紧围绕宁夏党委、政府中心工作，充分发挥“一个统筹、四大职能”[①]作用，各项工作稳步推进，有力服务保障了宁夏经济社会发展。

一、2022年宁夏司法行政工作成效

（一）党的政治建设不断深化

1.“首题必政治”常态化学习制度落实有效

始终把政治学习作为党委理论学习中心组、党委会第一议题，及时传达学习习近平总书记重要讲话、指示批示精神和中央重大会议、重要文件精神及宁夏相关工作要求，采取有力措施坚决贯彻落实。

2. 宁夏第十三次党代会精神学习贯彻有力

印发《深入学习宣传贯彻党代会精神实施方案》，举办领导干部示范

作者简介 白宽，宁夏回族自治区司法厅办公室三级主任科员。

① “一个统筹、四大职能”：机构改革后，新组建的宁夏司法厅承担统筹协调全面依法治区，履行行政立法、行政执法、刑事执行、公共法律服务四大职能。

班，以“结合学、跟进学、点题学、辅导学、沉浸学、现场学”六学形式掀起学习热潮。对照宁夏党委依法治区委员会办公室作为主责单位的4项任务，制定具体工作方案。针对19项配合任务，梳理形成任务措施清单，持续抓好推动落实。

3. 党的二十大精神学习宣传贯彻全面展开

组织广大党员干警和法律服务工作者通过电视、网络、广播等多种形式收听收看党的二十大开幕会，召开学习宣传贯彻党的二十大精神动员部署工作会议，印发《宁夏司法行政系统学习宣传贯彻党的二十大精神暨深入开展“大学习、大讨论、大宣传、大实践”活动实施方案》，对学习宣传贯彻党的二十大精神做出全面部署安排。对标党的二十大对法治建设的专章部署要求，结合宁夏第十三次党代会提出的“实施依法治区战略”，深入研究谋划2023年全面依法治区和司法行政工作重点工作和落实举措。

（二）全面依法治区重点任务有序落实

1. 习近平法治思想学习贯彻持续深化

制订2022年度学习宣传研究阐释习近平法治思想工作方案、深化学习宣传研究阐释贯彻落实习近平法治思想工作台账，举办领导干部学习贯彻习近平法治思想专题培训班，统筹推动学习宣传贯彻习近平法治思想走深走实。

2. 全面依法治区统筹部署有序推进

筹备召开了1次依法治区委员会会议，4次依法治区委员会办公室会议，对全面依法治区各项任务做出部署安排。开展宁夏法治建设大督察，发现问题125个，整理问题清单6个、典型案例18个，及时形成总报告呈报中央依法治国办，并向被督察地区和部门逐个反馈了督察意见。建立依法治区督察专家库，遴选100名专家，为全面依法治区提供智力支持。出台《关于进一步加强市县法治建设的实施意见》，推进党的二十大精神关于法治建设的重大决策和自治区第十三次党代会关于“实施依法治区战略”的部署要求落到实处。

3. 领导干部学法述法制度不断健全

制定《宁夏政府常务会议会前学法实施方案》，建立政府常务会议会前学法常态化制度，创新推动政府职能部门负责人会前讲法，全面提升领导干部法治素养。印发《领导干部学法清单制度（试行)》，明确“1+3+X”学法内容清单①，健全完善领导干部日常学法、讲法、述法、考法制度，被全国普法办作为宁夏经验向全国推广。组织有关地区和部门主要负责同志进行会议现场述法，协调将党政主要负责人履行法治建设第一责任人职责情况纳入宁夏党委“三合一”考核工作机制，完成对宁夏111个地区和部门（单位）的综合考评工作。

4. 全面依法治区工作调研高质高效

高质量完成《全面推进法治宁夏建设研究》课题。《关于加强专门学校建设情况有关情况的报告》得到梁言顺、陈雍、石岱、王刚等自治区领导的重视和批示。系统总结、全面谋划宁夏法治建设工作，形成《关于宁夏第十二次党代会以来法治政府建设情况的调研报告》，被宁夏党委办公厅评为宁夏优秀调研报告。

5. 法治为民办实事”项目评选广受好评

3万余名群众参与投票评选出5件2022年宁夏“法治为民办实事”项目，让人民群众切身感受到法治带来的获得感。

（三）基层依法治理水平不断提升

印发《宁夏基层治理指标体系》《贯彻落实〈宁夏党委人民政府关于进一步加强基层治理体系和治理能力现代化建设的实施意见〉重点工作任务分工方案》，推动基层治理任务落实。协调6个重点领域治理牵头部门全面总结基层治理“1+6”文件贯彻落实情况，针对瓶颈问题提出意见建议，形成工作报告报宁夏党委。《宁夏坚持在法治轨道上推进基层治理体系和治理能力现代化》被中央依法治国办作为法治政府建设实地督察发现的典型做法予以全国通报推广，宁夏党委主要领导同志给予肯定性批示。

---

①“1+3+X”学法内容清单：即以“一个思想”（习近平法治思想）为引领，“三个领域”（宪法及其相关法、党内法规、民法典）为重点内容，“X个法律法规”（与本单位职能相关的法律法规）为自选内容的领导干部应知应会法律法规清单体系。

（四）法治政府建设纵深推进

1. 中央督察反馈问题全面整改落实

与宁夏纪委监委建立协作机制，联合开展中期督导工作，并向宁夏党委、政府报送《中期督导报告》。印发督察整改通报4期，向中央依法治国办上报《督察反馈意见整改落实情况的报告》。发挥督察通报“利剑”作用，针对宁夏法治政府建设年报告公开情况、对市县（区）法治建设议事协调机构运行情况、政府部门权责清单动态管理情况、中央依法治国办反馈意见中期督导情况进行了通报。

2. 第二批法治政府示范创建有序推进

评选出宁夏第二批法治政府建设示范地区（单位）4个，示范项目11个，经公示均无异议。指导银川市兴庆区入围全国法治政府建设综合示范地区公示名单。

3. 行政应诉突出问题专项治理成效初显

开展为期半年的行政应诉突出问题专项治理，印发《关于开展宁夏行政应诉突出问题专项治理的实施方案》《关于全面深入推进行政机关负责人出庭应诉工作的若干意见》《宁夏回族自治区行政败诉案件过错责任追究办法》，充分发挥各级行政机关和司法机关联席会议机制作用，细化对行政应诉工作的考核指标，开展行政纠纷诉源治理，有力促进行政争议实质性化解。2022年前三季度，宁夏行政机关负责人出庭应诉率为86.94%，其中10个市、县（区）和7个区直部门（单位）为100%。宁夏行政应诉败诉率为16.17%，低于全国平均水平（19.82%），排名由全国第18名降至第28名。

4. 政府重大行政决策制度机制更加健全

完成了2022年度重大行政决策事项目录的征集和审定工作，确定年度重大行政决策事项6项，对宁夏政府2021年重大行政决策事项完成情况向宁夏政府常务会专题报告。印发《宁夏回族自治区重大行政决策事项目录编制指引（试行）》，并进行宣传解读。

（五）行政立法质效有力提升

1. 立法工作机制更加完善

健全和完善党委领导、人大主导、政府依托、各方参与的立法工作机制，创新实行“1234+N”的立法工作机制，不断提高立法工作质效。制定宁夏人民政府立法工作规定，全链条规范立项、起草、审查、决定、公布、清理、备案等，提高政府立法工作制度化、规范化水平。建立12个基层立法联系点，确立245名立法信息联络员，畅通公众有序参与立法工作渠道。建立立法项目立项标准，明确11项一级指标和33项二级指标，为确定立法项目提供指引。

2. 立法项目确定更加科学

印发《宁夏人民政府2022年度立法工作计划》，开展五年立法规划和2023年度立法计划项目征集工作，共征集到规划项目60项，立法计划项目52项，严格按照“四个对照”进行立项审查筛选，确保立法项目服务保障中心大局、满足改革发展亟需、回应人民群众期盼。首次向宁夏党委全面依法治区委员会报告了人大、政府立法计划完成情况。着力推进重点领域立法，组织起草审查和修订《宁夏回族自治区优化营商环境条例》《宁夏回族自治区促进中小企业发展条例》《宁夏回族自治区公共文化服务保障条例》《宁夏回族自治区安全生产条例》《宁夏回族自治区爱国卫生工作条例》《宁夏回族自治区土地管理条例》等一批法规规章草案。在全国率先出台《宁夏回族自治区建设黄河流域生态保护和高质量发展先行区促进条例》。

3. 合法性审查备案更加严格

办理各类行政规范性文件和征求意见稿合法性审核743件，提请修改和废止地方性法规和政府规章18件，备案行政规范性文件129件，集中审查行政规范性文件232件，督促相关单位及时纠正存在增设许可条件，违法减损公民、法人和其他组织合法权益或增加义务等问题的文件12件。整理汇总党的十八大以来宁夏人民政府制定、修改的政府规章，编印《现行有效的宁夏政府规章汇编（上册）》。

（六）行政执法监督严格规范

1. 行政执法规范化水平进一步提升

举办了宁夏首期行政执法监督业务骨干培训班，组织宁夏行政执法考试人员网络培训和考试3938人次，有力促进行政机关规范公正文明执法。在西北地区率先启用电子版行政执法（监督）证件，缩短执法证件审批制作周期20天，切实解决了第三方制证周期长、制约基层执法效率的问题。

2. 行政执法监督覆盖面进一步延伸

开展行政规范性文件合法性审核机制落实情况专项监督工作、2022年度行政处罚案卷评查和宁夏行政执法人员摸底排查工作，清理注销不符合执法资格证件702个。完成宁夏政府657项行政许可事项清单和应急管理、发展改革、工信、交通运输等7个系统权力清单调整目录的法制审核工作，办理237份来文来件。围绕宁夏行政执法监督机构及队伍建设情况开展调研，配合宁夏人大对银川市和石嘴山市7个行政执法部门执法及监督工作进行了全面调研，联合宁夏消防救援总队开展宁夏执法督查。

3. 行政审批群众满意度进一步提升

办理各项行政审批和公共服务事项4285件，完成宁夏高院指派法援律师16人次，法援办案补贴发放23人次，完成全国统一执法证件审批制换共5批1.2万个，群众满意率达99%以上。

（七）公共法律服务优质便捷

1. 公共法律服务体系建设更加完善

印发《公共法律服务护航黄河流域生态保护和高质量发展先行区建设专项行动实施方案》《推进公共法律服体系建设实施方案》，整合宁夏公共法律服务人才资源，组建大中专院校法律援助志愿者团队，建立公共法律服务人才库，推进公共法律服进园区，成立宁夏首个工业园区公共法律服务中心。组建公共法律服务团，建立参与政府重大决策、重大事项、重大实践维权机制，为重大案件善后提供法律咨询、维权指导、指派辩护等工作。公共法律服务体系建设首次被写入宁夏党代会报告。上线运行宁夏智慧法律服务调度管理平台，实现一台多端、数据融合、协调联动。推进“12348”法律咨询热线与“12345”市民热线归号并线，累计解答法律咨询11万余条，同比增长35%，群众满意率达98.4%，法律服务网在线咨询2300余条，留言咨询2100余条，群众满意率达99.1%。

2.“法援惠民生”品牌效应不断深化

印发《监狱法律援助工作办法》《加强残疾人司法保护的实施方案》等，实行法律援助经济困难告知承诺制，全面推行法律援助异地协作机制，实现法律援助宁夏通办。上门办理法律援助案件 257 件，异地协作办理 82 件，累计办理法律援助案件 14800 余件，援助人数 19000 余人，挽回经济损失 1.8 亿元。在全国法援案件质量评估中，宁夏通过率 100%，优秀率全国第四。

3. 公证和司法鉴定公信力持续提升

在全国率先出台《深化公证体制机制促进公证事业健康发展的实施意见》，将“最多跑一次”公证服务事项从 48 项增加至 70 项，推广线上公证服务模式，开通公证云等网络服务平台，实现 4 项“跨省通办”，22 项高频公证事项“线上办、马上办”，梳理制定 73 项高频公证事项证明材料清单，位居全国前列。宁夏 3 家公证机构被司法部遴选为参与海外远程视频公证试点。进一步规范公证和司法鉴定执业活动，开展为期 3 个月的涉外公证专项治理、为期 4 个月的司法鉴定全面评查，对宁夏 1.8 万余件涉外公证案件进行全面检查，限制司法鉴定执业类别 12 家，清理注销 54 名司法鉴定人资格。累计办理公证案件 7.1 万件、司法鉴定案件 1.12 万件。

4. 普法与依法治理工作覆盖更加广泛

印发《“谁执法谁普法”履职报告评议实施方案》，进一步压实各部门单位普法责任。聘请 56 名专家学者组建宁夏“八五”普法讲师团，在宁夏开展普法宣传教育。以“民法典进农村”为重点，部署开展“美好生活·民法典相伴”主题宣传月活动。联合财政厅印发《关于进一步加强村（居）法律顾问工作经费保障的通知》，推动村（居）法律顾问工作再上新台阶。宁夏 893 名法律顾问为 2812 个村（居）提供各类法律咨询万余件，化解矛盾纠纷千余件，用法治力量保障乡村全面振兴。印发《宁夏“法律明白人”精准培养试点工作方案》，在全国率先探索“法律明白人”精准培养机制，经验做法被《半月谈》杂志宣传报道。累计培养“法律明白人”7.7 万人、骨干 8675 人，争取中央政法转移资金支持宁夏法治文化阵地高质量建设项目 21 个，宁夏村居（社区）法治文化阵地覆盖率达 90%以上，向司法部推荐申报第九批“全国民主法治示范村（社区）”12 个。

5.“法考”工作规范化建设取得新突破

制定《法律职业资格审核、管理工作规范》，联合教育厅印发《宁夏法律职业资格考试基地管理办法（试行）》，首次命名5个法考考点院校作为宁夏法律职业资格考试基地，实现了宁夏法考基地从建设到管理的科学化、制度化、标准化一体式管理，受到司法部领导的充分肯定。顺利组织实施2022年国家统一法律职业资格考试宁夏考区客观题考试工作。

（八）维稳安保工作压茬推进

1. 全力确保监所持续安全稳定

深入推进“八大体系”建设，全面提升监狱内部管理水平，宁夏监狱连续17年实现“四无”目标。部署开展“忠诚保平安　护航二十大”专项行动，深入开展“大排查大整治大提升”活动，扎实推进刑罚执行一体化，完成5所监狱刑罚执行办案中心试点建设工作。宁夏监狱管理局强化三项监督机制，构建完备高效执法监督制约体系项目入选2022年宁夏法治政府建设示范项目名单。宁夏监狱命名12个教育改造“创新工作室”，开展法律援助进监狱活动，深化狱内“枫桥经验”做法被司法部通报肯定并向全国推广。丰富社区戒毒（康复）形式载体，提升教育矫治效果。成立禁毒宣讲团，组织开展“6·26”国际禁毒日专场禁毒宣传活动，推动戒毒工作融入社会治理大局。积极配合完成第五强制隔离戒毒所改建宁夏方舱医院各项工作，服务保障宁夏疫情防控大局。

2. 持续提高社区矫正规范化水平

组织开展宁夏社区矫正“规范管理年”活动，加强社区矫正机构建设，宁夏三级社区矫正机构实现全覆盖，完成5个县区部级“智慧矫正中心”申报和网上考核验收工作，指导7个县区开展部级“智慧矫正中心”创建工作，不断强化科技支撑。在12个县区开展购买社区矫正社会工作服务试点，选派98名监狱戒毒警察参与社区矫正工作，不断提升教育矫正质量。严格执行重点刑释人员“必接必送”制度，指导各地做好刑满释放人员服务管理和安置帮教工作，宁夏刑释人员安置率和帮教率均达到99%以上。

3. 持续擦亮“塞上枫桥”调解品牌

指导各地开展“调解九进　服务万家”活动和“调解促稳定　喜迎二十大”专项行动，指导新建立调解组织247个，宁夏现有各类人民调解组织3868个，同比增长7%。不断健全完善诉调对接、访调对接、警调对接工作机制，共设立诉前调解组织 28 个，信访事项调解组织 70 个，派驻公安派出所调解室 67 个，建成一站式调解中心 239 个。各类人民调解组织排查矛盾纠纷 11 万余次，化解矛盾纠纷 4.5 万件，成功率 96%以上。宁夏“塞上枫桥”经验做法被中央依法治国办作为法治政府建设实地督察发现的典型做法予以全国通报推广。

二、宁夏司法行政工作面临的问题

准确把握、正确认识面临的形势任务和困难挑战，是增强工作主动性和前瞻性、进一步明确努力方向的基本前提，新时代宁夏司法行政自身工作还存在着一些突出矛盾和薄弱环节。

（一）全面依法治区工作统筹协调还不够有力

宁夏党委依法治区委员会、委员会办公室的统筹协调能力有待进一步提升，各协调小组职能作用发挥不够充分，推进法治宁夏建设整体合力还不强。存在地区和部门间法治建设意识和能力不平衡，依法治市、县（区）办人员力量较为薄弱，职能作用发挥不充分等问题。

（二）各领域各部门推进基层治理工作进展不平衡

基层治理是治理体系和治理能力现代化的基础，目前，宁夏各领域、各部门在推进基层治理工作过程中，存在重视不够、落实部署层次补齐等问题，部分基层干部对推进基层治理重视程度还有待提高，个别领导干部推进基层治理工作的能力还有所欠缺。

（三）公共法律服务供给能力和水平还不够高

新时代新发展阶段对公共服务供给提出新要求，广大人民群众日益增长的法律服务需求趋向个性化、多样化、多元、多层次，但是，由于宁夏法律服务供给体系还存在诸多制约因素，服务能力和服务水平有待进一步提升。

三、对做好 2023 年宁夏司法行政工作的思考和建议

新时代新征程上，宁夏各级司法行政机关将全面贯彻落实党的二十大做出的重大决策部署，按照宁夏第十三次党代会和十三届二次全会部署要

求，大力实施依法治区战略，踔厉奋发建设法治宁夏。

（一）坚持政治引领建设

坚持以习近平新时代中国特色社会主义思想为指导，深入学习贯彻党的二十大精神。坚决贯彻落实党领导立法、保证执法、支持司法、带头守法各项要求，不断提高政治判断力、政治领悟力、政治执行力，确保全面依法治区和司法行政各项工作始终沿着正确的政治方向前进，始终在思想上政治上行动上同以习近平同志为核心的党中央保持高度一致。坚持政治引领不动摇，不断强化马克思主义中国化时代化创新理论武装，全面落实意识形态工作责任制，坚持大抓基层的鲜明导向，着力建设“五型”模范机关、打造“六硬”党支部，把基层党组织建设成为有效实现党的领导的坚强战斗堡垒。巩固深化政法队伍教育整顿成果，坚持不懈正风肃纪，锲而不舍落实中央八项规定精神，持续纠治“四风”，始终以“赶考”的清醒推动全面从严治党向纵深发展。

（二）凝心聚力推进法治宁夏建设

研究制定落实党的二十大关于法治建设部署的实施意见，统筹推进法治建设“一规划两方案”落实落地，深入实施“八五”普法规划，持续深化领导干部述法工作，健全完善法治建设考核指标体系，推进《宁夏基层治理指标体系（试行）》落到实处。科学编制立法规划和年度立法计划，扎实推进民生保障、生态环保、应急管理、数字经济等重点领域立法，完善和加强备案审查制度，健全常态化清理机制，着力维护国家法治统一。深化行政复议体制改革，加大行政应诉突出问题专项治理力度，加强“放管服”法制审核及协调，全面推行证明事项告知承诺制，打造公平公正的法治环境。推进公共法律服务三大平台融合发展，深化智慧法律服务建设，加快建设覆盖城乡、便捷高效、均等普惠的现代公共法律服务体系，更好满足人民群众日益增长的法律服务需求。

（三）居安思危维护社会和谐稳定

统筹推进发展和安全，扎实开展平安建设各项工作。深入实施监所内部管理提升行动，不断完善刑事执行制度机制，持续推进监狱工作标准化、规范化、法治化建设，常态化开展监所安全隐患排查整治，严格落实常态化疫情防控措施，提升监狱执法水平和工作效能。健全统一戒毒模式，规范运行常态化机制，提高戒治实效。加强社区矫正对象管理服务，构建精准化帮扶体系，不断提升矫正质量，全力维护国家安全和社会大局稳定。丰富和发展新时代“塞上枫桥”经验，推动更多法治力量向引导和疏导端用力，加快构建大调解工作格局，依法有效化解矛盾纠纷，有力保障人民群众合法权益。

（四）固本夯基强化法治人才支撑

全面贯彻落实党中央和宁夏党委新时代法治人才培养规划要求，围绕革命化、正规化、专业化、职业化目标，推动完善法治专门队伍教育管理监督制度机制，建设一支政治过硬、适应新时代要求、具备现代化建设能力的法治专门队伍。加快发展律师、公证、司法鉴定、仲裁、法律援助、人民调解等法律服务队伍，规范法律服务行为、强化法律服务品质、提升法律服务效能、提高法律服务公信力，不断提升人民群众法治获得感和满意度。推动完善法治人才培养机制，协调引进高端法治人才，加大涉外法治人才培养力度，为法治宁夏建设提供坚实人才支撑和智力支持。

2022年宁夏公安工作发展报告

赵麒钧　徐京晶

2022年，宁夏公安机关始终坚持以习近平新时代中国特色社会主义思想为指导，深入学习贯彻习近平法治思想，特别是习近平总书记关于新时代公安工作的重要论述，贯彻落实新时代党的建警治警方针，牢牢把握对党忠诚、服务人民、执法公正、纪律严明总要求，坚持统筹发展和安全，以政治建设为统领，以全面深化公安改革为动力，全力以赴防风险、保安全、护稳定、战疫情、促发展、惠民生，为宁夏经济社会发展创造了安全稳定的政治社会环境。

一、2022年宁夏公安工作成效

（一）深化政治建警，全面夯实筑牢忠诚警魂

1. 强化理论武装

发挥党委理论学习中心组学习、支部“三会一课”、公安大讲堂、专题研讨等多种平台作用，深入学习贯彻习近平新时代中国特色社会主义思想、习近平法治思想、党的二十大精神和习近平总书记重要讲话指示批示、重要训词精神，扎实开展“大学习、大讨论、大宣传、大实践”活动和“喜

作者简介　赵麒钧，宁夏回族自治区公安厅研究室三级主任科员；徐京晶，宁夏回族自治区公安厅研究室一级科员。

迎二十大　忠诚保平安——争做先行区建设的先行者”主题实践活动，切实打牢全警高举旗帜、听党指挥、忠诚使命的思想根基。

2. 增强行动自觉

贯彻落实党中央决策部署、自治区党委和公安部党委工作要求督促检查、问责问效等制度机制，连续三年组织开展全国公安工作会议精神贯彻落实情况专项督查，研究制定宁夏回族自治区公安机《关于贯彻落实自治区第十三次党代会报告分工任务实施方案》《服务保障宁夏经济工作的任务分工方案》，压实工作责任，确保落地落实，坚决做到党中央有部署、自治区党委有安排、公安机关有行动。

3. 严守纪律规矩

始终牢记“五个必须”，严防“七个有之”，坚决同一切违背和损害“两个维护”的言行做斗争，全面彻底肃清流毒影响，坚定自觉忠诚核心、拥护核心、跟随核心、捍卫核心。严格执行重大事项请示报告、政法工作条例等党内法规，及时向自治区党委、政府、公安部和自治区党委政法委报告工作，强化政治巡视巡察，探索开展政治督察，做到党中央提倡的坚决响应、党中央决定的坚决照办、党中央禁止的坚决不做。

（二）强化依法严打，全力维护安全稳定大局

聚焦更高水平平安宁夏建设目标，忠实履行捍卫政治安全、维护社会安定、保障人民安宁的新时代使命任务，宁夏政治安全防线更加牢固，社会大局保持持续稳定，宁夏公众安全感连续 12 年保持在 90%以上。

1. 捍卫政治安全坚决有力

坚定不移贯彻总体国家安全观，强化底线思维、发扬斗争精神，始终把防范政治安全风险置于首位，严密防范、严厉打击境内外敌对势力各类渗透颠覆捣乱破坏活动。推动出台《关于新形势下加强反恐怖工作的实施意见》，完善反恐怖防范标准体系，扎实开展严打暴恐活动、网络暴恐音视频等专项行动，持续保持涉恐案事件“零发生”。依法严厉打击非法宗教和邪教组织违法犯罪活动，运用法治思维和法治方式处理民族宗教领域矛盾和问题，全力确保民族宗教领域安全稳定。组织开展“净网”行动，依法打击治理网络谣言和有害信息，健全并落实网络安全等级保护、关键信息基础设施安全保护等制度措施，全力营造安全清朗网络空间。

2. 化解涉稳风险及时有效

始终坚持稳字当头，紧盯可能影响社会稳定的各类风险隐患，加强预测预警预防，扎实做好动态研判、风险评估、走访教育、思想疏导、困难帮扶等工作，推动依法及时就地解决合法合理诉求，确保发现在早、处置在小。组织开展“枫桥式公安派出所”创建和“百万警进千万家”等活动，持续深化矛盾纠纷排查化解工作，强化公安信访突出问题攻坚化解，95%以上矛盾纠纷就地解决，从源头上防范矛盾风险。积极协同行政主管、行业监管等部门，全面起底排查整治经济金融领域风险，依法严厉打击涉众型经济犯罪，非法集资案件发案数下降42.9%，传销类警情连续4年下降，经济犯罪案件挽损数上升29.6%，再创历史新高。

3. 社会治安大局持续平稳

以夏季治安打击整治“百日行动”为牵引，常态推进扫黑除恶斗争，扎实开展反诈、禁毒人民战争，依法严厉打击黄赌毒、盗抢骗和“食药环”等领域违法犯罪，不断提升社会治安掌控力，努力让人民群众感受到安全触手可及、就在身边。2022年以来，打掉恶势力犯罪团伙4个，抓获犯罪嫌疑人43人。宁夏刑事案件发案数连续三年下降，杀人案件连续5年保持全破，“八类”主要刑事案件破案率达到96.8%，抢劫、抢夺案件破案率达到100%，电信网络诈骗案件发案数下降至近3年最低值，现有吸毒人数下降至历史最低值。

（三）注重综合施策，织严织密安全防控屏障

1. 扎实做好重大安保

坚持“万无一失、一失万无”标准和“精致、细致、极致”的作风，主动靠前工作，系统前瞻谋划，制定方案预案，优化圈层防控措施，强化关键点位防护，严密人车检查流程，严格周边巡逻防控，备足应急处置力量，依法规范文明执勤，圆满完成一系列重要会议、重大活动、重要节日的安全保卫任务，最大限度减少对群众正常工作生活的影响，着力实现安全效果和政治效果、社会效果的有机统一。

2. 全力抓好疫情防控

严格落实“外防输入、内防反弹”总策略和“动态清零”总方针，将疫情防控工作融入公安机关日常工作，持续完善与卫健、交通、通管等部门和口岸地联动对接机制，坚持抓牢两个“第一例”，高效稳妥处“4·06”“4·24”“8·04”“9·20”等突发疫情，全力做好人员转运、检疫站点查控、高风险小区（村）封控管控“三项重点工作”和境外疫情防控工作，积极配合做好流调溯源、秩序维护等工作，依法严厉打击涉疫违法犯罪活动，有效服务宁夏疫情防控大局。

3. 严密重点部位防控

推动健全公安武警联勤联防和“1、3、5 分钟”快速响应机制，完善群防群治机制，累计投入巡防力量 7.6 万人次，强化重点区域、部位、时段巡防巡控，最大限度提升见警率、管事率、震慑力。建立健全中小学、幼儿园“护学岗”机制，深化大中专院校警务室和法治副校长队伍建设，持续加强校园及周边环境安全治理，持续开展“护校安园”行动，全面排查整治各类安全风险隐患，确保校园安全稳定。

4. 强化安全隐患整治

持续深化道路交通“减量控大”工作，开展“除隐患、防事故、护民生”集中攻坚行动，宁夏道路交通事故起数下降 4.4%、死亡人数下降 23.1%，连续 10 年未发生重特大道路交通事故。严密防范枪爆物品安全风险，积极会同相关职能部门，扎实开展安全生产“百日专项整治行动”，持续清缴非法枪爆物品，整治寄递物流业安全隐患，组织开展集中清查行动 190 余次，清查重点场所 7200 余家，整改安全隐患 233 处，枪爆物品连续 6 年“不打响、不炸响”。

（四）深化改革创新，不断提升公安工作效能

1. 着力夯实基层基础

深入贯彻落实宁夏加强基层治理“1+6”政策文件精神，制定改革和加强派出所工作“两年规划”，警务室规划建设完成率达 90.8%，派出所民警与县级公安机关民警、社区民警与派出所民警占比达 45.18%、48.55%，派出所长进班子率达到 100%、社区（村）民警（辅警）进班子率达到 72%，社区民警提供线索破案数同比上升68.7%，“一室两队”“一警多能”两种勤务模式全面推开。开展“为派出所办实事”活动，制定推行43件为基层减负举措，有效激发基层工作活力。

2. 健全情报指挥体系

围绕“警务实战指挥中枢”职能定位，探索健全落实“平时周研判、战时日研判、应急时随时研判、敏感节点专项研判、警情趋势定期研判、风险态势周期研判”工作模式，完善分层分级流转、督促核查处置流程，形成“研交办督结”一体化闭环运转机制，推动12345政务服务便民热线与110报警服务台融合互通，分流非警务警情上升5.1%。

3. 优化便民服务机制

持续深化公安“放管服”改革，建立健全“365天×24小时”公安政务服务受理办理机制，公安实体窗口非工作日办件量增长30%。加强警企共建，护航企业发展，建立常态化联系服务企业工作机制，全面落实服务企业10项任务举措，制定出台便民利企举措39条，协调解决企业群众诉求160件。全面推行“严管轻罚”执法举措，轻微交通违法行为免除罚款2400万元。加速“宁警通”扩能升级，推动“无犯罪记录证明”等7个事项全程网办，公安交管互联网综合服务排名全国第3位。

4. 推进智慧警务建设

持续深化公安大数据智能化建设应用，加快推进数据汇聚融合、系统整合，颁布实施《宁夏公安视频图像智能化建设应用三年计划》，优化升级移动警务终端功能，上线运行数字警务超市系统，建立态势感知、可视分析、数据建模三大功能模块，研发搭建各类数据模型700余个，新建改建视图采集设备5000余路，基本形成宁夏公安大数据智能化应用新生态，更好地赋能决策指挥、风险管控、精准打击、基础工作和“放管服”改革，有效提升了警务运行效能和核心战斗力。

（五）突出规范执法，加快推进法治公安建设

1. 强化执法监督管理

制定《执法责任体系改革实施意见》，明确强化执法政治责任、细化执法主体责任、落实依法履职责任、严密执法监督责任、完善执法保障机制等5个方面27项具体任务。宁夏刑事案件不够罪不捕数下降46.1%、检察机关纠正违法数下降11.3%。严格落实规范性文件法律审核和备案审查机制，保障执法决策和制度的合法性、科学性。

2. 强化执法风险防控

以县域执法风险管控为突破口，搭建执法风险防控平台，配套建立执法风险预警预测、评估认定、定期研判等机制，围绕5个风险域、23个风险维度、48项风险指标，开展全量智能研判分析，宁夏行政案件查结率达到62%，创出历史新高，公安机关执法风险防控能力建设被宁夏回族自治区依法治区委员会评为“法治示范创建项目”。健全完善执法监督管理委员会工作机制，配套制定案件办理、取保候审工作规定，联合检察机关开展长期挂案案件清零专项行动，刑事案件绝对不起诉数上升4.1%。

3. 强化执法智能化建设

创新执法办案管理中心星级评定办法，大力推进执法办案管理中心建设，全面完成建设升级任务和第一轮验收工作，执法办案积分制覆盖宁夏490个基层办案单位、3662名办案民警和525名法制员，着力推动实现一站式办案、智能化管理、全流程监督目标。推行“移动办案、阳光告知卡、执法环节短信告知”举措，充分发挥远程提审会见、执法办案APP证据上传、快速办理等功能应用，为执法办案提供信息化保障。

4. 强化涉疫执法指引

面对疫情给群众生产生活、社会心态带来的深刻变化，制定涉疫案件办理等执法指引和电子门禁管理使用等制度规范，为疫情防控一线执法提供法治保障。坚持柔性执法、宽严相济，及时向30余万人次开展思想疏导、教育引导、以案释法，努力做到执法更严格、更精细、更有温度，未发生因涉疫执法引发的复议诉讼和负面舆情。

（六）从严管党治警，着力锻造过硬公安铁军

1. 强化党建引领

建立机关党建工作暨创建模范机关重点任务月清单机制，开展党务干部“三强化四过硬五带头”活动，实施“党旗领航　金盾先锋”党建品牌创建工程，谋划策划申报党建品牌33个，抓紧抓实“学研督考干”各个环节，形成“支部推进、党委提升、以小促大、互为支撑”的党建品牌创建体系。研究制定《关于开展公安厅机关党务干部“三强化　四过硬　五带头”活动实施方案》，激励党务干部在学中干、干中学，评定四星级及以上党组织18个，2名个人、3个集体荣获自治区“三八红旗手”“三八红旗集体”称号。

2. 加强干部队伍建设

认真贯彻新时代党的组织路线和好干部标准，始终坚持正确选人用人导向，强化干部队伍梯次规划和优秀干部发现培养，分级建立公安机关政法专业年轻干部储备库、具有法律职业资格年轻干部库和领导干部备选人选储备库，厅机关和市、县级公安机关干部上下交流机制不断健全，年轻干部队伍“选育用管”链条逐步完善。提拔任用处级、科级领导干部90余名，选派9名优秀干部到基层任（挂）职，晋升一级、二级警务专员和处级、科级及相当层次职级干部255名。常态化开展警种分训、随岗培训、送教到岗等工作，围绕执法需要、实战需求，区分不同警种、不同场景，组织开展群众工作法、群体性事件处置、警械武器使用、执法办案等培训143期12155人次，全警政治能力、职业素养、专业水平、实战本领大幅提升。

3. 深化全面从严治警

研究制定《关于进一步加强宁夏公安机关全面从严管党治警工作的指导意见》等制度文件，整合人事训练、督察信访、审计、法制、警保等警种力量，与派驻纪检监察部门合力构建大监督格局，推动区市县三级公安机关从严管党治警领导小组及其办公室实体化运行，强化廉政警示教育、监督执纪和重点岗位廉政风险评估，深入开展违规收送红包礼金和不当收益及违规借转贷或高额放贷、违规宴请饮酒问题专项整治，严肃查处违纪行为，持续释放执纪必严的强烈信号。

4. 落细落实从优待警

大力弘扬公安英模精神，强化先进典型示范引领，集中表彰在扫黑除恶、疫情防控、重大安保中表现突出的先进集体324个、个人787名，9个集体、9名个人受到全国公安系统英雄模范立功集体表彰大会表彰，永宁县闽宁镇派出所被命名为全国公安机关第二批“枫桥式公安派出所”。出台“有困难找组织”爱警暖警实施意见，走访慰问200余个基层所队600余人，推动解决民警、辅警实际困难212件，公安队伍凝聚力、向心力持续增强。

二、2022年宁夏公安工作存在的问题

当前，宁夏政治社会大局持续稳定向好，但稳定之中有隐患、平静之下有暗流的现实不容忽视，维护政治安全和社会稳定工作仍然还存在不少挑战压力。同时，与新形势新任务新挑战相比，宁夏公安工作还存在一些短板不足。总体表现在以下三个方面：

（一）维护安全稳定形势严峻复杂

宁夏始终是境内外敌对势力借民族、宗教议题关注的焦点、炒作的热点、利用的重点，政治安全领域风险持续存在。受疫情冲击和经济下行双重影响，新旧矛盾交织叠加，企业经营困难，就业压力增大，涉访维稳问题突出。经济金融领域重点案件涉及人数多、金额大，化解处置难度高，涉稳风险较高。

（二）新型违法犯罪打击有待提升

面对传统违法犯罪加快向互联网扩散蔓延、电信网络新型违法犯罪高发多发的严峻形势，仍然存在研究不多、办法不新、投入不足的问题。新业态领域快速发展，极易滋生大量风险隐患，存在一定防控漏洞，加之风险识别预警能力相对薄弱，一旦安全治理措施未能及时跟进，造成失控漏管，隐患问题就会反弹回潮。

（三）统筹推进工作合力有待提高

推动由行业主管部门参与综合治理的作用发挥还不够明显，未形成高效有力的联合监管机制，还存在协调联动不规范、配合不紧密、运行不顺畅等问题。社会数据获取难度大，缺乏跨网络的数据交换平台，大数据总量和增量与警务实战需求差距较大。

三、对2023年宁夏公安工作的思考建议

宁夏公安机关始终坚持以习近平新时代中国特色社会主义思想为指导，

立足新起点、把握新要求、锚定新目标、拿出新作为，深入贯彻习近平法治思想，统筹发展和安全，努力以新安全格局保障新发展格局、以高水平安全保障高质量发展，为建设社会主义现代化美丽新宁夏贡献公安力量。

（一）铸牢政治忠诚，坚决做到“两个维护”

1. 坚持政治上绝对忠诚

深刻领悟“两个确立”的决定性意义，增强“四个意识”、坚定“四个自信”、做到“两个维护”，不断提高政治判断力、政治领悟力、政治执行力，对党中央做出的决策部署、自治区党委安排的重要工作，第一时间传达学习、第一时间推动落实。

2. 坚定理论上清醒坚定

学深悟透笃行习近平新时代中国特色社会主义思想，深入学习领会党的二十大精神、习近平总书记关于公安工作的重要论述、视察宁夏重要讲话和重要训词精神，系统把握，融会贯通，知行合一，做到心有方向、胸有大局、行有定力。

3. 践行行动上落实有力

把习近平总书记重要讲话指示批示精神作为谋划工作的“指针”、检验工作的“标尺”，经常对标对表、及时校正偏差、坚决贯彻落实，坚决做到总书记有号令、中央有号召、党委有部署、公安见行动。严格执行政法工作条例、重大事项请示报告条例等制度规定，切实把“两个维护”转化为具体行动，落实到每项工作。

（二）发扬斗争精神，全力维护安全稳定

1. 坚决捍卫政治安全

统筹境内境外、网上网下两个战场，深入开展反渗透反颠覆反恐怖反分裂斗争，深化严打暴恐专项行动，依法打击邪教组织违法犯罪活动，持续整治网上政治谣言和有害信息，坚定维护国家政权安全、制度安全、意识形态安全。

2. 全力维护社会安定

坚持好、发展好新时代“枫桥经验”，深入开展矛盾纠纷排查化解，在党委、政府领导下，推动落实属地管理责任、源头治理措施和多元化解机制，最大限度把矛盾和风险发现在早、化解在小，消灭在萌芽。加快社会治安防控体系建设，坚持“打防管控建”并举，健全快速反应等警务机制，强化重点区域、部位、时段巡防巡控，不断提升社会治安掌控力。

3. 切实保障人民安宁

保持严打高压态势，推进扫黑除恶常态化，依法严厉打击涉枪涉爆、电信网络诈骗、侵犯公民个人信息等突出违法犯罪活动，强力打击整治养老诈骗、侵害妇女儿童权益犯罪，全力保障人民群众生命财产安全，努力让人民群众获得感、幸福感、安全感更加充实、更有保障、更可持续，以实际行动践行“人民公安为人民”的庄严承诺。

（三）坚守公平正义，深化法治公安建设

1. 完善执法办案体系

聚焦网络治理、打击犯罪、新业态监管等领域，着眼基层一线执法执勤实际，建立覆盖执法各岗位、各环节的规范细则和实战指引，健全完善执法办案管理中心运行机制，实行办案质量终身负责制和错案责任倒查机制，构建主体明确、范围明晰、层次分明的执法责任链条。

2. 加强执法监督管理

推进执法监督管理机制和执法责任体系改革，深化受立案、刑事案件“两统一”、涉案财物管理等改革，严密执法全流程监督管理，深化民警办案积分结果应用，自觉接受各方面监督，确保执法活动公开公正。

3. 持续改进执法方式

把打击犯罪同保障人权、追求效率同实现公正、执法目的同执法形式有机统一起来，自觉规范和约束执法言行，注重理性执法、人性执法、柔性执法，稳慎适用查封、扣押、冻结和羁押性等强制措施，让执法既有力度又有温度，实现法律效果、政治效果、社会效果有机统一。

（四）坚持创新驱动，纵深推进公安改革

1. 深化公安职能体系改革

按照“党委领导、部级抓总、省级主责、市县主战、派出所主防”的思路，明晰职能定位、理顺层级关系，加快构建职能科学、事权清晰、指挥顺畅、运行高效的公安机关职能体系。

2. 深化警务运行机制改革

坚持“实战标准、合成作战、问题导向、分层分类”原则，健全情报搜集研判、指挥调度处置、督导检查支援等制度，完善“情报、指挥、行动”一体化运行机制，不断提高实战能力水平。

3. 深化公安基层基础改革

坚持重心下移、力量下沉、资源下放，持续改革加强派出所和社区警务工作，做实派出所“两队一室”“一村一警”警务模式。深化“塞上枫桥”品牌创建，建强、管好、用好基层群防群治队伍，推动社区警务与基层网格化服务管理深度融合。

4. 深化公安放管服改革

巩固提升“365 天×24 小时”受理办理工作成效，在出入境、治安户政、道路交通管理等领域出台更多便民利企措施，强化公安 110 报警服务台与 12345 政务服务便民热线对接联动，提升公安政务服务精准化、便利化、智慧化水平。

5. 深化大数据建设应用

坚持科技兴警战略，加快公安大数据中心建设，推动各类数据平台融合对接，注重实战模型研发应用，着力塑造公安工作现代化发展新动能新优势。

（五）从严管党治警，加强队伍教育管理

1. 持之以恒正风肃纪

落实管党治警责任，压实各级党委主体责任和“一把手”第一责任人责任，巩固深化公安队伍教育整顿成果，狠抓正风肃纪反腐，严肃查处违纪违法行为，确保公安队伍风清气正。

2. 全面锤炼过硬本领

健全完善符合新时代要求、体现实战化特点的公安教育训练体系，深入开展全警政治大轮训和实战大练兵，提升公安队伍整体能力素质。

3. 有效提振队伍士气

坚持严管厚爱并重、激励约束并举，加强先进典型选树宣传，健全“有困难找组织”等暖警爱警机制，切实增强广大公安民警辅警的职业荣誉感、自豪感和归属感，不断提升队伍凝聚力和战斗力。

2022年宁夏法学研究发展报告

张文华

2022年是实施“十四五”规划的关键之年，也是实现第二个百年奋斗目标的开局之年，宁夏法学研究工作坚持以习近平新时代中国特色社会主义思想为指导，全面贯彻落实习近平法治思想，全面贯彻落实习近平总书记视察宁夏重要讲话指示批示精神，全面贯彻落实十九届历次全会，党的二十大、中央政法工作会议精神，按照自治区第十三次党代会、自治区党委政法工作会议部署要求，繁荣法学研究，服务法治实践，为全面建设社会主义现代化美丽新宁夏做出了新的更大的贡献。

一、2022年的宁夏法学研究工作取得的成效

（一）始终坚持正确政治方向，在发挥桥梁纽带作用上取得新成效

1. 党的领导全面加强

认真贯彻落实党的民主集中制原则，“三重一大”事项集体研究决策，在推动改革发展中充分发挥了把方向、管大局、保落实的领导作用。常态化长效化开展党史学习教育，深入学习习近平新时代中国特色社会主义思想，党史、新中国史、改革开放史、社会主义发展史，以理论滋养初心，以理论引领使命。出台《关于推进全面从严治党的实施意见》，落实全面从

作者简介 张文华，宁夏回族自治区法学会研究部副部长。

严治党主体责任，政治建设、思想建设和作风建设不断加强。深入推进“三强化四过硬五带头”主题实践活动，指导基层党支部扎实落实“三会一课”等制度，推动形成组织生活制度化，支部建设标准化。全力推进各级法学会和研究会党组织建设。银川市金凤区、吴忠市红寺堡区法学会率先成立党组织，创新推动所属 9 个研究会成立了党支部，确保党中央、自治区党委和党委政法委决策部署落细落实落到位。

2. 政治引领不断深化

印发《关于全区法学会系统认真学习宣传贯彻党的二十大精神的通知》《关于认真学习宣传贯彻习近平总书记视察宁夏重要讲话指示批示精神的通知》等，推进党的二十大和总书记重要讲话指示批示精神学习宣传；组织召开全区法学法律界学习贯彻党的二十大、自治区第十三次党代会、习近平法治思想研究、座谈会、专题培训班多场次。撰写的《努力为建设黄河流域生态保护和高质量发展先行区贡献法治智慧和法治力量》《认真学习贯彻习近平法治思想　为先行区建设提供坚实有力的法治保障》在《民主与法制》周刊、《共产党人》刊物上发表。编印了《习近平法治思想学习资料汇编》《党的百年法治道路探索与实践》，创设《习近平法治思想研究与法治宁夏建设》专辑，开展《习近平法治思想概论》精品课评选。在宁夏法治报、《宁夏法学》开设专栏，推送刊发《深入学习贯彻习近平新时代中国特色社会主义思想，不断开辟新时代政法工作新境界》《完善黄河流域生态保护制度体系，提升环境治理能力》等 20 余篇政法部门领导、专家学者创新理论成果，引领全区广大法学法律工作者坚定不移走中国特色社会主义法治道路，自觉做习近平新时代中国特色社会主义思想的坚定信仰者、有力宣传者、忠实践行者。

3. 抓好意识形态工作

出台《关于加强对全区法学法律工作者政治引领的指导意见》《法学研究工作政治审核监督办法》《政治建设督查工作办法》，压紧压实党组书记、秘书长、内设机构负责人、研究会会长主体责任。强化研究成果、论坛征文、研讨会、座谈会、研究会年会和《宁夏法学》的政治把关，确保法学研究始终坚持正确的政治方向。同时紧跟新媒体融合发展步伐，组建

60人的网评员常备力量，针对错误观点，亮剑发声、正确引导，牢牢掌握法学领域意识形态工作的领导权、主动权、话语权。

（二）始终坚持繁荣法学研究，在服务党委政府大局上取得新业绩

1. 法学研究成果斐然

紧紧围绕法治实践当中的重大问题深入研究，形成了一大批高质量研究成果。2022年，批准72项法学研究课题结项。其中，《以科学立法助推宁夏黄河流域生态保护和高质量发展先行区建设的建议》《宁夏认罪认罚从宽制度实施情况及若干具体问题研究》《行政公益诉讼在宁夏的实践及效能研究》《宁夏大调解工作的考察与思考》《“半个立法权”的法律规制与实践研究》《乡村振兴战略背景下的乡村治理法治化研究》等10余项研究成果分别得到自治区党委、人大、政府、政协有关领导批示肯定。深入贯彻落实习近平总书记视察宁夏重要讲话指示批示精神，成立习近平法治思想课题组，《宁夏黄河流域生态环境立法研究》《扎实推进实施民法典、强化民事主体产权平等保护》2项研究成果，为自治区党委、政府、党委政法委和有关部门科学决策提供了重要参考。《公安机关推进“以审判为中心”诉讼制度改革的问题与对策》《认罪认罚从宽制度的理解与适用》《建立健全扫黑除恶专项斗争长效常治机制研究》等研究成果运用到法治实践当中，成为指导实践的有力支撑。

2. 法学智库彰显优势

整合资源、提高层次，法学智库入库专家29人，16人聘任为自治区党委法律顾问、人大常委会立法咨询专家委员会委员、人民政府法律顾问，先后参与《宁夏回族自治区妇女权益保障条例》《宁夏回族自治区生活饮用水卫生监督管理条例》等30余部立法调研、咨询、论证，全面依法治区指标考核评估等工作，咨政建言和服务决策的能力不断提高。创新建立“全区青年法学法律人才库”，创新开展“宁夏资深法学家评选”活动，得到了全区法学法律界的高度认可。强化协同作战、联合攻关，智库专家承担8项国家社科基金项目课题，10项自治区哲学社会科学规划项目课题。出版《非上市公司股份交易法律问题研究》等2部教材。形成了《宁夏地方立法的实践与探索》《宁夏环保机构监测监察执法垂直管理制度改革研究》等一批研究成果，为宁夏科学立法、实践创新提供了理论支撑，推动形成以宁夏法学会学术委员会为枢纽，所属研究会为主要力量，高校科研院所和法治实践部门为主要依托的智库体系，切实把法学会打造成为自治区党委、政府的“智囊团”“思想库”“人才库”。

3. 服务实践克难奋进

出台《关于充分发挥法学会职能　服务黄河流域生态保护和高质量发展先行区建设的实施意见》得到自治区党委分管领导批示，宁夏法学会高起点谋划、高标准建设，组建“宁夏黄河流域生态保护和高质量发展法治智库”，成立“宁夏黄河流域生态保护和高质量发展法治研究会”，在建设河段堤防安全标准区、生态保护修复示范区、环境污染防治率先区、经济转型发展创新区、黄河文化传承彰显区中把脉问诊、开出良方。结合实际、参与乡村、社区、宗教、校园、企业、社团治理，服务法治实践、服务基层社会治理。编印《纾困惠企法律指南》，服务疫情防控和经济社会发展。围绕政法重点工作，找准切入点，确定党委、政府最急需解决，法治实践中问题最突出，群众最关注的具体问题作为活动主题，带着问题下去，抓住问题不放，多角度、多层次、多渠道深入调查研究，抓住“牛鼻子”，以高质量的研究成果服务平安宁夏、法治宁夏建设，推出《创新社会治理语境下宁夏市域社会治理研究》《宁夏基层社会治理法治化问题研究》等研究成果，有广度、有深度、有温度，着力解决基层法治实践当中的困惑，得到基层干部群众的一致好评。宁夏深入开展“法学研究下基层”活动的做法得到中国法学会的充分肯定。

（三）始终坚持人民主体地位，在全面推进法治建设上取得新进展

1. 有力宣传法治建设成果

持续13年撰写发布《宁夏法治建设年度报告》，客观总结宁夏立法、司法、执法、政法领域深化改革、执法监督、法学科研教育、法学研究等方面取得的成果，2022年增加扫黑除恶专项斗争、贺兰山环境整治、自然资源保护、卫生健康保障等内容，为营造良好“双创”环境起到了积极推动作用，成为对外宣传宁夏法治建设成果的窗口。

2. 深入推进法治宣传教育

以习近平新时代中国特色社会主义思想、习近平法治思想、习近平总书记视察宁夏重要讲话指示批示精神、民法典、扫黑除恶斗争等为宣讲主题，组建学习宣传习近平法治思想师资库，推动“双百”报告会进入各级党委理论学习中心组，特邀区内知名法学专家张廉、张静、李保平、周晓军教授等为自治区党委、政府理论学习中心组、政法系统、区直部门和27个市、县（区）党委理论学习中心组作辅导报告100余场，受众40000余人。特别是“习近平法治思想大宣讲”工作成功入选全区“法治为民办实事”五大项目。推进群众性法治文化活动向纵深发展，守正创新提出“一强三促五服务”活动主题，各级法学会和1000支青年普法志愿者服务队，广泛深入企事业单位、学校、街道、社区、乡村，通过“法治文化广场”“法治文化一条街”、知识竞赛、模拟法庭、法律文书写作大赛、专题讲座、大力宣讲扫黑除恶斗争、民法典、生态环境保护、劳动用工相关法律法规31514场，受众10万余人，弘扬社会主义法治精神，切实增强社会各界群众的法治意识。

3. 构建特色法律服务体系

印发《关于贯彻落实〈关于加快推进公共法律服务体系建设的实施意见〉的具体措施》，将法律服务作为基层法学会工作的着力点，全面推行首席法律咨询专家制度，聘任72名专家学者进入宁夏首席法律咨询专家库，积极参与党委和政府重大决策论证、重大风险防控、重大矛盾纠纷调处、重大信访积案化解。创造性提出基层综治中心主任、司法所所长、法庭庭长、派出所所长担任基层首席法律咨询专家的思路，并在石嘴山市推广试点，面向群众开展法律咨询服务、化解矛盾纠纷10000余件（次），实现了广覆盖、有特色、常态化的“公益性”法律服务体系，走在了全国法学会系统前列。

（四）始终坚持展现独特优势，在深化法学法律交流上取得新气象

1. 积极开展区域法治合作

举办第八届“中国·民族区域法治论坛”，围绕共同富裕与法治建设、黄河流域生态保护和高质量发展法治保障和乡村振兴战略实施中的重大理论与实践问题，深入开展交流研讨，为不断推动少数民族地区法治建设提供有益的法律支撑。承办第十七届“中国西部法治论坛”，形成了一批具有理论价值和指导实践的智力成果，对西部地区经济社会高质量发展起到了积极的促进作用。

2. 深化法学法律交流活动

举办“法治宁夏论坛”、面向5个少数民族地区广泛征集论文1000余篇，既有全国知名学者的创新成果，又有实务部门业务骨干的真知灼见，层次高、质量优，对于推动法治宁夏建设起到了积极促进作用。组织参加“中国法学家论坛”等高端法治论坛，征集论文500余篇，36篇论文获奖。

（五）始终坚持深化改革创新，在健全组织夯实基础上取得新局面

1. 改革成效不断显现

根据自治区党委政法委印发的《自治区法学会改革方案》，宁夏法学会坚持问题导向、对标对表，围绕增“三性”、去“四化”，以强化思想政治引领为主线、切实增强政治性，以理顺领导管理体制为突破口、切实提高群众性，以改进管理服务方式为切入点，切实提高先进性，解决突出问题，突破薄弱环节，政治引领能力、工作实效、基层基础、工作覆盖、工作作风得到加强，改革成效不断显现。认真贯彻落实中共中央办公厅印发的《关于进一步加强法学会建设的意见》，进一步强化党对法学会工作的全面领导，党组发挥把方向、管大局、保落实的领导作用，研究起草了《关于进一步加强全区法学会建设的实施意见》，坚持服务工作大局、坚持改革创新，进一步加强政治引领、繁荣法学研究、服务法治实践、培养法治人才等方面的工作，切实把法学会建设得更加充满活力、更加坚强有力。

2. 健全完善组织体系

在宁夏党委政法委的大力支持下，全面推动基层组织建设。研究出台《宁夏回族自治区市、县（区）法学会工作规范（试行）》，明确了市、县（区）法学会的9项工作任务和工作制度，推进市、县（区）法学会规范化建设，为宁夏法学会长远发展奠定了坚实基础。

3. 研究会实现新跨越

出台《关于进一步加强研究会建设的意见》《研究会管理办法》《专业研究会评估细则》等制度，明确了新时期研究会发展的目标任务，强化研究会管理、规范运行。新成立区域法治发展协同创新、建设工程和房地产法学、产业发展法治研究会，研究领域进一步拓展。

4. 不断培养法治人才

注重入会会员政治素质，按照会员分布情况，主动跟进、动态管理，将政法系统、研究会具备入会条件的实践经验丰富的法学法律工作者全部纳入会员队伍，会员队伍稳定增长、结构不断优化。截至 2022 年 10 月，个人会员 5878 人，同比增长 17.8%，团体会员 123 个，同比增长 60%。注重丰富服务形式，提高服务质量，在《宁夏法学》优先刊登广大会员学术成果，免费赠阅《宁夏法学》期刊 4000 册，组织 1000 余名会员参加第五届全国优秀庭审评价活动、参加高端法治论坛，研讨会、调查研究 20 余次，广大会员对法学会的满意度进一步增强。

二、宁夏法学研究工作发展面临的问题

（一）基础理论研究与应用对策研究发展相对不平衡

法治宁夏、法治政府、法治社会建设为宁夏法学研究提供了丰富的研究素材，推进宁夏法学应用对策研究不断繁荣，应用性研究对于快速有效解决实践中的突出问题发挥了很大的作用，相对基础理论研究，应用对策研究更接地气，能更好地服务当前的社会形势，但是与此同时，宁夏法学研究基础理论研究力量不足，研究成果较少，理论创新不足，呈现出应用对策研究和基础理论研究发展不平衡的状况。

（二）法学研究资源优势还没有得到充分体现

当下宁夏法学理论研究精品力作不够多，宁夏法学研究氛围不够浓厚。法学研究成果交流转化的渠道还不够通畅，研究成果转化机制有待进一步健全完善。法学研究人才队伍亟待壮大。法治研究领域的学科带头人培养力度还不够大，有权威的学术领军人物不突出，补充法学骨干力量持续供给不足，需要进一步对法学人才培养做出整体规划，进一步对人才构成比

例进行科学配置，需进一步加快青年法学人才的发现和培养步伐。

（三）实践研究深度不够，转化渠道不畅，转化率低

近年来，宁夏有一部分聚焦法治实践开展的调查研究在服务大局中发挥了一定的作用，对策建议被相关决策层采纳，得到了很好的应用转化，但总体上看，在整个研究成果中所占的比例还是比较小，法学研究的优势和潜能还是没有真正激发出来，应用对策研究客观上缩小了法学研究的地缘差异，宁夏实践资源丰富，经济社会发展实践中有许多问题值得研究探索，但是，应用对策研究还不能做到及时跟进。

（四）受疫情影响，法学研究学术互动交流受限

受疫情影响，省际间的学术交流缩减，论坛根据客观情况调整为线上与线下相结合，过去“请进来，走出去”的学术交流模式遇到困境，尽管互联网可以进行信息传输，但是代替不了实地考察和面对面直观互动交流的作用，法学交流迫切需要另辟蹊径、创新方式。

三、对做好 2023 年宁夏法学研究工作思考与建议

新起点、新征程，宁夏法学会要始终坚持以习近平新时代中国特色社会主义思想为指导，贯彻落实党的二十大精神和自治区第十三次党代会决议，充分发挥人民团体、群众团体、学术团体和政法战线重要组成部分的职能作用，强化政治引领、优化法学研究、实化法治宣传教育、深化法律服务，团结和引领广大法学法律工作者在建设更高水平的平安宁夏、法治宁夏建设实践中贡献才智和力量。

（一）以党的政治建设为统领，夯实法学研究政治基础

以习近平法治思想统领工作，用以武装头脑、指导实践。围绕习近平总书记视察宁夏重要讲话指示批示精神“大学习、大讨论、大宣传、大实践”活动的深入开展，持续组织开展特色鲜明的习近平法治思想“大学习、大宣讲、大实践”活动。围绕建设黄河流域生态保护和高质量发展先行区，不断推出具有原创性、时代性的创新成果；深入学习贯彻党中央、自治区党委重大决策部署，引领广大法学法律工作者学懂弄通做实。牢牢把握法学领域意识形态工作的领导权、主动权、话语权，在大是大非问题上始终

保持高度警醒，对于错误观点旗帜鲜明地开展舆论斗争。加强与教育厅、有关高等院校、科研院所的沟通联系，协同做好思想政治引导工作，推动形成共同意志、共同目标、共同行动。

（二）围绕党委和政府战略，发挥法学研究智力支撑作用

围绕党的二十大和自治区第十三次党代会确定的战略部署，政法领域全面深化改革、基层社会治理、民营企业发展法治保障等，横向联合、协同攻关，努力为自治区党委、政府和党委政法委、有关决策部门提供科学的对策建议。加强宁夏法学新型智库体系建设，谋良策、出成果，切实把法学会打造成为自治区党委、政府和党委政法委在法治领域的重要智库，发挥“智囊团”“思想库”“人才库”作用。

（三）以人民群众法治需求为导向，开展法治宣传教育

坚持以人民为中心，以“双百”报告会进入各级党委理论学习中心组为切入点，切实提高各级领导干部运用法治思维和法治方式深化改革、推动发展、维护稳定、化解矛盾、维护社会公平正义的能力。以“法治文化基层行”活动为着力点，引导青年普法志愿者服务队深入党政机关、企业、学校、社区，采取群众喜闻乐见、寓教于乐的方式弘扬法治精神，传播法治理念。以“深化法律服务”为突破口，加强和巩固首席法律咨询专家制度，着力发挥当地首席法律咨询专家的示范作用，引导广大法学法律工作者全面参与矛盾纠纷化解和义务法律咨询，为人民群众提供更加优质、便捷的法律服务，切实增强人民群众的法治获得感。

（四）不断增强改革创新动力，推进法学会高质量发展

认真贯彻落实自治区党委办公厅《关于进一步加强全区法学会建设的实施意见》，健全完善党委政法委代管制度，加强基层法学会党组织建设，推进基层法学会实体化，建立法学研究行业党委，承接法学类社团业务主管职责，开展优秀法治人才评选活动，以高度的政治自觉、思想自觉推动法学会建设。继续抓好《自治区法学会改革方案》的落实，补短板、强弱项，健全完善领导联系市、县（区）法学会工作机制，健全完善兼职副会长联系研究会工作机制，健全完善研究成果转化、激励及成果转化后的跟踪问效工作机制，在深化改革上创新发展，在巩固改革成果上转作风。锲而不舍抓自身建设，强化理论武装、理想信念教育、党风党纪教育。进一步健全完善各项制度，科学规范管理、严肃考评问责，激发内生动力，实现工作创新、平台创新、措施创新，全面推动新时代法学会工作再上新台阶、开创新局面。

2022年宁夏律师业发展报告

胡雅娟

2022年，是党的二十大召开之年，是实施“十四五”规划承上启下之年，也是自治区第十三次党代会精神落实首年。宁夏律师行业坚持以习近平新时代中国特色社会主义思想为指导，深入学习贯彻习近平法治思想、习近平总书记视察宁夏重要讲话精神，学习宣传贯彻党的二十大精神，践行“人民律师为人民”理念，以永不懈怠的精神状态和一往无前的奋斗姿态，敢于担当、善于作为，积极投身全面依法治国伟大实践，奋力谱写新时代宁夏律师事业发展新篇章。

一、2022年宁夏律师业发展基本情况

2022年，宁夏律师行业全面加强队伍建设，律师行业整体素质有大幅提升。

（一）律师事务所发展情况分析

截至2022年10月底，宁夏共有律师事务所209家，同比增长5.03％。从类型上看，合伙所152家（其中分所36家），国资所6家，个人所51家；从规模上看，执业律师10人以下所126家，11人至30人所62家，31人至50人所11家，50人至100人所5家，100人以上的律师事务所5

作者简介　胡雅娟，宁夏回族自治区律师协会常务副秘书长。

家；从地域分配上看，银川市95家，石嘴山市26家，吴忠市36家，固原市29家，中卫市23家（见图1）。

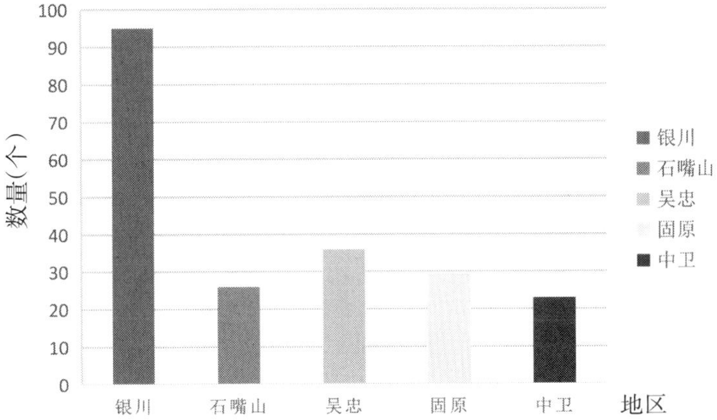

图1　律师事务所地区分布情况

（二）律师发展情况分布

1. 宁夏律师数量

截至2022年10月底，宁夏共有律师4356人，其中社会执业律师3253人（专职律师3161人，兼职律师92人），公职律师770人，公司律师184人，法律援助律师149人。按照2022年末宁夏常住人口725万人来计算，每万人律师拥有量为6.01名。

2. 律师性别构成

宁夏现有男性律师2327人，占宁夏律师总数的53.42%；女性律师2029人，占宁夏律师总数的46.58%，男性律师占比略高。地域分布上，银川市3136人，石嘴山市249人，吴忠市346人，固原市327人，中卫市298人（见图2）。其中，银川市律师人数占宁夏律师总数的71.99%，按照2021年末银川市常住人口288.2万人来计算，每万人律师拥有量为10.88名。

3. 新申请执业律师

截至2022年10月底，新申请执业律师364人，其中银川市282人，石嘴山市13人，吴忠市24人，固原市26人，中卫市19人。

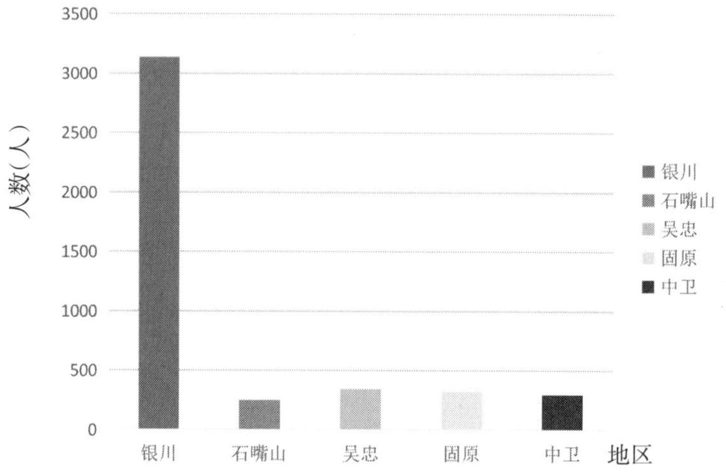

图 2　律师地区分布情况

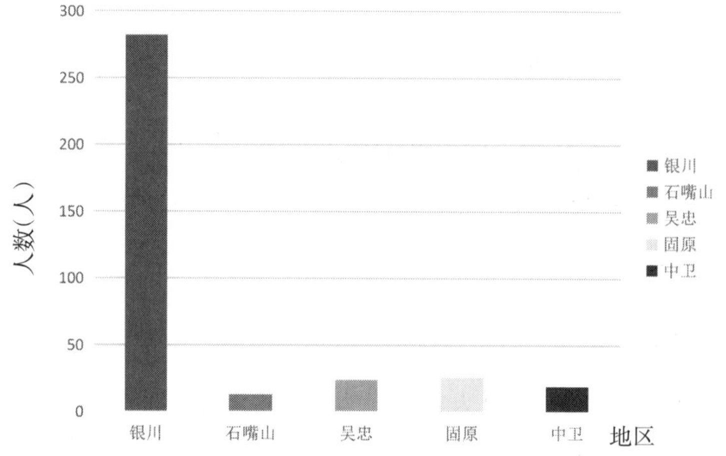

图 3　新申请执业律师地区分布情况

（三）律师行业党建情况分析

截至 2022 年 10 月底，宁夏共有律师事务所党组织 114 家，其中党总支 1 家，独立党支部 94 家，联合党支部 19 家（覆盖 75 家律师事务所），无党员所 40 家。党员律师 1066 人，其中“以强带弱”“以大带小”设立的联合党支部 10 个，占联合党支部数的 52.6%；“弱弱联合”设立的联合党支部 8 个，占联合党支部数的 42.1%；共有党建指导员 69 人，党建指导员中司法行政机关干部和退休政法干部 33 人。由律所主要负责人担任党组织负责人的数量为 90 家，一肩挑比例达到 78.9%。

（四）律师业务发展情况分析

截至 10 月底，宁夏律师共受理案件 25898 件， 同比下降 48.37%。其中：诉讼业务 23319 件，非诉讼法律事务 2579 件。

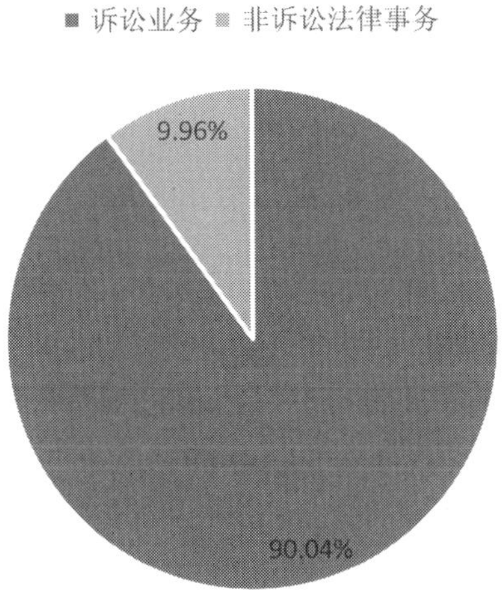

图 4　办理各类法律事务情况

（五）律师参政议政情况分析

截至 2022 年 10 月底，宁夏共有 43 名律师分别担任各级党代表、人大代表和政协委员，占宁夏社会执业律师的 0.99%。其中，全国政协委员 1 人，自治区人大代表 2 人、地市级人大代表 16 名，自治区政协委员 8 人，地市级政协委员 16 名。2021 年全年共提出建议、提案 45 件，参与立法工作 18 件，参与地方性法规、规章的修订和修改工作 48 件，参与执法检查、协商座谈 60 次。广大律师在担任人大代表、政协委员、党代表期间，以全新的精神风貌，严格履行各自职责，广泛收集社情民意，提出一大批优秀议案、提案和建议，参与到推进国家治理体系和治理能力现代化建设中。

二、2022 年宁夏律师工作成效

（一）党建引领，强化律师事业发展“铸魂工程”建设

1. 加强学习教育，强化政治引领

按照《关于在律师行业开展习近平总书记视察宁夏重要讲话和重要指

示批示精神“大学习、大讨论、大宣传、大实践”活动的通知》和《宁夏律师行业党委关于学习宣传贯彻党的二十大精神的实施意见》的统一安排，围绕党的二十大胜利召开，在宁夏律师队伍中先后部署开展“做党和人民满意的好律师”“献礼二十大　喜迎党代会　争创新业绩　奋进新征程”“习近平总书记视察宁夏重要讲话和重要指示批示精神“大学习、大讨论、大宣传、大实践”等系列主题活动，把政治建设摆在首位，加强学习教育，不断强化政治引领。

2. 层层压实责任，树牢主责意识

牢固树立主责主业意识，把党建与业务、行业监管统起来抓。定期召开律师行业党委会，研究部署党建工作，进一步强化管党治党责任。专题研究律师行业学习宣传贯彻党的二十大精神，部署安排相关工作。建立律师行业党委班子成员带头联系指导律师行业党建工作，开展中小律所规范化建设工作调研督导，促进中小律师事务所党支部党建工作规范化建设。

3. 发挥党建引领，开展专项行动

积极开展“律师服务中心工作提升行动”“律师事务所规范化管理提升行动”“律师素质形象提升行动”三大提升行动。从组织设置规范、工作机制规范、组织生活规范、党员管理规范四方面，不断提高律所规范化水平；加强教育培训力度，将律师行业党支部书记党务工作者培训纳入2022年司法行政系统干部教育培训总体规划，持续抓好党史学习教育。

4. 增强政治功能，发挥示范作用

开展宁夏律师行业党建全统领示范党组织培树工程，坚持“重点培育、典型引领、规范提高”的工作思路，按照“八有”标准和“五好”目标培树打造律师行业党组织典型，宁夏共推荐12家律师行业党组织入围党建全统领示范党组织培树名单，现进入考核验收阶段。落实《律师事务所党组织参与决策管理工作指引（试行）》的规定要求，宁夏律师行业党委建立健全党组织参与律师事务所决策、党组织和律师事务所管理层“双向进入、交叉任职”等机制，充分发挥党组织作用。印发《宁夏律师行业开展“做党和人民满意的好律师”主题活动实施方案》《关于在宁夏律师行业组织开展“献礼二十大喜迎党代会、争创新业绩、奋进新征程”主题活动的通知》，以“一个统领，三大行动”为工作思路，围绕“献礼二十大、喜迎党代会、争创新业绩、奋进新征程”主题开展系列活动。

5. 坚持深度融合，提升服务水平

充分发挥党建工作的引领作用，推动律师行业党建与律师事务所建设、行业发展和宁夏经济发展深度融合。组织党员律师亮身份、承诺践诺，积极参与服务中心工作，为群众提供精准、普惠、便捷的法律服务。持续推进涉法涉诉信访案件的化解和代理、村（居）法律顾问、刑事案件辩护全覆盖、为民营企业法治体检、向特殊困难群体提供法律援助等工作，进一步实现律师党建与律师业务的融合发展。

（二）围绕中心任务，构筑法治宁夏建设“护航工程”

1. 在推进法治宁夏建设中展现新作为

广大律师充分发挥职能优势、专业优势、实践优势，深入基层倾听百姓心声，把日常执业和接待群众过程中发现的问题结合起来，有针对性地提出建设性意见建议，参与起草、修订《宁夏回族自治区优化营商环境条例》《宁夏回族自治区枸杞产业促进条例》《固原市城市市容市貌管理条例》等多项地方性法规，促进科学立法、民主立法、依法立法，为依法治区建言献策。担任各级党委、政府立法咨询顾问，为党委、政府重大决策提供精准法律服务。参与公共政策制定、重大行政决策和重大项目投资建设等调研论证、风险评估和合法性审查，促进依法决策、依法行政和依法办事。参与涉法涉诉信访案件化解代理工作，促进涉法涉诉信访案件得到公正处理，切实维护人民群众的合法权益和宪法法律尊严。依法依规做好涉黑涉恶案件的代理辩护工作，促进黑恶势力犯罪案件依法稳妥顺利办理，切实维护当事人合法权益，维护社会稳定。

2. 在推动自治区高质量发展中做出新贡献

立足新发展阶段，贯彻新发展理念，适应新发展格局，紧紧围绕党的二十大擘画的宏伟蓝图、对标自治区第十三次党代会任务目标，特别是“三区建设”“四新任务”“五大战略”“六大提升行动”等重点工作，引导律师为全面建设社会主义现代化美丽新宁夏提供强有力的法律保障。认真落实与工商联沟通联系机制，推动律师事务所与县级以上工商联所属商会普遍建立合作机制，建立起“百所联百会”长效合作机制，宁夏“百所联百会”工作得到司法部、全国工商联肯定，共建经验做法被选树为“万所联万会”典型事例。持续为自治区的重点产业、工程项目提供专业法律服务，推动律师服务自治区重点产业、工程项目取得更大成效，在数字经济、新型材料、枸杞、奶产业等领域取得了阶段性成果。广大律师广泛参与依法决策，协助政府依法妥善处置公共事件、突发事件，当好基层政府的法律帮手。保障企业合法权益，加强企业合规管理，助力企业依法发展。充分发挥律师在预防和化解矛盾纠纷方面的专业优势、职业优势和实践优势，组织律师参与人民调解工作，综合运用情理法等方式，为人民群众提供矛盾纠纷调解的法律服务，为推动基层治理体系和治理能力现代化贡献力量。

3. 在构建公共法律服务体系建设中发挥新作用

宁夏广大律师主动履行社会责任，积极参与公共法律服务体系建设，广泛开展各类法律服务，树立了良好形象。广泛开展民法典普法工作，引导全体公民深刻认识到民法典既是保护自身权益的法典，也是必须遵循的行为规范，着力培育全社会办事依法、遇事找法、解决问题用法、化解矛盾靠法的法治环境，以高质量普法巩固脱贫攻坚成果、推动乡村振兴、促进共同富裕。积极参与法律援助工作，以优质高效的服务，提升律师在法律援助工作领域中的能力水平和良好职业形象。贯彻落实司法部关于“每名律师每年提供至少50小时的公益法律服务”的要求，推动将律师参与公益法律服务列入政府购买服务目录，积极拓展律师公益法律服务领域，努力培育一批有特色、叫得响的律师公益法律服务品牌。宁夏公职律师全覆盖工作取得了新突破，石嘴山市率先实现公职律师工作全覆盖目标，建立的“123456工作法”公职律师统筹使用机制得到司法部肯定，并在全国推广。宁夏党政机关法律顾问工作取得了新进展，1692家党政机关，有1246家配备了法律顾问，各级党政机关逐步推动建立以内部法律顾问为主体、外聘法律顾问为补充的法律顾问队伍。

（三）坚持服务为民，构建治理能力现代化“民心工程”

1. 关心弱势群体，热心公益服务民生

积极动员有经验的律师组建“为民办实事法律服务团队”，开展公益法律服务系列活动。深入社区、机关、乡村、学校等场所，提供法治宣传、法律咨询、律师调解等多种形式法律服务，让人民群众时刻感受到公平正义，时刻感受到法律保护，提升广大人民群众的获得感、幸福感、安全感。

2. 参与化解矛盾，提高基层治理能力

宁夏律师积极为社区（村居）提供法律顾问服务，为广大百姓提供法律咨询，制定修改完善村规民约，化解矛盾纠纷，服务保障民生，参与公共法律服务实体平台、热线平台、网络平台“三大平台”建设使用和服务。在各级人民法院、公共法律服务中心、律师事务所设立律师调解室的基础上，鼓励律师参与物业纠纷、医患纠纷、交通事故等领域的专业调解，帮助当事人降低诉讼成本和风险，依法化解社会矛盾纠纷，维护当事人合法权益。引导律师充分借助现代科技手段，创新调解工作方式。积极运用在线调解、视频调解、电话调解等远程调解方式开展工作，提高效率、方便群众。

3. 推进乡村法律顾问工作，助力乡村振兴

推进律师担任村（居）法律顾问工作，协助政府依法决策和依法妥善处置公共事件、突发事件，当好基层政府的法律帮手。引导广大律师为村（居）自治组织提供法律咨询、法律援助，并开展法治宣传、人民调解等工作。目前，宁夏 2842 个村（居）配备 893 名律师担任村（居）法律顾问，提供各类法律咨询万余件，化解矛盾纠纷千余件，让群众形成办事依法、遇事找法、解决问题用法、化解矛盾靠法的良好法治环境，零距离为群众提供法律服务。2021 年以来，宁夏村（居）法律顾问共办理 17413 件法律事务，提供 44308 小时法律服务，开展 3474 场普法宣传，参与调解矛盾纠纷 2164 次，协助村（居）“两委”起草、审核修订村规民约等 1346 件，为村居民提供法律咨询等 51461 次，取得良好社会效果。

（四）坚持规范管理，夯实律师事业发展“培基工程”

1. 规范律师事务所建设

为加强宁夏律师事务所管理，进一步提升律师事务所规范化管理水平，促进宁夏律师事业健康发展，宁夏律师行业根据自治区司法厅、宁夏律师协会联合印发的《宁夏律师事务所规范化管理行动实施方案》要求，开展律师事务所规范化建设活动，以加强律师事务所规范化管理为核心，努力

打造基础设施完备、制度机制健全、保障体系有力、业务开展活跃的律师事务所，不断提高律师事务所规范化管理水平，推进宁夏律师工作良性循环发展，为建设法治宁夏提供优质高效的法律服务。

2. 强化律师规范执业

严格规范律师与司法人员接触交往行为，巩固深化律师行业突出问题专项治理成果，严肃整治人民群众反映强烈的问题，落实司法人员与律师接触交往的禁止性规定，健全司法人员与律师不正当接触交往监测、核查、查处等工作机制。运用全国律师诚信信息公示平台，及时披露律师不良执业信息，供社会公众查询律师诚信信息。进一步健全律师服务收费制度，制定出台《宁夏回族自治区律师事务所服务收费标准备案管理办法》《宁夏回族自治区律师事务所服务收费标准制定指引》及相关示范文本，明确律师服务费标准在律师协会备案的程序和要求，制定律师风险代理书面提示和风险代理收费合同示范文本，督促律师事务所严格规范风险代理收费行为。

3. 维护律师执业权利

积极推动律师执业环境改善，充分发挥律师工作联席会议制度作用，加强与公、检、法等部门工作联系，及时沟通保障律师执业权利工作情况，分析存在的问题，研究制定相关工作措施，形成维权工作合力。发挥维护律师执业权利快速联动处置机制、督查机制作用，定期研究维护律师执业权利快速联动处置工作有关问题，进一步健全律师执业权利救济制度。完善律师维权追责机制，加强对侵犯律师执业权利行为的监督和惩罚，对侵犯律师执业权利典型案件依法处理，努力推动形成全社会尊重和保障律师权利的良好氛围。

4. 重视律师培训

推进依法治国、依法治区工作需要的律师专业人才培养，增强宁夏律师服务经济社会发展的能力，更好地适应新时代党和国家各项事业发展的需要，适应人民群众对法律服务的高要求、新需求，组织开展务实有效的专题培训，针对律师在执业过程中遇到的实际困难，通过线上或线下方式，以模拟律师事务所运作机制、模拟法律实务的形式，为律师开展专题培训。注重扶持和培养青年律师，组织开展青年律师读书会、青年律师跨界座谈会等交流活动，促进各区青年律师与各行业优秀青年的交流融合与资源整合，搭建青年律师成长与发展的学习交流平台，为青年律师和新执业律师成长铺路架桥，让他们在担当中历练、在尽责中成长，肩负起宁夏律师的传承与使命。加快培育涉外法律人才，扎实推进专业化、系统化和国际化的法律服务队伍建设。健全完善申请律师执业人员实习培训制度，确保每一位进入律师行业的人员都充分地认识律师的职业使命、行业要求、道德标准和社会责任。健全律师教育培训工作体系，创新培训形式，增强培训实效，全面系统加强律师队伍的思想政治教育、业务能力教育和职业道德、执业纪律教育，全面提升律师队伍的综合素养和专业能力。

5. 争取优惠政策

自治区司法厅、宁夏律师协会梳理律师行业可以适用的宁夏在税费优惠、社保费缓缴、房租减免等方面出台的政策措施，编制形成《宁夏律师行业适用稳经济支持政策工作指引》，梳理出律师事务所可以适用的十四个方面的优惠政策，切实让广大律师事务所感受到党中央、自治区党委的关心关怀，享受到国家政策、自治区政策的阳光雨露，进一步提振信心、增强发展后劲，推动宁夏经济健康发展。

三、宁夏律师工作面临的问题和政策建议

（一）宁夏律师业发展面临的问题

一是律师业务总量严重下滑。与 2021 年同期相比，宁夏律师共受理案件同比下降 48.37%，律师人数同比增长 9.42%，青年律师执业面临困境。二是公职律师工作推进难度较大，部分地区因具有法律职业资格证的法律人才匮乏，符合条件的党政机关公职人员较少，公职律师工作推行缓慢。三是个人律师事务所规范化建设有待加强。个人律师事务所由于发展时间较短，在队伍建设、基础设施建设等方面相对薄弱，缺乏自我管理的自觉性、积极性、主动性。四是律师队伍整体素质有待提高。部分青年律师的专业素质还不能完全适应新时代律师工作发展需要，律师事务所的规范化建设、律师的专业化建设尚需进一步提升。2023 年，宁夏律师业发展将持续坚持党建引领，强化律师队伍政治素质建设，以服务大局为中心，加强

律师服务体系和服务能力建设，构建一支为现代化美丽新宁夏发展高质量法律服务队伍。

（二）对2023年宁夏律师业健康发展的思考建议

1. 以党建促所建，充分发挥党组织管理监督党员作用，引领律所更好发展

持续推动律师事务所党组织班子成员与管理层“双向进入、交叉任职”，健全政治把关机制，确保党的领导在律师行业“如身使臂，如臂使指”。发挥典型引领作用，加大宣传工作力度，面向全体党员律师开展多形式、多层次、全覆盖先进典型学习、党史学习教育，推动学习教育往深里走、往心里走、往实里走，积极推进“做党和人民满意的好律师”主题活动，引导广大律师特别是党员律师坚定不移听党话、跟党走，坚定不移走中国特色社会主义法治道路。

2. 落实律师服务中心工作提升行动

充分发挥专业优势，更好地服务宁夏高质量发展，为平安宁夏法治宁夏建设提供法律智慧和法治保障；助力乡村振兴，持续推进村（居）法律顾问工作；落实与工商联沟通联系机制，持续推进“百所联百会”长期合作机制；团队领航，推动律师服务自治区重点产业、项目发展取得新突破。

3. 提升律师事务所规范化管理与律师业务能力

进一步提升律师事务所规范化管理水平，提升宁夏律师职业素养和执业水平。加强规范律师事务所党支部建设、内部制度建设、内部管理，促进宁夏律师行业发展，推进宁夏律师工作良性循环发展；重视青年律师、涉外法律人才的成长和培养，促进律师事业均衡发展；发挥专门工作委员会、专业委员会作用，不断提升宁夏律师专业化水平。

4. 加强多部门联动，维护会员权利

发挥律师协会职责，全方位维护宁夏律师、律师事务所合法权益。继续落实律师维权工作中的责任；持续探索检律深度交流合作模式，规范律师与司法人员接触交往；多方位助推律师事务所数字化转型，提高工作效率，降低业务成本，改善经营决策能力。

法治理论篇

FAZHI LILUN PIAN

在法治的轨道上全面推进中国式现代化

李　乐　李保平

在党的二十大报告中，习近平总书记以新时代新征程中国共产党的使命任务为题，阐述了中国式现代化的科学内涵、本质要求、前进方向，提出了以中国式现代化全面推进中华民族伟大复兴的战略任务，凸显了中国式现代化的历史意义和使命担当。在法治的轨道上全面建设社会主义现代化国家，不但是中国式现代化的内在要求，也是实现中华民族伟大复兴的重要保障。

一、在法治轨道上全面建设社会主义现代化是中国式现代化的应有之义

实现中国式现代化是中国特色社会主义的目标追求，也是实现中华民族伟大复兴的重要载体，在法治轨道上全面建设社会主义现代化是中国式现代化的应有之义。

（一）法治是人类文明进步的表征

法治不仅仅是治理的工具，也是人类文明发展的重要标志。世界近现代历史证明，法治是人类社会对秩序的选择，现代化必然意味着法治化。

作者简介　李乐，法学硕士，宁夏北地律师事务所律师；李保平，宁夏社会科学院社会学法学研究所研究员。

虽然法治一词出现得很早，在古希腊时期，亚里士多德就在其《政治学》一书中提出法治，并首次对什么是法治给予明确定义：法治应包含两重意义，已成立的法律获得普遍的服从，而大家所服从的法律又应该本身是制订得良好的法律。在我国古代典籍中，法治一词也出现得很早，在《晏子春秋·谏上九》中就有："昔者先君桓公之地狭于今，修法治，广政教，以霸诸侯。"《淮南子·汜论训》中也有"知法治所由生，则应时而变；不知法治之源，虽循古终乱"的表述。但上述中西方关于法治概念的表达，并不意味着法治的产生。事实上，法治是伴随着资产阶级革命而出现的一种全新的治理形态，有别于历史上出现的习俗治理、宗教治理、道德治理和法律治理。现代法治在强调良法善治的同时，更加关注程序正义、权利保护、司法权威与权力制约。虽然由于历史文化传统的差异，不同国家的法治实践有一定的差异，但这些差异并没有影响法治话语的传播与影响力的扩大，当代发展得比较好的国家基本上都是法治国家的事实更进一步加深了人们对法治的认同，许多国家都是以法治国家自居。在现代化的历史发展进程中，正是因为法治实现了发展优势和价值优势的有机统一，使得法治不仅具有工具价值，而且其本身也代表了一种价值理念，法治不但是推进经济社会发展的推进剂，而且也是人类社会不断走向文明的表征，现代化必然意味着法治化。正如习近平总书记所说，坚持从我国实际出发，不等于关起门来搞法治。法治是人类文明的重要成果之一。法治兴则民族兴，法治强则国家强。在法治的轨道上推进中国式现代化，不但是我国发展实际的需要，符合世界发展的潮流，也是推进现代化建设的必然要求。

（二）全面依法治国是中国特色社会主义的本质特征，决定了中国式现代化的法治意蕴和价值取向

在法治轨道上全面推进中国式现代化体现了法治建设和中国式现代化之间内在逻辑关系。中国式现代化既是发展目标，也是发展过程。作为中华民族伟大复兴的实践载体，中国式现代化，必然要求体现中国特色社会主义的本质要求。法治作为中国特色社会主义的本质特征，决定了法治是中国式现代化的应有之义，正是在中国式现代化与法治的水乳交融之中，实现了中国式现代化与法治建设的内在统一。同时，在法治的轨道上推进中国式现代化也体现了中国式现代化鲜明的价值取向。法治不仅仅是手段，也是目的。中国式现代化依托的力量不是权力，而是法治。法治的成败得失不仅关系到国家根本是否牢固、发展预期是否稳定、是否有利长远发展等大是大非问题，而且也是国家治理的一场深刻革命，关系到党执政兴国，关系到人民幸福安康，关系到党和国家长治久安。只有在法治的轨道上全面推进社会主义现代化国家建设，中国式现代化才能破浪前行，行稳致远。

（三）中国特色社会主义取得的巨大成功，得益于“一手抓建设，一手抓法治”

回顾改革开放的历史，明显地看到，改革开放既是以经济建设为中心的建设史，也是以法治建设为中心的发展史。“一手抓建设，一手抓法治”形象概括了改革开放工作的两大中心。为了满足改革开放对法治的需要，全国人大及其常委会在较短的时期内立了大量法律，我们甚至创造了一日七法的立法速度，建立了中国特色社会主义法治体系，对发展经济、促进发展、保障开放起到了重要的作用。正是在改革开放和法治建设双轮驱动的基础上，构建了中国特色社会主义理论体系、规范体系、制度体系，实现了经济社会的跨越式发展，为新时代全面推进中国式现代化奠定了坚实的基础。改革开放的历史和发展成就充分说明了法治不但在中国特色社会主义建设中具有重要的价值，而且也在法治建设的成功实践中完成了理论逻辑与历史逻辑的有机统一，确立了法治在全面建设中国式现代化中的历史地位，赋予了中国式现代化鲜明的法治特色。

（四）党的十八大以来，我国法治建设取得重大成就，有力推进了中国特色社会主义现代化进入新的历史方位

党的十八大以来，以习近平同志为核心的党中央高度重视法治国家建设，以中国特色社会主义法治体系建设为总抓手，强化全面依法治国顶层设计，开辟了中国特色社会主义法治体系建设新境界。

1. 实现了党对全面依法治国的全面领导，形成了以习近平法治思想为标志的重大理论成果

习近平总书记强调，全面推进依法治国这件大事能不能办好，最关键的是方向是不是正确、政治保证是不是坚强有力，具体讲就是要坚持党的

领导，坚持中国特色社会主义制度，贯彻中国特色社会主义法治理论。为加强党对全面依法治国的领导，早在2018年中央就成立了全面依法治国委员会，作为党中央的决策协调议事机构，全面领导和规划法治国家建设。委员会先后通过了《法治中国建设规划（2020—2025年）》《法治政府建设实施纲要（2021—2025年）》《法治社会建设实施纲要（2020—2025年）》，为法治中国建设明确了任务书、时间表、路线图，提出了具体目标和任务。

2. 科学立法取得新突破，重点领域立法不断完善，中国特色社会主义法律体系更加完备

党的十八大以来，截至2022年6月，全国人大通过宪法修正案、全国人大及其常委会制定法律69件，修改法律237件次，做出法律解释9件，通过有关法律问题和重大问题的决定99件次，现行有效法律292件。加大了国家安全、科技创新、公共卫生、生物安全、生态文明、防范风险等重要领域立法，加快民生领域立法，着力从根本上解决人民群众的急难愁盼问题。贯彻全过程人民民主理念，推动建立立法联系点，明确立法公开征求意见、立法评估、立法咨询论证等制度规定，进一步增强了立法的科学化水平。

3. 法治政府建设进入快车道

习近平总书记指出，推进全面依法治国，法治政府是重点任务和主体工程，对法治国家、法治社会建设具有示范带动作用。法治政府建设的核心是规范权力运行，推动依法行政。党的十八大以来，服务型政府建设取得显著成效，行政审批制度改革深入推进，极大方便了人民群众办事创业。行政执法领域改革持续推进，随着行政执法“三项制度”“双随机、一公开”执法模式的推进，把权力关进制度的笼子取得显著成效。

4. 司法体制改革向纵深发展并持续推进

以努力让人民群众在每一个司法案件中都能感受到公平正义为目标，司法体制综合配套改革取得积极成果。十八届四中全会确定的司法体制改革目标基本完成，司法公开、着力解决执行难问题、智慧法院建设等均取得积极成效，司法改革的效应开始显现，司法公信力有效提升，司法在保障人权，维护经济社会秩序方面发挥了重要作用，得到党和人民群众的高

度肯定，每年“两会”上，两高的工作报告均高票通过。

5. 法治社会建设取得积极成效，社会治理能力水平不断提升

法治宣传教育深入推进，人民群众法治水平不断提高，矛盾纠纷多元解决机制建设成效显著，把问题解决在基层，把矛盾化解在基层取得显著效果。社会诚信体系建设持续推进，通过建立健全公民和组织守法信用记录，完善守法诚信褒奖机制和违法失信行为惩戒机制，社会诚信度得到显著提升，为经济社会建设创造了良好发展环境。

6. 涉外法治建设成绩斐然

加强涉外领域立法，先后制定了包括《中华人民共和国外商投资法》《中华人民共和国国际刑事司法协助法》《中华人民共和国反外国制裁法》等在内的涉外法律，完善了涉外法律法规体系。涉外法治人才培养取得积极成效，律师事务所、仲裁机构深度参与涉外法律服务和国际争端解决，捍卫了我国企业的合法权益，树立了公正的国际形象。运用法治手段开展国际斗争更加自觉，在反制裁、反干涉、反制“长臂管辖”中发挥了重要作用。

二、从中国式现代化的科学内涵看，法治在推进中国式现代化过程中具有重要作用

中国式现代化，是中国共产党领导的社会主义现代化，既有各国现代化的共性，也有鲜明的中国特色。党的二十大报告指出，中国式现代化是人口规模巨大的现代化，是全体人民共同富裕的现代化，是物质文明和精神文明相协调的现代化，是人与自然和谐共生的现代化，是走和平发展道路的现代化，明确界定了中国式现代化的科学内涵和奋斗目标。中国式现代化，既是一种发展目标，也是一个持续发展的过程，正是在不断推进中国式现代化的过程中，我们才能不断接近中国式现代化的目标。由此可以看出，二十大报告对中国式现代化科学内涵的概况，既是目标要求，也是发展要求。鉴于法治的价值性、规范性与中国式现代化的高度契合与互促互进，所以，无论是静态看待中国式现代化还是动态理解中国式现代化，法治无疑都是中国式现代化的核心要素，发挥了重要的作用，处于十分重要的地位。

（一）从中国式现代化是人口规模巨大的现代化看法治建设的必然性

在党的二十大报告中，习近平总书记指出，我国十四亿多人口整体迈进现代化社会，规模超过现有发达国家人口的总和，艰巨性和复杂性前所未有，发展途径和推进方式也必然具有自己的特点。十四亿多人口整体迈向现代化，在人类社会历史上是空前的。地大物博、人口众多是我国的优势，但广阔的疆域也面临东西发展、地区发展不平衡的问题，随着社会主义市场经济深入发展，人口流动加剧，治理难度增加，加之复杂的地域文化造成的区域阻隔，使得我国发展面临前所未有的复杂局面和治理压力。在计划经济时代，经济发展靠指令性计划，人口被限定在固定区域，流动范围十分有限，所以，长期以来我们主要依靠政策、道德治理国家。在新的历史条件下，单纯依靠政策、道德已经远远不能适应现实发展的需要，发展经济需要法治，治理社会也需要法治，改革开放更需要法治，因此，选择全面依法治国不仅仅是主观选择，更是人口规模巨大现代化的客观要求使然，具有一定的必然性。

（二）从中国式现代化是全体人民共同富裕的现代化看法治建设的必要性

共同富裕是中国特色社会主义的本质要求，也是中国式现代化的出发点和落脚点。共同富裕既是一个经济发展问题，也是一个社会发展问题，更是一个制度设计问题。高质量发展是共同富裕的前提条件，但高质量发展并不必然带来共同富裕，共同富裕的实现，需要科学合理的制度设计，强化社会保障制度建设，解决从市场中无法实现发展的少部分人的基本生存问题。所以，维护和促进社会公平正义，不单纯是道德问题、发展问题，也是制度问题，其中法治发挥了重要作用。首先是发展需要法治，高质量发展需要高质量法治，只有打造法治化营商环境，才能为高质量发展创造良好发展环境。其次，保障劳动者的就业也需要法治。就业是民生之本，没有高质量的就业，就没有共同富裕，但如果没有法治的保障，劳动者的就业权益就得不到保障，就业歧视、拖欠工资就会成为常态，影响劳动者的收入提高。再次，社会保障制度的建立和完善需要法治。西方福利国家的建设主要体现为国家建立了相对完善的社会保障制度。在推进共同富裕的过程中，建立公平、可持续的社会保障制度，对推进共同富裕具有十分重要的意义。只有建立科学、公平、有效的社会保障法规体系，才能有效保障人民群众的合法权益，解除他们的后顾之忧，增强安全感、幸福感。最后，国家财税法律制度的建立，对实施共同富裕具有重要价值。国家参与国民经济分配是共同富裕的重要条件，转移支付是国家解决发展不平衡的重要举措。但国家财税的汲取能力的大小又决定了国家参与的深度和广度。国家一般是通过税收、非税收入来实现财政收入，因此，建立科学、高效、公平、公正的国家财税法规体系，提高国家财政汲取能力，就成为国家参与国民经济分配的基础条件。

（三）从中国式现代化是物质文明和精神文明相协调的现代化看法治建设中人的主体性的实现

在党的二十大报告中，习近平总书记指出，物质富足、精神富有是社会主义现代化的根本要求。物质贫困不是社会主义，精神贫乏也不是社会主义。一般人们对现代化的理解更多的是放在了物的现代化方面，以至于一谈到现代化，就是飞机、高铁、摩天大楼等物质形态，往往忽视了人的现代化才是现代化最为核心的要求。人的现代化主要体现为人的主体性，包括把人作为目的，尊重人的价值和作为人的权利互为条件，追求真理、科学、自由、民主、法治，克服现代化过程中人的各种异化现象，树立法治意识，强化法治思维等诸多方面。人的现代化不是可以一蹴而就的，而是一个漫长的发展过程，其间可能还有各种反复，但只要加强理想信念教育，传承中华文明，以社会主义核心价值观为引领，坚持法治的价值追求，践行法治，信仰法治，尊奉法治，就一定能够实现物的全面丰富和人的全面发展。

（四）从中国式现代化是人与自然和谐共生的现代化看法治建设的紧迫性

人与自然是生命共同体，保护地球环境实际上就是在保护我们人类自己。近代以来西方社会的发展模式是不断向大自然索取，走的是先污染后治理的路子。中华民族是农耕民族，对脚下的土地、生存的环境、蔚蓝的天空怀有深深的敬意，天人合一是中国古老的天人关系理念。因此，中华民族自古以来就热爱大自然，追求与自然的和谐共生。改革开放以来，我国经济发展取得了举世瞩目的成就，毋庸讳言，也付出了一定的生态代价，如何保护自然环境，保护人民群众生命安全，解决发展与保护的难题，在一个时期内是一个十分沉重的话题。党的十八大以来，在习近平生态文明思想的指导下，我国生态保护取得积极进展，绿水青山就是金山银山深入人心。但人与自然和谐共生的美好愿景不能寄希望于人们对生态环境的认识，也不能依靠人的道德自觉，而是必须要有严格的保护制度，实施最严厉的法治。特别是在当前经济形势不断下行的趋势下，以牺牲环境为代价发展经济的冲动不时显现，保护生态环境的形势更加严峻复杂，以最为严厉的法治保护生态文明建设的紧迫性进一步增强，作用进一步彰显。

（五）从中国式现代化是走和平发展道路的现代化看法治建设的文化属性

中国人民是酷爱和平的民族，农耕民族的安土重迁，养成了善于内省、行为内敛的文化品格，决定了中华民族的基因中的和平因子。在几千年的发展历史中，中华民族都是在面临外敌入侵时才会奋起反抗。正如习近平总书记在二十大报告中所阐述的那样，中国不走一些国家通过战争、殖民、掠夺等方式实现现代化的老路。那种损人利己、充满血腥罪恶的老路给广大发展中国家人民带来深重苦难。中国是现行国际关系的坚定维护者，在对外关系中，中国始终秉持亲诚惠邻理念，中国从来没有干涉国别国内政，也没有通过“长臂管辖”，肆意侵犯人权和干涉他国事务，在国际事务中，中国始终高举和平、发展、合作、共赢旗帜，坚定捍卫以联合国为主导的国际秩序，维护国际法的权威，在坚定维护世界和平与发展中谋求自身发展，又以自身发展更好维护世界和平与发展。如果说，不同国家的法治体现或反映了不同国家的文化传统，那么，中国特色社会主义法治，吸收了中华文明传统，充分体现了中华民族热爱生活、热爱生命、热爱和平的文化品格，具有鲜明的爱好和平的文化属性。

三、全面贯彻落实党的二十大精神，推进法治宁夏建设迈上新台阶，实现新跨越

中国共产党第二十次全国代表大会，是在我国全面建成小康社会，迈向建设社会主义现代化国家新征程关键时期召开的一次具有里程碑意义的会议。习近平总书记代表十九届中央委员会所作的报告求真务实，闪耀着

马克思主义真理光芒，具有深刻历史洞察力和强大实践指导力，是指导推进各项改革发展任务的纲领性文献和行动指南，必将鼓舞和动员全党全国各族人民在以习近平同志为核心的党中央坚强领导下，踔厉奋发，勇毅前行，奋力谱写全面建设社会主义现代化国家的崭新篇章。

（一）深刻认识法治宁夏建设的重大意义

全面依法治国是国家治理的一场深刻革命，关系到党执政兴国，关系到人民幸福安康，关系到党和国家长治久安。一部改革开放的历史，实际上也是一部法治建设的历史，正是在改革开放与法治建设双轮驱动下，中国特色社会主义事业取得了辉煌的成就。所以，不断完善中国特色社会主义法治体系，推进法治中国建设，是改革开放和社会主义现代化建设取得的重要历史经验。改革开放以来，宁夏和全国一样，进入发展的快车道，经济社会各项事业突飞猛进，取得了骄人的成绩。但我们也清醒地看到，宁夏的发展与全国，特别是和东部发达地区相比，还有较大的发展差距。践行社会主义是干出来的，通过高质量发展，推进中国式现代化的宁夏实践，对宁夏而言，更加具有紧迫性和重要意义。但发展靠什么？许多人囿于传统思维定式，往往在科技、项目、人才等方面着墨较多，而对发展软环境，特别是法治化营商环境重视不够，推动力度不大，极大影响了宁夏高质量发展的推进。考诸历史与现实，凡是发展得比较好的国家都是法治国家，凡是国内发展比较好的地区，无不都是法治建设走在了前列。现在国内地方政府之间的竞争，已从传统的 GDP 竞争，转移为法治化营商环境竞争，以法治软环境建设打造干事创业沃土，已经成为普遍共识。法治不仅仅是治理的工具，更是发展的动力和条件。所以，一定要摒弃对法治的各种误解，树立法治信仰，维护法治权威，在全社会形成尊奉法治的环境，引导全体人民做社会主义法治的忠实崇尚者、自觉遵守者、坚定捍卫者，早日建成法治宁夏，只有如此，宁夏的发展才会有不竭的动力和坚实的保障。

（二）以良法促发展，保障善治，推进宁夏地方立法的系统性、整体性、协同性、时效性

要以系统思维正确认识和看待科学立法问题，习近平总书记指出，要完善以宪法为核心的中国特色社会主义法律体系。法律的体系化是法治成熟的标志之一。改革开放以来，宁夏的立法工作取得显著的成绩，在法治建设、经济建设和维护社会公平秩序中发挥了重要作用。但我们也看到，受制于各方面条件的制约，宁夏地方立法在系统性、协同性和实效性等方面还存在许多短板，缺乏科学的地方立法长远规划，立法存在碎片化和头痛医头脚痛医脚的现象，立法之间系统性、协同性不足，影响了立法效果。另外，宁夏地方立法也存在前瞻性、实效性不足的问题，创新型立法不多，许多立法只是为了满足于解决具体问题和细化上位法要求，无法适应改革开放的需要。梁言顺书记在自治区十三次党代会报告中明确指出宁夏开放程度不高是最大短板。分析起来，造成开放程度不高的原因是多方面的，但地方立法开放性不足、前瞻性不够、引领性不强无疑是原因之一。以系统思维强化科学立法、依法立法，注重地方立法在引领改革开放和建设黄河流域生态保护和高质量发展先行区中的作用，应是下一步完善地方立法工作的重点方向。

（三）扎实推进法治政府建设，打造法治化营商环境，推动实现高质量发展

法治政府建设是全面依法治国的重点任务和主体工程。法治政府建设的好坏，直接影响到全面依法治国的成败。在党的二十大报告中，习近平总书记从转变政府职能，优化政府职责体系和组织结构、深化事业单位改革、深化行政执法体制改革、强化行政执法监督机制和能力建设、完善基层综合执法体制机制等方面对法治政府建设做出部署安排。由于我国的治理传统，政府聚集了大量发展资源和治理资源，政府行为的外部性直接决定了市场是否能够发挥资源配置的基础性作用。所以，法治政府建设一直被认为是法治国家建设的牛鼻子工程。党的十八大以来，宁夏法治政府建设成效显著，行政审批制度改革引领全国，事业单位改革深入推进，针对人民群众意见集中的行政执法不公开、不透明、不公正，宁夏全面落实行政执法“三项制度”和“两随机一公开”执法模式，通过强化基层执法能力建设，进一步完善了基层综合执法体制机制。虽然成绩有目共睹，但问题依然不少，涉及生产领域的行政审批制度改革依然步履蹒跚，基层行政执法中简单粗暴，以走程序代替实质正义，强制拆迁、非法拘禁等侵害人民群众权益的事件屡有发生，特别是在疫情防控期间，不作为与乱作为相互叠加，形式主义、微腐败问题禁而不绝，反映出法治政府建设任重道远，还有很长的路要走。学习二十大报告精神，重点是看落实。要按照党的二十大报告提出的要求，进一步加大法治政府建设的力度，锚定问题，推进改革，以法治政府建设为示范，推进法治社会和法治宁夏建设取得新的成绩。

（四）严格公正司法，让人民群众在每一个司法案件中都感受到公平正义

公正司法是维护社会公平主义的最后一道防线。在现代法治国家中，司法已经超越了传统的定分止争，在推进经济社会发展、保障人权、维护公共秩序等方面的作用越发重要。党的十八大以来，各级司法部门全面落实十八届四中全会所确定的改革任务，取得了重大历史性成就。宁夏的司法改革也和全国一道，进入了新的发展阶段，在强化党对司法工作的绝对领导、深入推进依法治区，建设更高水平的法治宁夏、深化司法体制综合配套改革、打击犯罪，维护社会公平正义、聚焦教育整顿和扫黑除恶等方面取得成绩显著。同时我们也看到，宁夏司法改革也存在审判质效不高，队伍建设长效机制不够健全，司法腐败时有发生，司法公信力需要加强等问题，需要进一步深化司法体制综合配套改革，全面准确落实司法责任制，规范司法权运行，强化监督制约，把权力关进制度的笼子，真正实现让人民群众在每一个司法案件中感受到公平正义的目标要求。

（五）加快法治社会建设，夯实法治宁夏的社会基础

法治社会是构筑法治国家的基础。作为上层建筑的法治，并不总是高高在上的抽象存在，正如马克思所说的，社会不是以法律为基本的，那是法学家的幻想。相反，法律应以社会为基础。法治建设的根基在社会、在民众、在基层。社会是一个比较大的系统，国家机构是镶嵌在社会机体上的，法律更是社会发展的产物，围绕社会的需求变化而变化，所以，法治国家建设离不开社会各子系统的支持。更何况从事法治工作的人也是生活在社会之中，与社会发生各种关系，如果社会尊奉信权不信法，信关系不信法，信钱不信法，要建立法治国家，几乎是不可能的。尽管法治社会是法治国家的基础，但法治国家、法治政府、司法公正对法治社会建设也具有重要促进作用，特别是领导干部的示范带头作用，对全社会形成遵法守法的社会氛围，具有十分重要的示范意义。党的十八大以来，宁夏建立了相对完善的覆盖城乡的公共法律服务服务体系，极大满足了人民群众的司法需求，“八五”普法深入推进，人民群众的法治意识和观念显著提升，社会治理法治化水平取得积极成果，市域社会治理持续推进，社会诚信体系建设加速推进，法治社会建设取得积极进展。与此同时，人们对法治的信仰还不牢固，信权大于信法的意识还长期存在，普法活动形式单一，与人民群众的需要结合度不高，政府特别是基层政府失信问题时有发生，领导干部带头学法、守法、遵法还缺少制度刚性约束，关键少数作用发挥需要进一步加强。总之，如何弘扬社会主义法治精神，传承中华传统优秀法律文化，让包括领导干部在内的公民自觉崇尚法律，自觉遵守法律，坚定捍卫法律，仍是下一步工作的重要内容。

建设铸牢中华民族共同体意识示范区法治保障研究

黑静洁

2014年5月，习近平总书记在第二次中央新疆工作座谈会上首次提出"中华民族共同体"重大论断。2014年9月，习近平总书记在中央民族工作会议上第一次明确提出要"铸牢中华民族共同体意识"的重要论断，并做了全面、深刻、系统的论述。2017年10月，党的第十九次全国代表大会把"铸牢中华民族共同体意识"正式写入《中国共产党章程》。2018年3月，十三届全国人大一次会议通过宪法修正案，"中华民族"写入了宪法。2021年8月，在中央民族工作会议上，习近平总书记旗帜鲜明地强调："铸牢中华民族共同体意识是新时代党的民族工作的'纲'，所有工作要向此聚焦。"[1] 2022年10月16日，习近平总书记在二十大报告中继续强调"以铸牢中华民族共同体意识为主线，坚定不移走中国特色解决民族问题的正确道路……"此前，在2022年6月10日召开的宁夏回族自治区第十三次党代会上，梁言顺书记在报告中提出未来五年工作的总体要求，其中一项就是要加快建设铸牢中华民族共同体意识示范区，并明确指出"要以铸牢中华民族共同体意识为主线，加快推进新时代民族工作高质量发展，坚决守好民族团结生命线"。作为民族自治地方，坚持铸牢中华民族共同体意识，推进新时代民族工作高质量发展，对维护区内民族团结、社会安全稳

作者简介 黑静洁，北方民族大学法学院院长，副教授。

定、经济平稳发展具有十分重要的意义。坚持铸牢中华民族共同体意识主线是民族工作的主基调。事实上，如果往前追溯，2017 年，宁夏回族自治区召开第十二次党代会，明确提出要“打造全国民族团结进步示范区”，2018 年自治区制定了《关于创建全国民族团结进步示范区的实施意见》。5 年来，宁夏的示范区建设与民族团结进步事业取得了长足发展。但从法治角度来看，我们必须清醒地认识到，在运用法治方式推动先行区建设，依靠法治保障和巩固民族团结进步事业方面，我们无论在认识还是行动上，都存在较大不足。因此，在未来，加快推进铸牢中华民族共同体意识示范区建设，必须着力强化法治引领，才能充分发挥法治“固根本、稳预期、利长远的”保障作用。

一、法治在铸牢中华民族共同体意识先行区建设中的重要意义

铸牢中华民族共同体意识的精神实质可以概括为三个方面：各民族之间的平等地位是铸牢中华民族共同体意识的前提；维护和巩固民族团结是铸牢中华共同体意识的目标指向；保障各民族的合法权益是铸牢中华民族共同体意识的基础[2]。

法治对于铸牢中华民族共同体意识的重要保障作用主要有：首先，各民族之间的平等地位需要依法维护。《宪法》明确规定，“中华人民共和国各民族一律平等。”《宪法》的这一规定对整个法治体系都具有示范作用，有力保障维护民族平等在整个法律体系中贯彻落实，这是铸牢中华民族共同体意识的法律前提。其次，民族团结需要依法巩固。《宪法》第五十二条规定，“中华人民共和国公民有维护国家统一和全国各民族团结的义务”。该条明确将维护民族团结作为公民的基本义务规定下来。在国家立法层面，我们也能在相关部门法中规定体现维护民族团结的条款。如《反分裂国家法》第一条就明确了该法的宗旨在于“反对和遏制‘台独’分裂势力分裂国家，促进祖国和平统一……维护中华民族的根本利益……”之后，各地陆续通过民族团结进步相关的地方性法规，全面落实维护民族团结的基本义务[3]。这意味着可以通过法律的强制性为维护和巩固民族团结、践行铸牢中华民族共同体意识构筑坚实的制度保障。再次，各民族群众合

法权益需要依法保障。《宪法》第四条规定："国家保障各少数民族的合法的权利和利益，维护和发展各民族的平等团结互助和谐关系。"这一规定是保障各民族合法权益的法律基石。以《宪法》为指引，保障各民族合法权益在部门法以及地方立法中获得充分体现。

因此，在铸牢中华民族共同体意识先行区建设过程中必须坚持以法治方式推进，强化法治的保障作用。

二、法治视野中建设铸牢中华民族共同体意识先行区问题透视

（一）"铸牢中华民族共同体意识"的法律文本体现

2020年11月25日通过的《宁夏回族自治区促进民族团结进步工作条例》（以下简称《工作条例》）作为先行区建设在地方立法层面的基本法，以地方立法的形式将"铸牢中华民族共同体意识"由政策概念上升为法律概念，明确将铸牢中华民族共同体意识作为促进民族团结进步工作的根本目标，在第一条规定下来，并在第六条、第二十二条、第二十四条都有明文强调。此后通过的诸多地方性法规中都有铸牢中华民族共同体意识的相关规定。如2021年11月30日通过的《宁夏回族自治区长城保护条例》（以下简称《长城条例》）第7条第二款规定，"长城所在地各级人民政府及其有关部门应当开展长城保护宣传教育活动，传承弘扬长城文化，增强公众的长城保护意识，铸牢中华民族共同体意识。"2022年1月23日通过的《宁夏回族自治区建设黄河流域生态保护和高质量发展先行区促进条例》（以下简称《促进条例》）第六十二条规定，"各级人民政府应当保护、传承和弘扬黄河文化，挖掘黄河文化时代价值，延续黄河文化根脉，铸牢中华民族共同体意识，打造彰显黄河文化、展示黄河文明的重要窗口。"2022年7月29日通过的《宁夏回族自治区公共文化服务保障条例》（以下简称《保障条例》）第四条规定，"公共文化服务应当坚持社会主义先进文化前进方向，坚持以人民为中心，坚持以社会主义核心价值观为引领，坚持铸牢中华民族共同体意识，遵循保障基本、优质均衡、共建共享、服务公众的原则。"这些规定表明，铸牢中华民族共同体意识正在逐步渗透进入包括文化传承、公共服务在内的社会工作的方方面面，作为正式的法律概念，

指导地方民族工作立法。从立法的角度而言，这可谓重大进步。因为，作为上位法的《宪法》，在2018年实现了“中华民族”入宪，而《民族区域自治法》迄今为止还没有将“中华民族”乃至“铸牢中华民族共同体意识”纳入法律。以至于虽然有学者强调“中华民族”入宪对于贯彻铸牢中华民族共同体意识具有重要的法理意义[4]，但仍然有学者认为《宪法》中有关“中华民族”的规定只是奠定了“中华民族共同体意识”作为非正式法律渊源的法理基础[5]，还需要在《宪法》和《民族区域自治法》中明确“铸牢中华民族共同体意识”作为法律概念的地位。从这一点来讲，自治区层面的地方立法可谓走在国家立法的前面。但从立法的内容以及落实，不得不说我们在依法保障铸牢中华民族共同体意识先行区建设方面还存在诸多需要改进的地方。

（二）铸牢中华民族共同体意识在立法上的缺憾

1. 没有彰显铸牢中华民族共同体意识的法律地位

习近平总书记多次强调，统一的多民族国家是我国民族事务治理法治化的起点[6]。“我们坚持准确把握我国统一的多民族国家的基本国情，把维护国家统一和民族团结作为各民族最高利益。”[7]民族工作的最终目标是实现和维护民族团结，只有在民族团结的背景下，才能有效实现各民族一律平等、保障各民族合法权益、推动各民族追求共同富裕、实现中华民族的伟大复兴。而坚持“铸牢中华民族共同体意识”是维护民族团结的思想基础，也是实现民族团结的必要条件。[8]换言之，铸牢中华民族共同体意识处于逻辑关系中的先导性和基础性的地位，并非民族团结的下位概念。当前，包括宁夏在内的已经出台的民族团结进步相关地方性立法都存在以民族团结为立法的逻辑起点这样一种倾向，铸牢中华民族共同体意识在一定程度上被边缘化。究其本源，是立法工作者没有理解铸牢中华民族共同体意识与民族团结之间的逻辑关系，也没有真正理解“新时代民族团结进步创建工作要坚持以铸牢中华民族共同体意识为根本方向”。因此，有学者提出，民族团结立法向“铸牢中华民族共同体意识”立法转向是今后我国地方民族团结立法的一个重要趋势。[9]在对宁夏已经出台的几部包含“铸牢中华民族共同体意识”规定的地方立法进行文本观察时，也能够感受到立法者更多停留在观念层面强调“铸牢中华民族共同体意识”的重要性，并没有将其与民族团结以及民族工作的实际运行紧密结合起来。

2. 铸牢中华民族共同体意识立法欠缺体系性建构

作为完备的规范系统，中国特色社会主义法治体系涵盖了法律规范体系、法治实施体系、法治监督体系、法治保障体系等方面。同理，“铸牢中华民族共同体意识”在民族法治规范体系中不仅处于核心地位，还应当涵盖民族法律规范的方方面面。然而，现有的地方立法对于“铸牢中华民族共同体意识”的规范架构还没有上升到体系化的高度，更多强调对“铸牢中华民族共同体意识”的宣传教育和文化传播，并没有贯穿于民族工作的全过程各环节。在《工作条例》中，第一条将“铸牢中华民族共同体意识”作为立法目的，第六条规定的促进民族团结进步工作坚持以铸牢中华民族共同体意识为根本方向，这是强调“铸牢中华民族共同体意识”在民族团结进步工作中所处的主导思想地位，在关于政府职责的规定中，关于“铸牢中华民族共同体意识”则只局限在宣传教育领域（第二十二条、第二十四条）。在《长城条例》《促进条例》和《保障条例》中，关于“铸牢中华民族共同体意识”的规定都是作为文化传播事业的一项内容，孤立地加以体现，并没有向相关民族工作的领域拓展。与之形成鲜明对比的是，2001 年通过的《宁夏回族自治区民族教育条例》（现行有效）经过 20 多年未曾被修订，也没有将“铸牢中华民族共同体意识”的最新精神体现在法律文本当中。关于“铸牢中华民族共同体意识”的实施、监督和保障等内容目前仍然是立法的空白。这种立法上的零散化倾向表明我们还没有充分认识依法保障先行区建设的重要作用，并将法治保障落实到规范体系建设当中。而内容完备、体系严密地铸牢中华民族共同体意识规范体系则是法治保障的物质基础。没有充实的物质基础，就很难确保先行区建设行稳致远。

3. 铸牢中华民族共同体意识的落实保障不完备

荀子曰：徒法不足以自行。再完善的立法如果没有相应的配套机制，也难以发挥其预期效果。考察目前关于铸牢中华民族共同体意识的立法与实施，在以下三个方面还存在短板：一是我们还没有建立起较为完善的立法评估机制，没有对立法实施效果的有效评估，一方面无法评价立法质量，并为下一步立法修订提供有价值的参考依据；另一方面也难以有效敦促立法真正落实落地，立法只能停留在纸面上，不能成为具有现实约束力的行为规范。二是我们还没有以规范的形式将“铸牢中华民族共同体意识”纳入对民族工作队伍的专业培训之中。“铸牢中华民族共同体意识”不仅是工作指导思想，更是工作方法，在《工作条例》中，我们只是规定了教育行政部门有宣传教育中华民族共同体意识的职责（第二十六条）、司法行政部门有将民族工作法律法规纳入法治宣传教育体系的职责（第二十七条），但并没有构建相应的工作机制，也没有涵盖可能涉及的全部相关政府职能部门，这就使得民族工作队伍在践行“铸牢中华民族共同体意识”时存在能力短板。三是没有将“铸牢中华民族共同体意识”纳入领导干部考核指标体系。《工作条例》将民族团结进步教育规定为干部培训的内容之一（第二十九条），也规定了促进民族团结进步工作实行领导责任制和年度效能目标考核制，纳入各级人民政府及其工作部门考核体系（第三十八条），但并没有相应的配套政府规章或者规范性文件对干部考核做出更为细致的规定，使得对干部进行“铸牢中华民族共同体意识”的政绩考核面临操作困境。

总之，一方面要肯定“铸牢中华民族共同体意识”在宁夏的法治实践已经有了良好的开端和较为坚实的基础，并且作为“三区建设”的主体之一，践行“铸牢中华民族共同体意识”面临良好的历史机遇，但另一方面，我们也必须意识到，在构建铸牢中华民族共同体意识先行区建设法治保障的道路上，在物质基础建设还是观念认知提升方面都还存在很大不足，需要不断完善，以保证先行区建设稳步推进。

三、完善铸牢中华民族共同体意识先行区法治保障的建议

（一）健全铸牢中华民族共同体意识相关地方立法

从国家层面来说，许多学者都在呼吁，要推动将“铸牢中华民族共同体意识”写入《中华人民共和国宪法》和《中华人民共和国民族区域自治法》，为地方立法提供确实的上位法依据。对地方而言，在国家完成相关上位法修订的基础上，应当适时启动地方民族工作相关法规政策的修订完善，系统融入铸牢中华民族共同体意识相关内容，并贯穿于民族工作的各个方面，同时，不断完善配套机制建设。

（二）推动严格执法

从民族事务治理法治化的角度来讲，要“善于用法治思维和法律方式来规范和调整民族关系，不将一般性的社会治安案件、民事案件、刑事案件同‘民族问题’相混淆，不把发生在民族地区的一般矛盾纠纷简单归结为‘民族问题’，不以民族划线搞选择性执法”[10]。对于少数民族公民的合法权益要严格依法保障，提供便利的救济途径，对于各类破坏民族团结的违法犯罪行为则要依法严厉打击[11]，运用法治手段维护民族团结大好局面。

（三）强化监督检查与立法评估

充分发挥各级人大常委会机关作为监督机关的职能，对《中华人民共和国宪法》《中华人民共和国民族区域自治法》以及民族工作相关法律法规的实施情况履行好监督职能，加强对法律法规实施情况的执法检查。同时，发挥监察机关在监督民族法律法规及政策执行方面的重要作用，这将有助于提升民族法治监督的法治化进程[12]。着力构建地方立法评估机制，加强对民法工作相关地方立法的立法后评估，不断提升立法质量，强化执法效果。

（四）加强民族工作干部队伍建设

一方面，将“铸牢中华民族共同体意识”纳入民族工作队伍的常规培训，使民族工作队伍能够适应新时代的新要求，全面增强工作能力、切实提高工作成效；另一方面，紧紧抓住领导干部这个“关键少数”，不断提高领导干部依法办事的能力，提高民族事务治理的法治化水平，切实践行“铸牢中华民族共同体意识”，锻造一支先行区建设的高素质领导干部队伍。

参考文献：

[1]中共中央统一战线工作部，国家民族事务委员会. 中央民族工作会议精神学习辅导读本[M]. 北京：民族出版社，2022:64.

[2]黑静洁.以习近平法治思想为指引　夯实铸牢中华民族共同体意识法治基础[J]. 北方民族大学学报，2022(4):117-118.

[3]据学者统计，截至2021年1月1日，现行有效的专以民族团结为主题的法律规范共计22部。参见李涵伟，程秋伊.铸牢中华民族共同体意识的法治进路[J].中南民族大学学报(人文社会科学版)，2021(8):49.

[4]宋婧，张立辉.铸牢中华民族共同体意识的法治保障研究[J].贵州民族研究，

2020(8):21.

[5]杨宇泰，王允武.多维视角下中华民族共同体意识的法哲学意涵探析[J].四川民族学院学报，2022(2):16.

[6]朱俊.新时代民族事务治理法治化的成就与经验[J].民族研究，2022(2):50.

[7]习近平.在全国民族团结进步表彰大会上的讲话，2019 年 9 月 27 日.

[8]陈蒙.深入学习习近平总书记关于民族团结的重要论述[N].光明日报，2018-09-05.

[9]叶强.铸牢中华民族共同体意识的地方立法路径及完善[J].中南民族大学学报(人文社会科学版)，2020(5):26-27.

[10]王正伟.认真落实全面推进依法治国要求　努力提高民族事务治理法治化水平[J].人民论坛，2015(6):8-10.

[11]熊文钊，王楚克.论铸牢中华民族共同体意识的法治基础[J].北京行政学院学报，2022(3):16.

[12]龚志祥.新中国民族政策法治化进程 70 年[J].中南民族大学学报，2020(1):15-19.

党内法规体系的优化完善和治理效能研究

王 琼 金 磊

2021年7月1日，习近平总书记在庆祝中国共产党成立100周年大会上系统总结坚持和加强党的全面领导所取得的历史性成就，指出我们“坚持依规治党、形成比较完善的党内法规体系”。同年，中共中央印发《法治中国建设规划（2020—2025年)》，将“党内法规体系更加完善”列入总体目标。如何从“比较完善”走向“更加完善”，实现党内法规体系建设重点从“有没有”向“好不好”的转变，这既是推进全面从严治党、实现自我革命的长远之策，更是实现国家治理体系和治理能力现代化的题中之义。

一、充分认识优化完善党内法规体系的重要意义

（一）优化完善党内法规体系是中国特色社会主义法治体系建设的本质要求

1938年，党的六届六中全会上第一次提出 “党内法规”概念，将其作为调整党内关系的重要举措，历史地奠定了党的制度建设基础。1992年党的十二大首次将“党内法规”正式写入党章。2014年党的十八届四中全会

作者简介 王琼，中共宁夏区委党校（宁夏行政学院）科研处处长，教授。金磊，中共宁夏区委党校（宁夏行政学院）法学教研部副教授。

把完善党内法规体系作为建设中国特色社会主义法治体系的重要组成部分，并提出“形成配套完备的党内法规制度体系”。2019年党的十九届四中全会又在国家治理和治理体系各方面制度“更加更熟”“更加定型”“更加完善”“更加巩固”方面作出部署。2020年召开的中央全面依法治国工作会议更把“形成完善的党内法规体系”作为习近平法治思想的重要内容。

（二）优化完善党内法规体系是新时代全面从严治党向纵深推进的必然要求

党内法规体系建设是继续推进新时代党的建设新的伟大工程重要组成部分，是依规治党的重要遵循和根本保证。一是优化完善党内法规体系是确保党的领导地位的必然要求。党内法规体系集中体现了党的宏观治党理念和系统管党主张，涵盖了党的工作各领域各环节和各方面。系统完备的党内法规是全党政治、思想、组织、行动高度团结统一的重要保证。二是优化党内法规体系是党的各个方面建设的重要依托。党内法规体系是各级党组织和党员开展各项工作和活动的基本遵循，对党的政治、思想、组织、作风等各方面建设等影响深远，是落实新时代党的建设总要求的重要依托。三是优化完善党内法规体系直接关系全面从严治党主体责任落实。党内法规体系的权威性是管党治党的制度根基，是推进各项工作的制度利器。

（三）准确把握优化完善党内法规体系的总体目标和重要任务

1. 要在“完备性”上持续用力

治国必先治党，治党务必从严，从严必依法度，法度必求完备。党内法规体系的完备程度是衡量政党发展成熟与否和执政水平高低的重要标尺。虽然党的十八大以来党内法规制度建设成效显著，一批具有“标志性、关键性、引领性”①的党内法规得以出台，但是基础主干法规尚不齐全也是必须正视的问题。完备性就是要把属于党内法规调整领域的所有事项都纳入规范，杜绝制度存在短板、避免规则出现漏洞，做到有规可依。

2. 要在“体系化”上全面着力

“体系化”是建设更加完善的党内法规体系的着力点，主要目标在于层次合理有序、形式规范明确、内容系统集成。虽然党的十八大以来，通过

---

①宋功德，张文显：《党内法规学》，高等教育出版社，2020年，第45页。

两次党内法规清理，实现了较好的“瘦身”“健体”效果，但是党内法规碎片化的情形依旧存在，3615部党内法规的体量过于庞大，具体规定之间彼此掣肘、叠床架屋的情形尚未完全根绝，也还有一些党内法规制度滞后于新时代的实践要求。推进党内法规“体系化”建设，就是通过周密的规划设计，使其成为具有科学内在结构、严谨内在逻辑的有机统一体。

3. 要在“贯通性”上精准发力

党的十八届四中全会就提出，要“注重党内法规和国家法律的衔接和协调”。在推动党规国法的贯通中，要紧紧把握党规严于国法的基本原则、党规引导国法的重要路径。从上下紧密衔接而言，主要是目前一些规定、办法、规则、细则的制定没有同步跟上，主干法规缺乏细化具体的配套举措。构建内外联动、上下贯通的党内法规体系，就是要紧盯薄弱环节、聚焦关键领域、突出问题导向、增强执纪实效，实现党内法规体系的动态调整与发展。

二、制约党内法规体系治理效能提升的主要因素

（一）理论支撑不足

党内法规体系研究作为党建与法学的交叉，既需要政党学基础理论作为支撑，又需要法学基础理论成其铺垫。但是由于学科建设滞后，人才培养、话语体系、学术体系建设等方面均存在短板。例如在“立规”工作中，虽然《中国共产党党内法规制定条例》和《中国共产党党内法规和规范性文件备案规定》等党内法规明确了立法程序等内容，但是在实际运行中仍存在两种错误的趋向，一种是将国家法律体系的建构思维和理念技术简单地、机械地、教条地套用到党内法规体系建构中，忽视党内法规体系的特殊性，对中国共产党的党内治理复杂性关注不够；另一种则完全是“党言党语”式的表达，制度文本中带有较多“要求性”“引导性”“号召性”的政治术语和政策语言，既缺乏对重要核心概念的精准界定，强制性色彩不浓的措辞也会对党内法规体系的执行效果产生影响。还比如在党内法规出台说明和相关解释工作中，立规主体一般会使用较多政策语言来阐释立规原因、立规目的、推进要求等，但涉及专业性较强的条文释义、与配套法规的衔接说明等内容时，往往一笔带过，具备“规的理念”，但缺少“法的技术”。

（二）体系仍不完备

1. 党的组织法规存在的主要问题是组织体系尚未实现全覆盖

通过梳理发现，城市社区、非公有制企业、社会组织等领域的基层党组织建设虽然在《中国共产党支部工作条例（试行）》中有所体现，但是按照分类施策、分类指导的原则，亟需出台针对性更强的党内法规予以指导。

党的组织体系方面的法规	《中国共产党中央委员会工作条例》
	《中国共产党地方委员会工作条例》
	《中国共产党支部工作条例(试行)》
	《中国共产党党组工作条例》
	以及针对各领域基层党组织建设的工作条例等
党内选举方面的法规	《中国共产党地方组织选举工作条例》
	《中国共产党基层组织选举工作条例》
	《中国共产党全国代表大会和地方各级代表大会代表任期制规定》等
党的组织工作方面的法规	《中国共产党组织工作条例》等
党的象征标志方面的法规	《中国共产党党徽党旗条例》等

2. 党的领导法规存在的主要问题是系统性不足

党的十九届六中全会对建构党的领导制度体系从六个方面形成了重要的逻辑框架，但是在党的领导法规部分，例如领导方式、科学执政等方面的内容体现不足。虽然在一些法规中有所涉及，但是没有形成完整系统的阐释。

党领导经济建设方面的法规	《党中央领导经济工作规定》
	《中国共产党农村工作条例》等
党领导政治建设方面的法规	《中国共产党统一战线工作条例》
	《中国共产党政法工作条例》
	《中国共产党机构编制工作条例》等
党领导文化建设方面的法规	《中国共产党宣传工作条例》
	《党委(党组)意识形态工作责任制实施办法》
	《党委(党组)网络意识形态工作责任制实施细则》等
党领导社会建设方面的法规	《中国共产党领导国家安全工作条例》
	《地方党政领导干部食品安全责任制规定》
	《地方党政领导干部安全生产责任制规定》
	《健全落实社会治安综合治理领导责任制规定》等
党领导生态文明建设方面的法规	《中央生态环境保护督察工作规定》
	《领导干部自然资源资产离任审计规定(试行)》
	《党政领导干部生态环境损害责任追究办法(试行)》等
党领导国防和军队建设方面的法规	《军队政治工作条例》等

3. 党的自身建设法规存在的主要问题是体量大、不平衡

党的自身建设法规超过2000部，涉及党的建设方方面面，但是相对而言集成性、贯通性较弱。同时，在党的政治建设和思想建设方面法规数量与党的建设其他方面对比，数量也存在不平衡的情形。

党的政治建设方面的法规	《关于党内政治生活的若干准则》
	《关于新形势下党内政治生活的若干准则》
	《中共中央政治局关于加强和维护党中央集中统一领导的若干规定》
	《中国共产党重大事项请示报告条例》等
党的思想建设方面的法规	《中国共产党党校(行政学院)工作条例》
	《中国共产党党委(党组)理论学习中心组学习规则》等
党的组织建设方面的法规	《党政领导干部选拔任用工作条例》
	《干部人事档案工作条例》
	《干部双重管理工作规定(试行)》
	《党政领导干部职务任期暂行规定》
	《党政领导干部交流工作规定》
	《党政领导干部任职回避暂行规定》
	《事业单位领导人员管理暂行规定》
	《中国共产党党员教育管理工作条例》
	《公务员职务和职级并行规定》
	《专业技术类公务员管理规定(试行)》
	《行政执法类公务员管理规定(试行)》
	《聘任制公务员管理规定(试行)》等
党的作风建设方面的法规	《中央政治局关于改进工作作风、密切联系群众的八项规定》
	《中共中央政治局贯彻落实中央八项规定实施细则》
	《党政机关厉行节约反对浪费条例》
	《党政机关国内公务接待管理规定》
	《党政机关办公用房管理办法》
	《党政机关公务用车管理办法》
	《节庆活动管理办法(试行)》
	《评比达标表彰活动管理办法》
	《关于严禁在历史建筑公园等公共资源中设立私人会所的暂行规定》
党的纪律建设方面的法规	《中国共产党廉洁自律准则》
	《关于进一步制止党政机关和党政干部经商办企业的规定》
	《国有企业领导人员廉洁从业若干规定》
	《农村基层干部廉洁履行职责若干规定(试行)》等
其他	《党委(党组)落实全面从严治党主体责任规定》
	《关于实行党风廉政建设责任制的规定》等

4. 党的监督保障法规存在的主要问题是保障方面的法规数量较少

相较于规范党员和各级党组织言行，以及监督执纪等方面的法规，保障方面的法规数量较少，且宣传力度不足。但是保障方面的法规是确保其他党内法规能够得到贯彻落实的重要保证。

监督方面的法规	《中国共产党党内监督条例》
	《中国共产党巡视工作条例》
	《中国共产党纪律检查机关监督执纪工作规则》
	《纪检监察机关处理检举控告工作规则》
	《党员领导干部述职述廉的暂行规定》
	《关于对领导干部进行诫勉谈话和函询的暂行办法》
	《领导干部报告个人有关事项规定》
	《党政主要领导干部和国有企事业单位主要领导人员经济责任审计规定》
	《党政领导干部考核工作条例以及高质量发展综合效益评价办法(试行)》等
奖罚方面的法规	《中国共产党纪律处分条例》
	《中国共产党问责条例》
	《中国共产党组织处理规定(试行)》
	《中国共产党党内功勋荣誉表彰条例》
	《国家功勋荣誉表彰条例》
	《中国共产党党内关怀帮扶办法》
	《干部选拔任用工作监督检查和责任追究办法》等
保障方面的法规	《中国共产党党员权利保障条例》
	《中国共产党党务公开条例(试行)》
	《党政机关公文处理工作规定》
	《机关档案工作条例》
	《电子文件管理暂行办法》等

（三）纪法衔接不紧

党的十八届四中全会，对纪法衔接、纪法协调已经给出了明确的指向，但是实际推动中仍存在不足，还有一些模糊地带。比如《党政领导干部选拔任用工作条例》与《中华人民共和国公务员法》重复规定的问题。因为这两部党规和国法所调节的对象主体存在较大程度的重合，导致出现一些重复性规定。现在主要存在的问题包括党规和国法之间缺少衔接环节。实际上，党内法规体系作为“一套由一部部具有规范约束力的文本构成的一个体系，要实现其全面有效的规范效力，必由具有统一性和权威性”[①]，纵横两个方面的不相协调会损害制度权威。

（四）程序规制较少

程序性规定是实体性规定的重要基础。但是在党内法规体系建设的过程中，一直存在重实体性规定轻程序性规定的倾向。立规活动主要聚焦于实体性规定，这与国家法治体系建设的目标和要求还存在较大差距，难以满足依规治党、依法治国的需要。例如，《中国共产党党内法规制定条例》第十六条提出：“需经中央审议批准的党内法规草案拟定后，视其内容，或在一定范围内征求意见，或经中央同意后在全党范围内征求意见”，但是在实际操作中，对于谁来征求意见，在多大范围征求意见，征求意见的程序及后续如何处理意见的方式方法等，并没有给出相应的程序性规定，这必然影响其在实践过程中的具体推进。

（五）执行弹性较大

实践中，党内法规的执行受一些主客观因素的影响，普遍存在有规不依、执行不严的问题。从主观原因来说，部分执规主体法治素养不高、法治能力不强，缺乏带头维护制度权威、争做制度执行的表率的意识。虽然《中国共产党党内法规执行责任制规定（试行）》和《党委（党组）落实全面从严治党主体责任规定》等党内法规都对各级党组织、党的工作部门以及广大党员切实强化制度意识提出了明确的要求，但是仍有部分党员对党内法规的地位和权威认识不深刻，把党内法规当成“橡皮筋”和“弹力绳”。从客观原因来说，部分党内法规制度规定弹性大，条纹表述比较模糊，给执规主体带来了比较大的回旋余地和规避空间；有些党内法规在出台的过程中广泛征求民主意见不足，没有充分尊重客观实际和广大党员意愿，这也影响其贯彻实施；部分党内党规“要求”的内容多于“执行”的内容，“执行”的部分又大于“监督”的部分，出现“有规不依”的情形，也缺少明确的责任主体和流程规范来对其进行追究和惩戒；还有一些党内法规之间彼此掣肘的情形，也会导致实际效能被“内耗”或“消解”的问

①王勇：《党内法规教程》，中共中央党校出版社，2019年，第194页。

题出现；有的在执行中先紧后松、上紧下松，或者外紧内松，在处理违规问题时不敢红脸出汗，使得党内法规成了“稻草人”和“纸老虎”，出现制度虚设或空转的情形。

三、优化完善党内法规体系，全面提升依规治党效能

（一）加强党内法规学科建设

1. 健全党内法规研究机构

自党的十八届四中全会以来，包括武汉大学、南开大学、华东政法大学在内的50多所高校成立党内法规研究机构。总体分析，这些党内法规研究中心充分发挥了理论研究和智库咨政功能，能够在决策建议、建章立制、教育培训等方面服务于立规执规部门。下一步，要充分整合这些宝贵的人才资源和研究能力，避免单打独斗或者重复研究，使理论研究呈现低层次徘徊的状态。可由中央纪检监察学院等研究机构牵头，建立研究联盟，整合资源、分工协作，通过“项目制”等方式明确各研究中心的定位，发挥其比较优势，推动形成一批高质量、有价值、有分量的研究成果。同时，要下大功夫健全地方党委党内法规工作部门。要依据地方实际，独立设置党内法规工作部门，保证专业人员队伍和总体结构相对稳定。并且为地方党内法规工作的正常开展提供财力支持和政策保证，充分发挥地方党内法规工作部门在学科建设布局中的重要作用。

2. 加快建构党内法规话语体系

2022年7月，《党内法规研究》正式创刊，这对于推动话语体系、学术体系、学科体系提升具有重要意义。通过规范性学术研究、高站位学术引导，使党内法规话语体系实现政治性与学术性相统一、规范性与易懂性相协调、继承性和创新性相结合。

3. 扩大理论研究队伍

当前，理论研究和实践推动的重点在地方党委层面，为进一步推动党内法规体系建设高质量发展，必须选拔和培养政策性、理论性、专业性都强干部人才进入党内法规工作部门，探索建立从符合条件的律师、法律工作者中招录党内法规工作者的制度，不断提高党内法规工作队伍的专业水

准和业务能力。

（二）不断提升立规质量

1. 补足基础主干法规

当前的薄弱主要存在于“准则”这个层面，目前党内的“准则”只有三部，且其中两部都是调整并规范党内政治生活，另外一部强调廉洁自律。而按照立规的第二个五年规划，涉及密切联系群众、提升领导干部道德品行的准则久未出台。目前准则的现状与党内法规体系建设的要求不匹配，应按照规划要求及时出台重要的准则，并对条例及时予以修订、完善与增补，厘清基础主干法规方面供给现状，加强党内法规制度供给侧结构性改革，杜绝盲区和死角。

2. 完善配套法规制度

加强配套法规制定的完备性和系统性，从三个方面入手。一是对中央党内法规制度明确要求配套的，要按照“规范主体、规范行为、规范监督”的原则，及时制定针对性强、可操作性强的配套法规制度。二是对于中央党内法规制度暂未明确规定一定要制定出台的，可以再按照职责权限探索研究，不断总结。三是不具有党内法规制定权的党组织不可越权，但可紧密结合工作实际制定规范性文件，推动党内法规的贯彻落实。

3. 促进基础主干法规和配套性党内法规相协调

推动基础主干法规和配套性党内法规相协调，就是要在做好研究出台基础主干法规、细化完善配套性法规的基础上，做好评估、清理、修订等工作，减少执行中可能存在的弹性余地和折扣空间的问题。

4. 完善党内法规解释机制

党内法规解释对于提升党内法规执行力、保障党内法规权威性意义重大。为完善党内法规解释机制，必须进一步明确解释主体、规范解释文本形式，以及在解释过程中所应遵循的原则，强化对党内法规文义、法义、结构、上下衔接等方面的解释。

（三）健全学习宣传机制

1. 创新学习宣传的方式方法

针对当前党内法规宣传教育手段单一、形式陈旧等现状，要通过开放式、多场景的使用，让党员在身临其境的工作实践中强化对制度功能的认识，不断拓宽法治思维的深度和广度，打通学规懂规知规守规的“最后一公里”。同时，要注重媒体深度融合，充分运用新媒体平台资源，统筹推进、形成合力。尤其在新的党内法规出台后，要第一时间运用各种平台资源，积极深入开展党内法规的文本阐释和宣传工作。

2. 加大督查力度

党的十八大以来，党中央对党内法规进党校（行政学院）、进理论学习中心组等都进行了明文要求。为了确保学习教育制度的落实，必须加大其宣传督导力度，将其作为各级党委巡视巡察的重要内容，并加大巡视巡察成果的运用，以产生要做的“风向标”价值导向作用。

（四）确保党内法规严格执行

1. 持续完善监督机制

建立有利于党内法规执行的价值导向、监督惩戒、责任追究等机制。对于在巡视巡察、督查督导中发现的各级党组织或领导干部虚置党内法规、投机敷衍等行为加大惩戒力度。根除潜在隐患，为党内法规的有力执行创造良好条件。同时，发挥警示作用，以案明纪，切实提高遵纪守法和强化执行的意识。

2. 培育良好的党内政治文化生态

党内法规体系建设的执行离不开政治文化的培育。营造良好的党内政治文化氛围，净化党内政治文化生态，有利于强化和提升全体党员对党内法规和认识和理解，约束自己的行为规范。为此，要以政治标准正负面清单形成鲜明的价值导向，发挥“指挥棒”和“风向标”作用。正向清单突出政治标准具体化，弘扬共产党人价值观，厚植党内政治文化的思想内核。负面清单旗帜鲜明抵制各种关系学、厚黑学、官场术、潜规则，坚决防止和反对宗派主义、圈子文化，出现令行不止、各行其是等问题。

3. 党内法规面前人人平等

一些党内法规之所以执行力不强，往往由于个别领导干部有特权思想，不按制度规章办事，践踏法规制度的尊严和权威。要提升党内法规执行力，就要切实做到党内法规面前人人平等，只要触碰红线禁区，就必须受到相应的处理，切实维护党内法规的严肃性和权威性。

党内法规执行力问题研究

杨　宁

习近平总书记指出："党的十八大后，党中央从立规矩开始，首先制定了八项规定，随后陆续出台一系列制度。各级根据中央八项规定精神，在联系服务群众、规范权力运行等方面制定和修订了一批工作制度和管理制度。制度的笼子越扎越紧，针对干部工作生活的监督制度已基本建立健全，下一步就是要严格执行。"[1] 因此，党内法规的执行力问题值得重点研究。

一、党内法规执行力的政治意义

（一）党建层面：增强执政能力

党内法规本质上是调整执政党的政治活动的规范，因此党内法规的执行力本质上是政治执行力的集中反映。党内法规执行得越好，党的执政能力、执政本领就越强。党内法规执行力的提升，本质上是提升了执政党自身的政治能力。

党的十八大以来，习近平总书记提出"全面从严治党"，将全面从严治党作为实现中华民族伟大复兴的重要抓手，其中最重要的措施就是完善党内法规建设，从而将党的团结力、凝聚力提升到一个前所未有的高度。正

作者简介　杨宁，中共宁夏区委党校（宁夏行政学院）法学教研部副教授。

是凭借强大的党内法规执行力，在打击党内腐败、全面脱贫攻坚、生态环境保护、抗击新冠疫情等方面取得了重要成就。因此，什么时候党内法规的执行力强，什时候党的事业就能稳步前行，并且不断取得更大成就。

（二）国家层面：深化治理效能

将党的政治优势、执政优势、组织优势转化为国家治理的效能，其关键就是党内法规执行力的完善。[2] 中国共产党是一个拥有 9000 万党员的超级大党，党员分布在全社会的各行各业各个方面，而且国家的高级领导干部都是党员，所有的党员都在以习近平同志为核心的党中央集中统一领导下。在解决国家问题和进行重要的改革时，党中央能够依靠并发动每一个党员将整个国家的人员、资源全部组织起来，拥有着集中力量办大事的优势。在抗击新冠肺炎的实践中，党员领导干部冲锋在前，勇挑重担，将“人民至上，生命至上”的理念冲锋贯彻到实践中，就是国家治理能力的鲜明体现。但是，如果关乎国家治理的党员领导干部在思想上不统一，那么国家的高效治理就难以展开。正因为中国共产党是一个大党，是一个关系中国国家能力的党，才需要用规则不断强化自身的建设。将强化自身能力的党内法规扎实落实，就能有效深化国家治理效能。

（三）法治层面：夯实规则基础

邓小平同志指出：“没有党规党法，国法就很难保障。”[3] 全面依法治国的基本经验表明，党纪必须挺在国法前面，要实现依法治国，首先必须要依规治党。全面依法治国是多个功能系统的法治实践的总和。在立法系统方面，只有加强党对立法工作的绝对领导，才能确保立法工作能够协调各方利益，充分反映人民群众的意志和愿望，使得立法成为真正的“良法”。在执法系统方面，执法工作的准确性、效率性和权威性需要党的组织基础予以保障，需要加强对执法工作队伍的人员建设、思想工作建设，党管干部，党管意识形态，就能从人员和思想两个方面强化执法的法治化水平。在司法系统方面，党的大政方针和具体政策需要通过个案贯彻落实到社会生活的细节中，贯彻到人与人的交往之中；同时，法院独立行使审判权、检察院独立行使检察权需要党的领导和保障才能有效实现。在守法系统方面，党员领导干部是“关键少数”，领导干部需要带头学法、守法、用法，推动全社会形成遇事找法、遇事用法的规则社会。党对立法工作、执法工作、司法工作和守法工作的领导，都需要通过党内法规贯彻落实。因此，党内法规的建设可以强化整个国家和社会的规制之治，对于法治建设的功效是不言而喻的。

二、党内法规执行力的基本问题

（一）消极性执行

党内法规执行力不足的首要问题就是部分党组织和党员消极性执行党内法规的问题。消极性执行党内法规主要表现为部分党员、党组织消极执行，甚至懈怠执行党内法规，不愿执行，不想执行，从而导致党内法规在执行过程中被虚置，没有落实到具体的实践当中。

十八大以来，党中央制定并发布了多项党内法规，如《关于在全国纪检监察系统开展会员卡专项清退活动的通知》《关于严禁公款购买印制寄送贺年卡等物品的通知》《党政机关国内公务接待管理规定》《党政机关厉行节约反对浪费条例》等等，这些党内法规在规范党员领导干部的日常行为方面发挥重要作用，将工作业务和生活的界限明确，有利于减少贪腐现象的发生。然而，从中央层面和地方层面的纪委监委查处贪污腐败的情况来看，通过购物卡、礼品卡进行的贪污贿赂现象仍然突出，一些基层机关党组织在逢年过节仍然以发放贺卡、购物卡的名义违规发放福利。[4] 消极执行党内法规的危害是巨大的，有令不行、有禁不止不仅损害党内法规的严肃性和权威性，也不利于全面从严治党工作的贯彻落实，最终不利于党组织的执行力和战斗力的增强。

（二）象征性执行

象征性执行党内法规在实践中主要表现为两个方面：一是，搞文字游戏，应付检查工作。实践中，一些单位对于要求严格执行的党内法规，设置高大上的执行计划，实行所谓报告书、承诺书、责任书等执行文件，然后拼凑一些不符合实际工作的台账来配合党内法规的执行。表面上看，这种执行貌似认真细致，实则“雷声大雨点小”。党内法规的贯彻落实，重在执行，重在细节，不是花费力气表演执行方式。搞文字游戏的执行方式只是备而不用、投机取巧、虚于应付，在党内法规执行工作上做了无用功。二是，以文件落实文件，以会议落实会议。对于党中央、上级党组织下发的政策文件，并不是结合本地域、本单位的具体情况设置更为合适的实施方案，而是机械复制上级文件，机械传达上级会议精神，这种不加甄别地“上传下达”的执行方式貌似兢兢业业，但其实是懒政的表现，不考虑党内法规的执行效果。[5] 象征性执行党内法规也会带来消极后果，不仅造成党的组织资源和政治资源的空转，无法产生实质效果，还会引发人民群众对党组织公信力的质疑。

（三）选择性执行

选择性执行党内法规主要从三个方面表现出来：首先，不少党组织和党员对于党内法规，并不严格执行，而是避重就轻，选择执行难度较小的规矩执行，对于那些强制性要求较高的党内法规有畏难情绪，除非上级巡回检查和严厉考核，否则总是久拖不决；其次，不少党组织和党员根据自己的偏好来执行党内法规，不少领导干部有小山头意识，对于不如意的党内法规，不仅自己不执行，有时还拒绝向基层传达，不仅削弱了党内法规的执行力和渗透力，还造成了党内法规执行力层层衰减，这种行为是没有梳理大局意识和看齐意识的表现；最后，不少党组织在执行党内法规的过程中过于重视本部门的利益，过于重视本地区的利益，将部门利益和地区利益凌驾于整个党组织之上，以不适应本地区实际情况为由选择性执行中央和上级党组织发布的党内法规。[6] 党内法规的选择性执行不仅严重冲击了党组织作为一个整体的凝聚力和向心力，还造成党中央的方针政策未能在基层贯彻落实，影响党中央意志的全面实现。

（四）机械性执行

机械执行党内法规主要表现在两个方面：一方面，在执行过程中不会发挥主观能动性，不能针对客观情况实事求是地贯彻落实，而是坐等上级党组织的批示、指示和命令；另一方面，在执行过程中生搬硬套文件规定，不看实际情况，片面追求所谓严肃的纪律。在组织生活实践中，不少上级党组织和巡视部门借严格执行政治规矩的名义，对下级机关提出过高要求，比如在有的地区出现因工作繁忙而未及时接到巡视组电话被处分的情况；

也出现对学校教师在假期自费聚餐被处分的现象。另外，还有的党员领导干部把《关于新形势下党内政治生活的若干准则》中的“严肃党内政治生活”简单理解为“不乱讲话、不乱表态、不乱发言”，从而要求下属党员干部也要凡事听上级指挥，少发言，少表达意见。[7] 党内政治生活，是既严肃又活泼的，这种机械执行党内法规的现象，表面上看不折不扣地执行了党的纪律，实则挫伤了党员领导干部的工作积极性。

三、党内法规执行力缺陷的制约因素

（一）意识：党内法规文化匮乏

党内法规的引领力是党内法规内在具有的吸引、感化、号召党员自觉遵守党内法规、模范践行党的要求的能力属性。[8] 党内法规所具有的引领力和感召力，是建立在全体党员干部的自觉服从、自觉认同、自觉遵守的基础之上的。换句话说，党内法规要有效执行，必须有深厚的价值共识作为基础。这种价值共识归根结底就表现为一种遵守党内法规的文化。党内法规文化能够发挥坚决执行党内法规的潜移默化的作用，强化执行者的执规意识、守规意识和遵规意识。[9]

党内法规文化是一种价值共识，也是一种自觉意识，实践中，部分党员领导干部遵守党内法规的意识淡薄、人治思想作祟，经常出现“以言代规”“以言代纪”的现象，超越党规党纪办事。另外，部分党员同志将党内法规作为“身外事务”，只在表面上学习，在培训学习过后就将党内法规的精神抛诸脑后，认为党内法规与其个体无关，没有形成自觉学习和遵守党内法规的良好文化氛围。如此一来，党内法规的执行就缺乏良好的文化氛围，阻碍了党内法规执行力的培育。

（二）规则：制度体系本身不完善

党内法规制度体系本身的缺陷也影响了党内法规的有效执行。这主要表现在党内法规本身的文本质量不高、协调配合机制不健全等方面。具体说来，党内法规自身存在的问题可以分为三个不同的方面：一是部分党内法规内容表述模糊、规范性较弱。二是发挥配套实施功能的党内法规较少。三是党规与国法衔接协调存在短板。[10]

首先，部分党内法规内容表述模糊、规范性较弱。目前，很多党内法规在制定时出于避免僵化、执行便宜等考量，制定得较为原则和模糊，例如，很多党内法规大量使用“一般”“原则上”“等等”“其他”“及时”“全面”等术语，导致规则本身的含义模糊，弹性很大，执行过程中难免出现偏差。其次，党内法规的配套实施程序不完善，发挥配套实施功能的党内法规较少。最后，党内法规与全国人大、国务院以及部门规章等法律规范的衔接协调存在短板。由于党的领导工作涉及国家机构的方方面面，在一些涉及具体业务的规范上，党内规范性文件和法律规范性文件经常会有重合或者矛盾的地方，执行党内法规的领导干部由于知识短板或者其他原因，拿捏不好执行的分寸。

（三）主体：执行人员的漏斗效应

有研究者在实证研究的基础上发现，党内法规执行不力，在一定程度上可以用“行动者漏斗效应”这一框架来解释。[11] 导致这一效益的主要原因是，党内法规执行的行动者受认知共同体、制度协同性、激励机制与约束与行动者知识的因素制约，从而呈现层层失守的执行损耗。

首先，作为执行主体的各级党组织和党员在党内法规的执行上没有形成认知共同体，即对党内法规的重要意义、价值和功能，没有形成统一的认识。当针对政策执行没有形成共同的理解时，组织和个体所占有的自愿就难以为组织所倡导的价值观服务，这构成了党内法规执行不力的第一层漏斗效应。其次，实施党内法规的各级党组织和党员个人作为不同的子系统，没有形成制度协同，主要表现为“官僚主义”“形式主义”的横行，官僚主义是科层体制的副产品，其显著特征是在正式的规则之外容易形成自己的一套潜规则，这种潜规则主要表现为私人关系和部门间默契的利益关系等，它们代替了正式的党内法规。再次，目前针对党内法规执行者的激励机制保障不足，执行党内法规和不执行党内法规没有明显的差别性的效用。最后，作为执行者的专业知识不足，党内法规执行，既需要规范知识，也需要地方性知识，如果没有将规范结合地方实际进行实施的能力，难免导致选择性执行和机械执行等情况发生。

(四) 保障：监督激励机制不健全

很多党内法规的实施，缺乏具体的监督机制作为强制力予以保障和支撑。执行党内法规较好的党组织和个人，缺乏精神和物质奖励作为激励机制。各级纪律检查委员会是党内法规执行情况的监督机关，在监督各级党组织和党员执行党的方针政策方面负有重要使命和具体职责。但是，全面从严治党的建设还有很长的一段路要走，针对党内法规执行情况的常态化监督机制、考评机制还未建立健全，很多党内法规的执行缺乏强制力的保障。导致很多党组织和党员违纪违规的行为扩大为犯罪行为之后才被发现，惩罚的不确定性和不可预见性事实上放纵了消极执行党内法规等问题。

四、提升党内法规执行力的基本路径

(一) 巩固基础：健全完善党内法规体系

第一，完善党内法规的立法体系，结合实践加强对党内法规的立、改、废工作。加强对党内法规的立、改、废工作，确保党的领导在方方面面都有党内法规作为引导和规范，对于不合理的规范及时进行修改，对于过时的规范及时废除。例如，按照中央的总体部署，宁夏回族自治区于2013年8月正式启动党内法规和规范性文件的集中清理工作，历时一年三个月时间，决定废止党内法规和规范性文件441件，宣布失效307件，予以修改48件，并形成了“清理工作制度”，一般5年左右清理一次过时的党内法规。[12]

第二，完善党内法规的制定程序。按照《中国共产党党内法规制定条例》的规定，制定党内法规应当广泛征求意见。应当强化通过座谈会、专家论证会和书面征询意见等方式广泛征求意见。同时，还需要加强党内法规的备案审查制度：一是突出党章的统领地位，二是加强合法合规性审查，三是加强地方性法规制度备案审查力度。

第三，完善党内法规的内外部衔接体系。在内部，完善实施性的程序性规范。在党内法规的立、改、废过程中，避免“一事一法”等不合理的党内法规制定方式，将协调内部体系作为重要的立法目标。在外部，需要强化党内法规与国家法的协调与衔接。党内法规与国家法不能冲突，党内法规与国家法不协调或者不配套的地方，应当及时修改国家法或者修改党内法规。

（二）抓住关键：领导干部带头遵守和执行党内法规

党内法规有效执行，必须抓住领导干部这个“关键少数”。领导干部带头遵守和执行党内法规需要做到：第一，有针对性地针对领导干部进行宣传、培训，提高其党内法规知识素养和规范素养，领导干部应当提高政治站位，学深悟透党内法规切实有效执行的重要意义。第二，将党内法规执行情况纳入领导干部的政绩、业绩考核当中，作为人事考核的重要参考资料。第三，巩固和加强党委、党组的集中统一领导，党内法规学习和贯彻情况应该常态化地纳入党组理论学习的内容当中。

（三）强化监督：加强对党内法规执行情况的考核问责

对不自觉遵守党内法规的行为，应当通过加强考核、问责等方式加强监督，从而确保党内法规的强制力。具体说来，根据《中国共产党党内法规执行责任制（试行）》第三条的规定，应当确立党内法规执行责任制，形成“党委统一领导、党委办公厅（室）统筹协调、主管部门牵头负责、相关单位协助配合、党的纪律检查机关严格监督的执规责任制，统分结合、各司其职，一级抓一级、层层抓落实”的党内法规制度执行责任机制；此外，在党内常态化的巡视工作中，应当将党内法规的贯彻执行情况作为重要的监督内容，制定详细的考核体系和考核标准，确保党政一把手重视党内法规的执行情况。同时，要建立健全党内法规执行不负责、不担责的惩戒措施，建立定期通报机制和信息发布机制，[13] 通过问责和惩戒倒逼党内法规的执行。另外，针对违背党内法规的言行，应当进一步明确问责的程序、条件和后果，对于触犯法律的，及时移送司法机关予以处理。及时将不涉密的党内法规文件向社会公众公布，借助上级监督、法律监督、社会监督、媒体监督、群众监督等手段形成党内法规执行的监督合力。

（四）培育文化：建立党内法规切实执行的长效机制

党内法规执行，应当深入到每一个党员领导干部的思想和行动当中，不止强制性的约束手段要起效，更要形成领导干部自觉遵守和践行党内法规的文化自觉。如果说通过考核、问责等方式确保党内法规的强制执行是提高党内法规执行力的“硬措施”的话，那么塑造成熟的党内法规文化就是党内法规执行力的“软措施”。

在宏观上，首先，用社会主义核心价值观统领执行文化建设，充实党内法规文化的核心价值。其次，树立党内法规执行的“品牌”和“榜样”，着力打造出一流执行文化的“品牌效应”，突出党内法规的文化创新。最后，在党内法规文化管理方面，推动执行文化内部机制的协调持续发展。在微观上，首先，坚持以人为本理念，在党内法规的制定方面克服人性的弱点，营造党员领导干部和群众积极沟通的制度执行文化。其次，强化基层党组织的党内法规执行力，通过举办知识竞赛、专家讨论会和学习培训会等培育浓厚高效的执行文化氛围。最后，发挥党员主体作用，重视党员个体的思想建设，引入数字技术开发宣传平台、APP 等加强执行文化的基础平台建设。[14]

参考文献：

[1]中共中央纪律检查委员会，中共中央文献研究室：习近平关于严明党的纪律和规矩论述摘编. 中央文献出版社，中央方正出版社，2016:56.

[2]张亚勇. 新时代强化党内法规制度执行力的逻辑考量与实践路径. 中共天津市委党校学报，2020(05):22-23.

[3]邓小平. 邓小平文选. 人民出版社，1994:147.

[4]沈孝鹏. 党内法规执行不力：多重诱因与治理之策. 求实，2017(8):32-40.

[5]尹曼童，黄天弘. 党内法规执行中存在的问题及其破解. 中州学刊，2021(3):18.

[6]尹曼童，黄天弘. 党内法规执行中存在的问题及其破解. 中州学刊，2021(3):19.

[7]宋超. 党员领导干部党内法规执行力提升：现状、梗阻及进路. 理论导刊，2022(4):21.

[8]周叶中，邵帅. 论中国共产党党内法规的效力. 中国法律评论，2021(3):36.

[9]刘先春，叶茂泉. 构建和培育党内法规制度执行文化的对策研究. 中南民族大学学报(人文社会科学版)，2015(4):85-86.

[10]宋超. 党员领导干部党内法规执行力提升：现状、梗阻及进路. 理论导刊，2022(4):22.

[11]宋雄伟. 行动者“漏斗效应”：党内法规执行问题的解释框架. 甘肃行政学院学

报,2021(1):111.

[12]焦健. 宁夏回族自治区党内法规制度集中清理工作全面完成. 宁夏日报,2014—12—01.

[13]蒙慧,李伟. 党内法规执行资源问题研. 学术探索,2017(1):25.

[14]刘先春,叶茂泉. 构建和培育党内法规制度执行文化的对策研究. 中南民族大学学报(人文社会科学版),2015(4):89.

法治专题篇

FAZHI ZHUANTI PIAN

宁夏实施依法治区战略：成就、问题与思考

李保平

党的十八大以来，以习近平同志为核心的党中央将全面依法治国纳入“四个全面”战略布局，做出了一系列重大决策部署，推动全面依法治国取得历史性成就，形成了习近平法治思想这一重要的标志性成果，开辟了全面依法治国的新境界。党的二十大报告对坚持全面依法治国，推进法治中国做出新的部署和要求，是新时期全面推进法治国家建设的最高纲领和行动指南。自治区党委高度重视依法治区工作，把全面依法治区作为推进各项改革任务的重要依托，以中国特色社会主义法治体系建设为总抓手，在科学立法、严格执法、公正司法、全民守法等方面做了大量工作，取得了显著的成绩，为宁夏经济快速发展、社会和谐稳定、人民安居乐业创造了良好的法治化环境。

一、宁夏法治十年建设成就辉煌

（一）科学立法进入新阶段

只有良法，才能实现善治。党的十八大以来，宁夏各级人大及其常委会深入推进科学立法、民主立法、依法立法，取得新成就。一是坚持党对立法工作的集中统一领导不动摇。立法规划、年度立法计划及时报送党委

作者简介　李保平，宁夏社会科学院社会学法学研究所研究员。

批准后实施，紧紧围绕党委、政府中心工作开展立法，把党委改革发展决策同立法决策有机结合，把党委决策通过地方立法转变为推进发展的实际行动。二是坚持以人民为中心的立法理念不动摇，坚持立法为了人民、依靠人民的鲜明立场，通过多种形式的人民参与、多种途径的征集建议，最大限度反映民情，体现民意，争取让人民群众在每一个立法决定中感受到公平正义。三是加强对法律法规实施的监督，维护宪法法律权威不动摇。监督权是宪法赋予各级人大的重要职权，积极开展法律监督，保障法律法规正确实施，不但是维护法律秩序的需要，也是捍卫法律权威的必然要求。

（二）严格执法成为新常态，行政执法水平不断提升

法治政府建设是法治国家建设的“牛鼻子”工程，而严格执法是法治政府建设的基本要求。党的十八大以来，宁夏法治政府建设在探索中创新，在改革中发展，许多工作走在全国前列。一是严格执法的制度体系快速打造。全面从严治党和反腐败斗争为严格执法制度机制的形成注入强劲的动力，加速了严格执法制度机制的形成。审批权是行政机关的重要职权，也是行政权的重要载体。行政审批制度改革，就是要简化审批程序，提高行政审批效率，防止权力寻租。十年来，自治区本级行政审批事项精简近70%，市县行政职权精简超过40%，非行政审批许可事项全部清零，行政审批制度改革取得实实在在的成绩，多次得到党和国家领导人的表扬。建立信息公开制度，让权力在阳光下运行，接受群众监督和评判。建立行政执法“三项制度”和“两随机一公开”执法模式，有效规范权力运行，以技术数字赋能法治政府建设取得积极成效。用制度管人管事，强化权力监督制约，杜绝权力任性，有效遏制权力寻租和腐败现象。二是严格执法的科技支撑正在完善。法治政府建设的背后，离不开信息化的支撑。信息化让人民群众办事更加方便快捷，让数据多跑路、群众少跑路正在成为现实。信息公开让人民群众了解到更多政策信息，明确权利义务，有力促进法治政府建设和政社融洽度。执法记录仪的广泛应用，进一步提高了行政执法的规范化程度，维护了法治的权威和人民群众的合法权益。智慧城市、天网工程、地网工程建设让基层执法更加精准高效，人民群众的安全感持续提升。三是重大行政决策机制不断健全，以机制链接制度，形成运行闭环。

出台宁夏回族自治区“重大行政决策程序”“重大行政决策论证工作规则和社会稳定风险评估实施办法”等规定，组建自治区党委依法治区决策咨询专家库，将合法性审查作为政府行政决策的必经环节，大大提高了行政决策的质量，减少了行政决策的盲目性。科学决策、依法决策让行政行为不但获得预期的执行效果，也画出了最大同心圆，减少了最小后遗症。

（三）公正司法让正义提速

司法是社会公平正义的最后一道防线。党的十八大以来，宁夏司法机关深入贯彻习近平法治思想，紧紧围绕“让人民群众在每一个司法案件中感受到公平正义”的目标，坚持服务大局，公正司法，各项工作取得新成就。一是坚决维护国家安全和社会稳定。依法惩治危害国家安全和社会治安犯罪，维护疫情防控秩序，常态化开展扫黑除恶斗争，惩治腐败犯罪，守好民生安全底线。二是积极服务宁夏经济社会高质量发展，通过公平公正审理民商事案件，营造法治化营商环境，促进创新驱动发展，维护市场公平竞争。三是坚持司法为民的理念，通过“民法典”的实施，大力弘扬社会主义核心价值观，维护人民群众在教育、就业、医疗、养老、消费、社会保障等方面的合法权益，守护未成年人健康成长，巩固基本解决执行难成果，树立司法权威，建立一站式多元纠纷解决机制，解决老百姓的急难愁盼。四是深入推进司法体制改革，智慧法院建设结出硕果。在坚持党对司法工作绝对领导基础上，深化司法改革和司法体制综合配套改革，在提高审判质效上下功夫，出实招，智慧法院建设在疫情期间发挥了重要作用，极大方便了诉讼当事人参加诉讼活动。深入开展政法队伍教育整顿，坚决清除害群之马，司法铁军打造取得积极成效，有力维护了社会的公平正义。

（四）法治社会建设筑牢法治宁夏根基

法治社会是法治国家的根基工程，没有法治社会，也就不会有法治国家和法治政府。正因为如此，党的十八届四中全会提出法治国家、法治政府、法治社会要一体建设。党的十八大以来，宁夏法治社会建设取得积极进展。一是法治理念法治思维正在深入人心。随着“普法”宣传教育活动的深入推进，遇事找法、解决问题靠法成为新的社会准则。传统社会中的权力思维、金钱思维虽然没有完全退出，还有一定的市场，但影响力日渐萎缩。二是公民的诚信意识和守法观念明显增强。十年来，宁夏建立了针对公民和市场主体的征信系统，有力促进了公民、市场主体的诚信意识和守法观念，诚信记录已经成为群众和市场主体最为在意的事项。三是基层社会治理迈上新的台阶。为强化基层治理，解决基层治理“最后一公里”问题，自治区党委专门出台《关于完善基层治理体系，提高基层治理能力的若干意见》，创新乡村治理、宗教治理等6个领域基层治理，形成1+6政策体系，推动治理资源不断下沉，进一步完善基层治理体系，强化基层治理能力，乡村社区治理效果持续显现。

二、实施依法治区战略存在的短板弱项

法治建设没有最好，只有更好，法治建设永远在路上。回顾十年来的依法治区工作，可以说是成绩丰硕，取得了历史性成就。但从横向看，特别是与中央要求以及法治发达省区相比，宁夏的依法治区工作存在许多短板弱项，有些方面还亟需加强。

（一）对法治的认识存在不足

经过改革开放四十多年的发展，我国建立了相对完善的中国特色社会主义法律体系，为经济社会发展提供了基本遵循。但法律不可能穷尽所有社会生活、预测未来发展趋势、提前规范社会活动，法律的保守性体现为法律基本是对现行秩序的确认而不可能超前立法。法治与发展的矛盾与张力存在是一个非常正常的现象，如何解决这种矛盾，党的十八届四中全会通过的《中共中央关于全面推进依法治国若干重大问题的决定》（以下简称决定）中有明确的规定。但在现实生活中，许多人对法治存在一些不正确的认识，认为法治束缚了手脚，造成效率损失。这些认识，虽然面不广，但影响较大，对法治宁夏建设产生了一定的消解作用，反映出一些党员领导干部法治信仰和法治观念的淡化，需要引起我们高度的重视。

（二）受制于立法质效，地方立法服务改革开放的能力有待进一步增强

一是立法对改革开放的引领带动能力不强。自治区十三次党代会在分析区情时，提到开放程度不高是宁夏最大短板。开放不是简单的一句口号，

而是体现为包括地方立法在内的一整套制度规范体系，其中地方立法居于核心地位，宁夏开放程度不高恰恰反映出地方立法开放程度不高，引领作用不强。二是把自治区党委的重大决策转化为地方立法，以法治引领改革发展能力不足。十八届四中全会审议通过的《中共中央关于全面推进依法治国若干重大问题的决定》（以下简称决定）指出，实现立法和改革决策相衔接，做到重大改革于法有据、立法主动适应改革和经济社会发展需要，要善于把党的领导，通过人大立法，及时转化为国家意志。在这方面，宁夏的地方立法还有较大改进空间。三是立法质量不高，科学立法、民主立法有待进一步加强和完善。只有良法，才能实现善治。宁夏立法质量不高，既有立法人才不足导致的立法能力不强的问题，也存在立法体制机制不完善，人民群众和社会参与不足的问题。四是设区的市人大立法能力普遍不强，立法质量有待提高，专门委员会人员中法学背景人员偏少，结构不优，法治人才稀缺，急需补充提升。

（三）法治政府建设存在“最后一公里”的问题

法律的生命力在于实施，法律的权威也在于实施。一是法治政府建设存在不平衡现象，政府层级越低，法治政府建设存在的问题越多，人民群众的满意度越低。二是行政执法领域存在的问题较多，行政复议、行政诉讼案件居高不下且变更率、败诉率较高，反映出在行政执法领域还存在明显的违法违规行为。三是政府信息公开有待进一步加强。政府信息公开制度在落实中暴露出的问题较多，不同市、县（区）政府落实程度存在较大差异，公开事项不完整，申请公开答复率低或不予答复是基层政府普遍存在的问题。四是官员腐败案件多发高发。政府领域腐败案件既有存量问题，也有增量问题，特别是一些微腐败、形式主义问题屡禁不止，注重程序合规而忽略实体公正，反映出法治政府建设中对权力的制约监督存在盲区，重视规范制定、程序规定等形式法治，忽视法规制度落实等实质法治。政府行政决策中的“走程序”意识，就真实反映出对实质法治的忽视，表现出权力的任性与扩张性。

（四）司法改革需要进一步深化

司法改革经过多年推进，还存在进一步完善的必要。一是司法机关和政府关系方面，司法改革中出现的一些新情况、面临的一些新问题，需要各级党委、政府予以关注。比如法官员额体系与公务员体系，从现有制度设计看，是两种管理体系，但对退休后的待遇却没有明确规定，需要进一步完善相关规定，解除法官、检察官后顾之忧。再比如，司法机关人、财、物省级统一管理中也存在省级财政与各级司法机关的对应关系如何协调的问题，是一对一（区财政对高院）还是一对多（区财政对各级司法机关），不管采取哪种方式，都需要优化制度设计，方便工作，提高效率。二是司法机关内部改革方面，特别是在司法体制综合配套改革中如何落实法官、检察官审判责任制，保障司法权规范运行方面，还存在一些认识偏差。实践中也有许多不同的做法，有些地方以案件审理“把关”为名，强化了庭长院长对案件审理的监督权。如何看待这些现象，需要进一步明确司法改革的目标，进一步深化对司法权运行规律的认识，建立科学、规范、高效的司法权运行体制机制。三是司法公信力建设还需要进一步提升。执行难、司法腐败、司法不公等现象，都是影响司法公信力的重要方面，需要司法机关久久为功，常抓不懈。提高司法公信力，人民群众有呼声、社会有需求，如何回应人民群众的诉求、践行司法为民理念，司法机关还有很长的路要走，有很多的工作要做。

（五）法治社会建设还存在许多薄弱环节

一是公民的法治意识还不强，社会生活中权力意识、关系意识还有一定的市场，遇事找法还没有成为一种普遍习惯。二是法治宣传教育存在权利、义务不对等现象，重视法律权利宣传教育，忽视法律义务意识培养，教育内容创新不足，不能适应信息化时代的需要，存在形式单一、内容僵化、与人民群众的生活联系不密切等问题。三是社会诚信度整体还不高，公民诚信、市场主体诚信、政府诚信建设存在不协调、相互消解问题，无法形成互促互进合力。四是打造多元纠纷解决机制存在重视阵地建设、忽视作用发挥问题，实际效用不明显。打造基层公共法律服务体系，建立多元纠纷解决机制，就是要把问题解决在基层，化解在基层，但从法院每年受理案件数量不断攀升看，基层法律服务体系和多元纠纷解决机制并没有在实质性化解矛盾纠纷方面发挥实质性作用，每年进入法院的案件数量居高不下仍然是一种常态。如何把事件化解在萌芽和基层，防止事件转变为案件，减少法院受理案件数量，是衡量多元纠纷解决机制成效的一块试金石。当前，宁夏已经建立了相对完善的基层公共法律服务体系和多元纠纷解决机制，下一阶段的工作要在“用”字上下功夫，出实招，让机构运转起来，真正发挥化解矛盾的作用。

三、实施依法治区战略，打造法治宁夏新的历史方位

（一）深入贯彻落实党的二十大报告精神中关于全面依法治国的总体要求，推动法治宁夏建设迈向新时代

党的二十大报告深刻阐释了全面依法治国的重大意义、总体布局、基本要求，充分说明坚持全面依法治国对推进中国式现代化建设的重大意义。在党的二十大报告中，习近平总书记用较大的篇幅，从完善以宪法为核心的中国特色社会主义法律体系、扎实推进依法行政、严格公正司法、加快建设法治社会四个方面对全面依法治国做出总体安排，为新时期全面依法治国提供了基本遵循，是贯彻落实全面依法治国方略的纲领性文献。自治区第十三次党代会全面贯彻依法治国总要求，以习近平法治思想为指导，提出实施依法治区战略。回顾法治宁夏历史我们可以看出，从自治区第十二次党代会提出“让法治成为未来宁夏核心竞争力的重要标志”，到第十三次党代会提出“实施依法治区战略”，反映了对法治价值认识的不断深化。同时，这种从法治宣示到法治战略的转变，也表明宁夏党委、政府对法治的认识更加深入，对法治建设更加重视，预示着法治宁夏建设将走向更加注重质效的新的历史发展阶段。

（二）实施依法治区战略，标志着法治宁夏建设将迈向更高水平，迈向高质量发展新阶段

1. 要在科学立法上下功夫，进一步提高立法质量

以立法引领改革开放、推动发展的能力不断提升，立法质量持续提高，立法及时回应社会关切和经济社会发展重大问题，以良法促善治的行动更加自觉。坚决贯彻落实“决定”要求，加强各级人大对立法工作的组织协调，健全立法起草、论证、协调、审议机制，健全向下级人大征询立法意

见机制，建立基层立法联系点制度，推进立法精细化，切实提高立法质量。加强区、市两级人大立法人才队伍建设，以高质量人才队伍促高质量立法。要加强立法创新，以创新思维，促进立法对经济社会发展的引领力。可以借鉴上海自贸区和海南自贸区建设立法先行的经验，大胆推进立法引领改革的步伐，充分利用民族地方的立法权优势，在黄河流域生态保护和高质量发展先行区建设中争取全国人大授权立法方面取得突破，为宁夏内陆开放型试验区及黄河流域生态保护和高质量发展先行区建设打造高水平的法治环境。

2. 要在依法行政上下功夫，进一步解决行政执法短板，实现从形式法治向实质法治的转变

在注重法治政府内部制度规范建设的基础上，更加注重制度执行的实际效果，避免把法治虚化为“走程序”式的制度空转。随着全面从严治党的持续推进，对各级干部的问责力度不断加大，各级政府不再像以前那样直接拍板决定某工程项目由谁做，而是按照相关要求，扎扎实实走程序，为行政决策合法性背书。但实际情况是，该工程项目由谁干早就已经定下来了，甚至有些项目已经启动，走法定程序只是“先上船，再买门票”，这种形式主义的做法使得程序规定并没有发挥应有的价值和作用，空转现象严重，是导致政绩工程、形象工程、基层腐败禁而不止、多发高发的重要原因。我们认为，解决制度空转问题，除强化制度刚性，完善运行机制外，还要在法治政府建设考核上出实招，在现行内部考核评价的基础上，探索建立基于政府外部性的评价机制和指标体系，通过考核各级政府在行政诉讼、行政复议、涉法涉诉信访、官员违规违纪案件数量、人民群众满意度、重大安全责任事故等外在指标方面的表现，研判法治政府建设成效和存在的问题，通过制度规范特别是机制建设，让权力在阳关下运行，切实解决法治政府建设“最后一公里”问题，打造人民满意政府。

3. 要在公正司法上下功夫，进一步解决司法公信力不高问题

各级党委、政府要及时关注司法改革中出现的新情况、新问题，研究解决影响司法改革的体制性、机制性障碍，为司法改革深入推进创造条件。要进一步深化司法体制综合配套改革，构建科学规范的司法权运行机制，

把提高审判质效、预防司法腐败、提升司法公信力作为检验司法改革成效的一块试金石，真正让人民群众在每一个司法案件中感受到公平正义。要持续推进解决“执行难”问题，建立解决“执行难”长效机制，通过政法队伍教育整顿常态化建设，牢固树立司法为民理念，打造司法铁军，筑牢预防司法腐败的防线，充分发挥司法在定分止争、保护人权、维护社会和谐稳定、打造法治化营商环境等方面的独特作用，为“三区”建设提供坚强法治保障。

4. 要在法治社会建设上下功夫，进一步夯实法治宁夏根基

没有法治社会，就没有法治政府和法治宁夏，要深化对法治社会建设重要性的认识，深入推进法治社会建设，在全社会树立法治的权威。各级党委、政府和国家公职人员要做守法的表率，以“关键少数”推进全社会法治素养的提升。全民守法要进一步完善普法方式和内容，立足信息化，以人民群众喜闻乐见的形式宣传法律，把法治义务教育作为一项重要工作来抓。诚信社会要完善制度建设，建立涵盖政府、市场主体、公民个人的统一征信信息平台，把政府诚信纳入统一征信信息平台，以政府诚信推进社会整体诚信水平的提升，以社会诚信、公民诚信倒逼政府诚信，打造信用宁夏。多元化纠纷解决机制要在重视基础设施、治理资源下移的基础上，更加注重实际成效的发挥，在管用有效上下功夫，真正做到大事不出乡镇、小事不出社区（乡村），通过打造新时代塞上枫桥经验，有效化解矛盾纠纷，推进法治社会建设行稳致远，取得实实在在的成效。

宁夏检察机关服务保障民营企业健康发展研究

赵红香

近年来，宁夏各级检察机关紧紧围绕经济社会发展大局，依法保障民营企业产权和合法权益，助力民营经济健康发展。特别是2019年来，新冠肺炎疫情影响下，宁夏民营企业面临生存发展、风险防范、合规建设等方面的问题，宁夏检察机关深入贯彻落实习近平总书记在民营企业座谈会上的讲话精神，立足宁夏发展实际，以优质的检察产品助推民营经济高质量发展。

一、宁夏检察机关服务保障民营企业健康发展工作实践

为进一步激发民营企业创业创新的活力，党和国家就支持民营企业发展出台了一系列举措。宁夏检察机关在服务保障民营企业健康发展中，认真贯彻落实中央和最高检关于促进民营企业健康发展的有关政策，积极履行职责，主动担当作为，依法保障民营企业、民营企业家合法权益，为民营企业健康发展营造法治化营商环境。

（一）坚持平等保护，切实提高服务保障民营企业的使命感和责任感

对公有制经济和非公有制经济平等保护，是我国宪法规定的一项重要原则。1982年《宪法》第十一条的历次修正，反映了非公有制经济在国家

作者简介　赵红香，宁夏回族自治区人民检察院党组成员、副检察长。

根本法中的地位随着基本经济制度变化的演变过程。1993 年宪法修正案确立了社会主义市场经济体制，从根本上为非公有制经济的发展提供了宪法基础。1999 年宪法修正案进一步明确了“非公有制经济，是社会主义市场经济的重要组成部分”，宪法上确立了坚持平等保护民营企业发展的基本精神。检察机关服务保障民营企业健康发展，应当积极贯彻宪法基本精神，以法律法规为依据，切实为民营企业提供优质的检察产品。

习近平总书记 2018 年在民营企业座谈会上提出了“三个没有变”：“非公有制经济在我国经济社会发展中的地位和作用没有变！我们毫不动摇鼓励、支持、引导非公有制经济发展的方针政策没有变！我们致力于为非公有制经济发展营造良好环境和提供更多机会的方针政策没有变!”习近平总书记强调的“非公有制经济在我国经济社会发展中的地位和作用没有变”，在宪法的视角下，就是从 1999 年确立至今，非公有制经济作为我国社会主义市场经济重要组成部分的地位没有变。党的十八大以来，党和国家通过一系列法律法规和方针政策，保护非公有制经济的发展。其中，2019 年 12 月 4 日印发的《中共中央　国务院关于营造更好发展环境支持民营企业改革发展的意见》，是新时代促进民营企业健康发展的重要政策指引。宁夏检察机关积极贯彻落实党中央及最高人民检察院、自治区党委和政法委关于服务保障民营企业发展的若干政策，出台《宁夏检察机关关于充分发挥职能作用保障和服务民营经济健康发展工作措施》《银川市检察机关依法服务保障非公有制企业的十条措施（试行)》等制度，从制度机制上提升服务保障民营企业健康发展的能力。

2022 年以来，宁夏检察机关积极落实最高人民检察院关于全面推开涉案企业合规改革试点安排，联合自治区工商联等 19 家单位印发《宁夏回族自治区涉案企业合规第三方监督评估机制实施办法（试行)》等 2 个规范制度，建立自治区涉案企业合规第三方监督评估机制，深入推进涉案企业合规改革试点，促进涉案企业合规守法经营，依法惩治和预防企业违法犯罪，落实对涉案企业的严管厚爱，推进诉源治理，不断致力于服务保障全区经济社会高质量发展。

（二）积极能动履职，依法保障民营企业产权和合法权益

一是依法打击侵犯民营企业权益和民营企业家人身、财产权利刑事犯罪。通过依法惩治黑社会性质犯罪组织和恶势力犯罪团伙，打击以暴力、胁迫等方式向民营企业收取“保护费”、欺行霸市、强买强卖等犯罪，推进扫黑除恶常态化，为民营企业健康发展创造安全稳定的社会环境。2021年共起诉黑恶犯罪141人，移送涉黑涉恶及“保护伞”线索119条。通过履行起诉等检察职能，依法惩治侵犯民营企业及其从业人员人身安全、财产安全的犯罪活动。2021年，全区检察机关共起诉侵犯非公经济权益犯罪92人，依法震慑了影响民营企业健康发展的违法犯罪行为。与监察机关增强检监衔接，惩治职务犯罪，2021年共起诉职务犯罪69人。

二是依法惩治侵犯民营企业产权和合法权益、影响民营企业健康发展的经济犯罪。充分发挥经济犯罪检察职能，积极防范和化解重大风险，为企业发展创造安全稳定的市场环境和公平竞争的市场秩序。常态化落实最高人民检察院“三号检察建议”，与相关部门共建反洗钱协作机制，发现洗钱犯罪线索19件，起诉破坏金融管理秩序、金融诈骗犯罪185人，防范和化解影响民营企业健康发展的金融风险。依法惩治涉众型犯罪，打击以金融创新旗号之名从事非法活动的行为，2021年共起诉集资诈骗及组织、领导传销活动等涉众型经济犯罪205人。成立知识产权检察办公室，指导全区检察机关办理侵犯知识产权等犯罪案件，提升办理侵犯民营企业知识产权类案件的专业性。2021年共起诉侵犯知识产权犯罪20人，开展“中宁枸杞”商标专用权司法保护行动，严厉打击假冒、非法买卖使用“中宁枸杞”商标包装物等侵权违法行为；主动上门走访“盐池滩羊”等96家企业，及时为民营企业发展纾困。

三是落实“少捕慎诉慎押”司法政策，强化对涉民营企业司法活动的法律监督。在办理涉民营企业犯罪案件中，对民营企业负责人强化释法说理，在检察官主导下认罪认罚具结，落实从宽处罚制度，依法依规提升民营企业负责人在诉讼活动中被不批准逮捕、不起诉或者判处缓刑的适用率，最大限度保障民营企业正常的生产经营活动。中卫市沙坡头区检察院办理的一起安全生产责任事故案件，因案发时该民营企业正处于疫情期间复工复产的关键期，案件承办人员在深入调查走访的基础上，认为该案适用认罪认罚从宽制度可最大限度降低企业停工停产的风险，经检察官释法说理，涉案企业负责人认罪认罚，最终被判处缓刑，该案被最高人民检察院评为认罪认罚精品案件。同时，依法慎用强制措施，坚决防止以刑事手段插手经济纠纷，及时监督和纠正适用强制措施、查封扣押冻结财物不当等问题，监督纠正涉及民营企业的案件有案不立、不该立乱立等问题。2021 年，宁夏检察机关会同公安机关开展新一轮涉民营企业刑事“挂案”专项清理，推动 75 件“挂案”全部清零并回访涉案企业。

（三）主动服务大局，创造民营企业健康发展的营商环境

习近平总书记 2020 年在宁夏视察时强调“宁夏要有大局观念和责任担当”，并且在多个场合多次强调要保持经济持续健康发展和社会稳定的大局。宁夏检察机关始终把服务大局的理念融入各项检察工作中。2019 年新冠肺炎疫情发生以来，检察机关第一时间根据疫情防控的需要，采取了切实可行的措施，统一法律适用的标准，在一定程度上防止和减轻了因为疫情导致的紧急状态给经济社会各项秩序产生的影响，印发了《关于充分发挥法律监督职能服务保障疫情防控常态化条件下做好“六稳”工作落实“六保”任务的实施意见》，制订周密细致的措施，为民营企业复工复产起到重要的保障作用。

一是充分发挥检察法律监督职能，准确把握法律政策界限，严格执行宽严相济的刑事政策。在办理涉民营企业案件中，充分考虑企业生存发展的需要和服务保障经济社会发展大局的需要，严格区分罪与非罪的界限、经济纠纷与经济犯罪的界限、个人犯罪与企业违规的界限、企业正当融资与非法集资的界限等，防止选择性司法，防止侵犯民营企业合法权益问题的发生。比如，在办理涉疫情防控犯罪中，检察机关既要坚持依法严惩有关犯罪，也要为不分情况的一律从严适用以危险方法危害公共安全罪踩“刹车”，防止一线办案人员在法律适用上因为突发公共卫生事件受到的社会关注度高而出现“不冷静”司法，扩大化打击犯罪。

二是正确区分罪与非罪，将企业合法融资的行为从犯罪行为中剥离开来，防止民营企业因卷入诉讼而被拖垮。例如，通过打击“套路贷”等涉黑涉恶犯罪，可以及时避免企业因陷入不正当的债务纠纷而被迫停产停业直至濒临破产。打击黑恶势力犯罪，还从一定程度上消除了市场垄断和不正当竞争的根源，铲除了市场不稳定的隐患，维护了市场安全，为民营企业参与公平竞争营造良好的法治环境。

三是深入落实“八号检察建议”，助推民营企业安全生产诉源治理。开展重大安全生产刑事案件专项评查调研，挖掘和培育典型案例。积极推进安全生产领域专项立案监督，监督行政机关向公安机关移送犯罪线索，防范民营企业重大事故发生。通过与相关职能部门开展安全生产专项监督检查，排查安全隐患，督促问题整改，并与相关部门建立长效机制，形成齐抓共管格局，不断提升服务保障能力。

二、宁夏检察机关服务保障民营企业健康发展的现实问题

（一）司法办案人员对“民营企业”概念的理论共识尚有不足

关于民营企业的概念问题，争议的焦点在于是否有法律规定，是否属于法律概念。事实上，我国《宪法》条文按照所有制形式区分了公有制和非公有制经济的表述，但没有专门的关于民营企业的条款。2020 年以前，关于“民营企业”的规定主要出现在立法机关的有关决议、司法解释性文件、部门规章，以及党内法规、团体规定、行业规定中，没有更高位阶的法律法规规定且缺乏认定标准。2020 年 1 月，《优化营商环境条例》正式实施，首次在行政法规中规定了“民营企业”概念。无论是在理论还是实践中，能形成共识的结论是：民营企业是民营经济的主要表现形式之一，以及民营经济属于非公有制经济。但对于民营经济包括哪些形式和民营企业具体包括哪些类型，仍然没有形成共识。司法实践中，民营企业的认定仍然存在困境，比如个体工商户是否属于民营企业？从《民法典》的编纂体例看，《民法典》将个体工商户规定在总则编“第二章自然人”中，因而个体工商户的法律地位及权利义务是从自然人延伸出来的。而且《民法典》第 396 条规定“企业、个体工商户、农业生产经营者……”的法律条文，将“企业”与“个体工商户”并列，体现了其概念内涵和外延的不同。在语义上，将个体工商户解释为民营企业，超出了其所能涵涉的范围。

（二）检察机关服务保障民营企业健康发展与检察工作的融合程度还不够深入

“检察一体化”是检察机关践行“围绕中心、服务大局”理念的重要体现。但部分检察机关在办案实践中仍然存在“就案办案”的思维定式，没有把发挥检察产品的服务功能与保护民营企业健康发展相结合，不能及时回应“人民对于民主、法治、公平、正义、安全、环境等方面更丰富、更高的需求”；对坚持“三个没有变”重要论断、“两个毫不动摇”基本方略的理解还不够完整准确，在办理涉民营企业案件过程中还需要在“慎捕”“慎诉”“慎押”上狠下功夫，“案—件比”质量评价指标运用得还不够充分。

（三）疫情下检察产品助推民营企业应对风险挑战的功能还需要进一步提升

2019年新冠肺炎疫情的蔓延，对生产生活秩序造成了严重影响。民营企业在常态下参与市场竞争本来就需要应对各种风险和挑战，加之疫情的发展使得民营企业肩负常态化疫情防控与应对风险挑战的双重压力。当前，检察机关正处于改革和完善中国特色的检察制度进程中，检察人员尤其是一线办案人员在司法办案中对检察产品供给本身的生成机制，以及对于服务保障民营经济发展的制度功能的理解还不够精准，对其实践运用还不够深入。同时，部分基层检察机关由于人才队伍等方面的局限，理论调研处于弱势地位，对服务保障民营企业健康发展的理论缺乏深入研究，而且在发挥“四大检察”职能，强化办案监督方面，案件办理效果与延伸办案职能的有机结合仍然存在短板。

（四）司法办案人员对亲清政商关系边界的把握还有待进一步厘清

习近平总书记对于构建新型政商关系作了重要论述，并将其概括为“亲”“清”二字。“亲”“清”是辩证统一的关系，如果对其把握不准，会直接影响工作实践。就检察工作而言，做到“亲”，应是积极担当作为、主动靠前服务，为民营企业纾困，以实际行动服务保障民营经济发展；做到“清”，就应当同民营企业家保持清白、纯洁的关系，不能以刑事手段干预和插手经济纠纷，更不能搞权钱交易，坚决防止出现清而不交、清而不为的亲清完全对立状况，以及亲而不纯、亲而无间的亲清边界混淆境况。比如，对于讲真话、说实情、支持地方发展，以及遵纪守法办企业、光明正大搞经营的“亲”“清”型民营企业家，应当在决定是否批捕、是否起诉、是否羁押时，合理考量“亲”“清”因素，真正做到辩证统一。

三、宁夏检察机关服务保障民营企业健康发展的对策建议

（一）增进法治共识，建立健全服务保障民营企业制度机制

一是进一步实化常态化联系协作机制。在宁夏各级检察机关与同级工商联沟通联系工作机制的基础上，进一步扩大“朋友圈”，加强与公安、司法、工信等部门在服务保障民营企业健康发展方面的联系，通过制定政策、多方会商、联合调研等多种方式，补足法律政策缺憾，增进法治共识，提升服务保障能力。二是探索建立检察机关服务保障民营企业负面清单管理制度。根据现行法律法规制度，将检察机关在服务保障民营企业方面的职能予以明确，并界定积极服务保障民营企业的行为与消极不作为甚至不当干预民营企业发展的行为之间的界限，精准护航民营企业健康发展，推动构建亲清政商关系。三是建立涉民营企业案件一体化协作机制。充分运用“12309”检察服务中心热线和中国检察网的资源优势，探索建立服务民营企业法律工作站，提升服务的精准度。

（二）做优刑事检察，突出对涉民营企业犯罪案件审慎办理的理念

一是完善涉民营企业犯罪案件专业化办案组织。检察机关受理的涉民营企业犯罪案件，由检察部门负责经济犯罪的专门检察官办案组或独任检察官办理。涉民营企业犯罪案件，可以聘请具有特定专业知识背景的人员以“专家”或者“检察官助理”身份，参与案件办理。同时，办理涉民营企业犯罪案件，应当积极“走出去”，深入企业了解犯罪背后的动因，为案件事实证据的审查运用和做出决定提供参考。二是建立涉民营企业犯罪案件认罪认罚全覆盖机制。认罪认罚从宽制度的适用，不仅可以节约司法资源，而且能够彰显宽严相济的刑事政策。对涉民营企业犯罪案件，要不断提高认罪认罚适用的覆盖面，探索符合民营企业犯罪案件特征的认罪认罚从宽办理方式。三是巩固扫黑除恶成果，继续推进扫黑除恶常态化，保护

民营企业家人身和财产安全。不断完善扫黑除恶常态化工作机制，通过检察办案切实营造风清气正的社会环境，为民营企业健康发展培植土壤。同时，将工作的重点积极向网络空间、新兴领域进一步延伸，针对“套路贷”及利用电信网络实施侵害民营企业健康发展的黑恶势力犯罪，坚决予以严惩。四是深入推进涉案企业合规改革，建立健全涉民营企业犯罪案件合规不起诉制度。在办理涉民营企业案件过程中，要严格依照《最高人民检察院关于充分发挥检察职能依法保障和促进非公有制经济健康发展的意见》等规范性文件，严格落实少捕慎诉慎押司法政策。在审查逮捕阶段，把民营企业及其自然人主体涉嫌犯罪对企业生产经营可能造成的不利影响作为“社会危险性”的判断因素之一。在审查起诉阶段，充分运用涉案企业合规制度，健全第三方监督评估机制；对民营企业涉嫌特定罪名的企业单位犯罪行为，经合规调查评估整改，符合特定条件和程序的，可以做出不起诉决定。

（三）做好公益诉讼监督，加强民营企业产权保护

落实《宁夏回族自治区知识产权强区建设纲要（2021—2035）》，对标未来15年全区知识产权事业发展远景规划，细化目标任务，发挥知识产权强区检察法律监督职，为民营企业产权司法保护擘画检察蓝图。严格落实民营企业产权保护的法律法规规定，贯彻落实《宁夏回族自治区人民代表大会常务委员会关于加强检察机关公益诉讼的决定》，积极开展“等外”探索。积极探索地方特色农产品品牌保护等领域的公益诉讼案件，加大检察机关对民营企业产权的司法保护，实现双赢多赢共赢。

（四）提升案件办理质效，探索建立涉民营企业案件质量评价指标

办理涉民营企业案件，不仅要突出审慎理念，更要强调案件办理的质效。在案件质量评价指标中内嵌服务保障民营企业健康发展的因素，从检察供给侧优化服务保障功能，激发检察改革产生的制度红利，不断提供服务保障民营企业健康发展的优质检察产品。探索将涉民营企业案件指标纳入案件质量评价和检察官业绩考核的内容，避免不必要的退回补充侦查、延长办案期限、不服检察机关决定的复议复核等措施来优化涉民营企业案件的“案—件比”，最大限度为民营企业发展节约时间和经营成本，使其赢得发展的机会，实现对民营企业发展的司法保障。

（五）延伸办案职能，实化“检企双向互动”常态化机制

一是积极发挥检察机关的专业优势，以及工商联广泛联系工商界人士的优势，借助“送政策·进民企”“万企兴万村”等活动，对民营企业开展以案释法专项活动，强化释法说理，实现“办理一案、治理一片、教育社会面”的效果。加大对典型案例的理论提炼和经验总结，及时选送涉民营企业保护优秀典型案例向有关上级机关报送、推广、交流。二是通过“检察开放日”“检察长接待日”等常态化工作机制，定期或不定期邀请工商联、民营企业界代表、民营企业界人大代表、政协委员到检察机关交流、座谈，建言献策，了解企业发展面临的现实困境，有针对性地为民营企业排忧解难，破解民营企业健康发展面临的法律难题。三是以问题为导向，有针对性地开展法治宣讲，强化民营企业的底线思维，提高民营企业应对风险的能力，引导民营企业守法经营，转变发展理念，实现创新驱动发展，为全面建设社会主义现代化美丽新宁夏贡献力量。

（六）强化监督约束，构建服务保障民营企业发展的监督实施机制

一是将严格落实中央八项规定精神与服务保障民营企业相结合，不断提升服务保障民营企业健康发展的政治责任感、使命感。在办理涉民营企业案件中严格遵守中央八项规定，在与民营企业人士的正常交往中严格遵守《检察人员八小时外行为禁令》等规定要求，在服务保障民营企业健康发展中严守政治纪律和政治规矩。二是将严格落实“三个规定”与司法办案相结合，实现对民营企业的平等保护。在司法办案中坚持公平公正的理念，坚决杜绝接受民营企业及其委托人的请客送礼或者其他好处。三是将人民监督员监督与司法决断相结合，不断提升司法决断的民主性、科学性、公正性。对涉民营企业案件，应当按照最高人民检察院和地方各级检察机关制定的人民监督员参与办案监督活动的相关规定要求，在案件公开审查、公开听证、检察官出庭支持公诉、检察建议、法律文书宣告送达等过程，以及对其他案件公开审查、公开听证的，应当邀请人民监督员参加，听取人民监督员意见，接受人民监督员监督，切实践行以人民为中心的司法理念。

宁夏检察机关服务保障黄河流域生态保护和高质量发展先行区建设研究

李晓军　李如海

2019 年 9 月 18 日，习近平总书记在黄河流域生态保护和高质量发展座谈会上指出："黄河流域生态保护和高质量发展，同京津冀协同发展、长江经济带发展、粤港澳大湾区建设、长三角一体化发展一样，是重大国家战略。"2020 年 6 月，习近平总书记视察宁夏时做出"建设黄河流域生态保护和高质量发展先行区"的重要指示。自治区党委、政府积极贯彻这一国家战略，并于 2020 年 7 月印发了《关于建设黄河流域生态保护和高质量发展先行区的实施意见》。2021 年 10 月，中共中央、国务院印发《黄河流域生态保护和高质量发展规划纲要》，完成了这一国家战略的顶层设计。宁夏全区上下把建设先行区作为一项重要的职责使命，先行区建设各项工作取得了一定的成效。党的二十大报告进一步强调深入实施区域重大战略。面向未来，检察机关应当以高度的政治自觉贯彻落实宁夏第十三次党代会关于加快推进黄河流域生态保护和高质量发展先行区建设目标任务，服务保障《中华人民共和国黄河保护法》等法律法规有效实施，推进黄河流域生态保护和高质量发展。

作者简介　李晓军，中卫市人民检察院党组书记、代检察长；李如海，中卫市沙坡头区人民检察院检察官助理，法学博士。

一、宁夏检察机关服务保障先行区建设的现状

（一）主动肩负起服务保障先行区建设的职责使命

一是深入学习党的二十大精神，学习贯彻习近平总书记在黄河流域生态保护和高质量发展座谈会上的讲话精神，学习贯彻习近平总书记视察宁夏重要讲话精神和指示批示精神，学习贯彻落实宁夏第十三次党代会精神，切实把学习效果转化为干事创业的动力。二是建立健全制度机制，为各级检察机关服务保障黄河流域生态保护和高质量发展先行区建设提供依据。认真贯彻落实《宁夏回族自治区建设黄河流域生态保护和高质量发展先行区促进条例》和国务院批复同意的《支持宁夏建设黄河流域生态保护和高质量发展先行区实施方案》。宁夏检察院根据《最高人民检察院关于充分发挥检察职能服务保障黄河流域生态保护和高质量发展的意见》制定了《关于充分发挥检察职能服务保障宁夏建设黄河流域生态保护和高质量发展先行区的意见》。各市县检察机关制定了具体的实施意见，比如中卫市检察院制定了《关于全面充分发挥检察职能服务保障中卫建设黄河流域生态保护和高质量发展先行市的实施意见》，准确把握服务保障建设黄河流域生态保护和高质量发展先行区、先行市的总体要求，坚定不移把新发展理念贯穿于检察工作全过程。三是强化责任担当，确保服务保障建设黄河流域生态保护和高质量发展先行区的各项措施落地见效。通过加强组织领导，统筹协调推进，确保责任落实到位，为有效落实各项工作提供组织保障。通过完善内部配合机制，促进形成检察保障合力。通过建立外部协作机制，推动构建多方参与保障格局，不断提升服务保障能力，为先行区建设提供智力支持。

（二）为先行区建设营造安全和谐稳定的社会环境

一是积极践行服务保障职能，维护社会安全稳定。坚决防范和依法惩治分裂国家、颠覆国家政权、组织实施恐怖活动等犯罪，提高维护国家安全能力；准确把握宽严相济刑事政策，落实认罪认罚从宽制度，严格依法适用逮捕羁押措施，促进社会和谐稳定。二是运用扫黑除恶专项斗争常态化机制，依法惩治影响群众安全感的违法犯罪活动，保护人民群众利益，

维持社会秩序稳定。三是深入开展专项行动，重拳打击电信网络诈骗，积极推动与法院、公安、金融、电信等部门就证据收集、财产查控、法律适用等达成共识，形成打击合力，全力维护人民群众“钱袋子”安全。四是强化刑事立案监督、侦查活动监督，开展“类案”监督等专项活动；强化刑事执行活动监督，重拳整治“纸面服刑”“提‘钱’出狱”等问题，通过办理羁押必要性审查案件，对监管场所等提出纠正违法意见，切实保障刑罚执行的严肃性。五是依法保障各民族群众合法权益，依法妥善处理涉民族因素的案事件，有效防范民族领域风险隐患。

（三）为先行区建设提供生态环境司法保护

一是坚持以零容忍态度，严惩破坏生态环境的犯罪行为，拓展完善“一河三山”跨区域生态保护检察协作机制，全面推进“河（湖、林）长+检察长+警长”协作机制。二是建立区域检察协作机制。如中卫市检察院牵头与毗邻的内蒙古阿拉善盟、武威市检察机关建立腾格里沙漠区域生态环境和资源保护检察协作机制；中卫市检察院与甘肃白银、内蒙古阿拉善盟检察机关建立黄河流域跨区域生态环境保护检察协作机制，并先后举办三省（区）四市（盟）区域法律论坛，深化司法办案联动配合，形成“共抓大保护”工作合力。三是加强生态检察内部协作机制建设，形成“捕诉监防”一体化的生态检察工作格局。对刑事检察部门在办理案件中发现的破坏生态环境、非法捕猎野生动物等损害国家利益、社会公共利益的公益诉讼案件线索，及时移交公益诉讼部门办理。四是运用公益诉讼检察方式保护蓝天、净土、碧水，向相关职能部门提出检察建议，督促清理污染土壤、水域、河道等的垃圾，督促恢复林草地、耕地，深入推进综合治理、系统治理、源头治理，确保生态环境有效保护、自然资源有序开发利用，守好改善生态环境生命线。

（四）为建设先行区打造市场化法治化营商环境

一是依法严厉打击侵害民营企业、民营企业家合法权益的违法犯罪行为，加大对侵犯企业财产犯罪的监督力度，最大限度帮助企业挽回损失。二是在同级党委、政法委领导下积极推进涉案企业合规改革试点，加强与有关部门协商沟通，完善企业合规监管。三是贯彻“少捕慎诉慎押”等司法政策，为民营企业发展营造公平竞争的法治环境。对涉民营企业犯罪，严格把握批捕条件，对于构成犯罪但无社会危险性的一般不批准逮捕，防止出现“入罪即捕”“一捕了之”；正确区分罪与非罪的界限，坚决防止将经济纠纷当犯罪处理。四是会同工商联建立联席会议、信息共享等机制，开通民营企业法律服务绿色通道，依法办理涉民营企业虚假诉讼、执行监督、控告申诉案件，全力当好民营企业的“老娘舅”。五是扎实服务保障“六稳”“六保”，建立案件快速受理、优先办理机制，常态化开展涉非公经济案件立案监督和羁押必要性审查、涉民营企业刑事诉讼“挂案”等专项活动，最大限度让民营企业家踏实办企业、安心谋发展，让法治成为最好的营商环境。

二、宁夏检察机关服务保障先行区建设的困境

（一）主动融入服务保障先行区建设的意识需要进一步提高

宁夏检察机关通过强化政治意识，建立制度机制，履行职责使命，积极延伸办案职能，不断致力于服务保障黄河流域生态保护和高质量发展先行区建设。服务保障先行区建设的思想认识逐步统一，履职尽责的能力进一步增强。但部分一线办案人员对主动融入服务保障先行区建设的意识还不强，一定程度上仍然存在“就案办案”等思维定式，服务大局的意识需要进一步提高。

（二）将新发展理念运用到检察履职的能力需要进一步加强

近年来，宁夏检察机关在司法办案中坚持以人民为中心的发展思想，积极贯彻创新、协调、绿色、开放、共享的新发展理念，坚持“绿水青山就是金山银山”的理念，取得了积极的成效，发挥生态检察权能参与地区生态环境治理的能力显著提升。但在服务保障先行区建设中贯彻新发展理念与检察履职的融合程度仍有进一步提升的空间。例如，检察机关通过区域检察协作中践行协调发展理念，现阶段的区域检察协作以合作对话、业务交流、理论研讨为主，在解决区际（流域）生态保护修复、横向补偿机制等区域发展的外部性问题上，区域检察协作还需要不断向纵深推进。

（三）服务保障先行区建设的方式需要进一步丰富

检察机关通过发挥“四大检察”“十大业务”，服务保障黄河流域生态保护和高质量发展先行区建设。但先行区建设面临的新情况、新问题随时可能发生变化，客观条件的复杂多变需要不断丰富检察机关服务保障先行区建设的方式，检察机关服务大数据中心、云基地等运用前沿科学技术的能力，在生态环境检察治理中还需要进一步增强。同时，检察机关还需要进一步加强在大数据协同办案、卫星遥感技术取证等方面的新型基础设施建设，以检察高质量发展服务保障黄河流域生态保护和高质量发展先行区建设。

（四）法律监督的质效需要进一步提升

《中共中央关于加强新时代检察机关法律监督工作的意见》提出要全面提升法律监督质量和效果，维护司法公正。宁夏检察机关近年来秉持双赢多赢共赢的理念，不断强化新时代法律监督职能。但在特定领域的监督能力还需要进一步加强，比如民事诉讼监督的质效、法律监督的精准度、检察机关与监察机关的衔接配合方面还需要不断提高。新时代的法律监督，既要强调法律监督的质效，维护司法权威和公正，同时又要强调法律监督是一种非零和博弈，司法办案人员在具体个案办理中如何把握这一尺度，仍然是一个亟须解决的难题。

三、宁夏检察机关服务保障先行区建设的对策

（一）切实增强“三个自觉”，将检察工作融入地方发展大局

深入学习贯彻党的二十大精神，贯彻落实宁夏第十三次党代会精神，积极开展习近平总书记视察宁夏重要讲话和重要指示批示精神“大学习、大讨论、大宣传、大实践”活动，确保总书记重要讲话和重要指示批示精神落地生根。紧紧围绕党代会确定的各项目标任务，找准检察工作融入地方党委中心工作的结合点，切实提高检察干警的政治自觉、法治自觉、检察自觉。加大生态环境司法保护力度，平等保护各类市场主体合法权益，助力黄河流域生态保护和高质量发展先行区、乡村全面振兴样板区、铸牢中华民族共同体意识示范区“三区建设”。积极能动履行检察职责，服务创新驱动、产业振兴、生态优先、依法治区、共同富裕“五大战略”，确保检

察工作融入党的二十大确定的区域重大战略，融入宁夏十三次党代会确定的地方发展大局。

（二）贯彻为民司法理念，解决人民群众急难愁盼问题

践行以人民为中心的发展思想，谨记检察机关的权力从根本上来自于人民，时刻不能忘记“人民”二字，要把人民群众的满意度作为工作的出发点和归宿。要不断做优刑事检察，通过打击和预防犯罪，保护人民群众生命财产安全。做实做好公益诉讼检察，通过开展食品药品等领域公益诉讼，全面落实“四个最严”要求，守护人民群众“舌尖上”的安全。通过落实“四号检察建议”，办理涉窨井盖案件，解决人民群众“脚底下”的安全。通过未成年人犯罪预防，为国家发展大计“护苗”。检察机关要在不断践行以人民为中心的发展思想中不断传递司法温情，解决人民群众的急难愁盼，积极回应人民群众对民主、法治、公平、正义、安全、环境等方面更丰富更高水平的要求。

（三）纵深推进诉源治理，服务保障平安宁夏建设

一是精准打击新类型犯罪、涉众型犯罪、影响群众幸福感、获得感、满意度的犯罪，切实提高司法公信力。二是继续坚持和发展新时代的“枫桥经验”，依法化解社会矛盾纠纷。充分发挥“12309”检察服务中心功能，实行预约接访“主动化”、接待时间“常态化”、接访答复“对口化”，对群众诉求“件件有回复，事事有着落”，实现群众来信七日内程序性回复率100%，三个月内办理过程或结果答复率100%。三是主动接受监督，确保公平正义。持续深化检务公开，加大公开听证力度，召开不起诉公开听证，充分听取犯罪嫌疑人、辩护人意见，适度听取人大代表、政协委员、人民监督员等第三方意见，做到“兼听则明”，确保办案取得最佳效果。四是开展刑事和解，修复社会裂痕。搭建多方促进矛盾化解平台，主动联合公安机关、辩护律师，通过走访、进村入户等多种方式，深入调查前因后果，并将刑事和解与被害人救助、释法说理相结合，积极化解社会矛盾，切实减少社会对立面。

（四）积极践行生态检察职能，守护绿水青山的生态环境

一是综合运用民事、行政、公益诉讼检察职能，着力提升对各类破坏生态环境资源行为的监督力度。把检察机关提起公益诉讼作为加强生态检察工作的重要抓手，推动解决生态环境突出问题。二是充分发挥“两法衔接”作用，提升监督效果。深入挖掘破坏环境资源犯罪线索，综合运用打击、保护、监督、教育和预防等手段，为生态文明建设、公共卫生安全等提供有力的司法保障。三是以“专业化监督+恢复性司法+社会化治理”模式为牵引，积极参与社会综合治理。以“黄河清四乱·保护母亲河”等公益诉讼专项行动为抓手，以“河长+检察长+警长”工作机制为依托，深入持续开展河湖“清四乱”常态化规范化整治行动。四是通过加强自然资源、历史古迹、文化遗产、红色资源等领域公益诉讼监督，守护“绿水青山”，实现资源变资产，为区域经济社会高质量发展贡献检察力量。

（五）平等保护企业产权，营造公平竞争的营商环境

一是依法严厉打击侵害民营企业合法权益的违法犯罪行为，加大对侵犯企业财产犯罪的执行监督力度，最大限度帮助企业挽回损失。二是依法严惩和预防金融领域犯罪，持续推动“三号检察建议”落实，加强与银行业监管机构、金融机构、市场主体等联系，对可能存在的风险隐患和监管漏洞及时制发检察建议。三是通过发挥检察产品的公益诉讼功能，积极开展“等外”领域探索，依法监督妨害地区知名商标、地理标志、名优产品等的失职失责行为，规范市场秩序，提升地区品牌影响力，增强市场竞争力。四是积极探索企业合规试点，加强与有关部门协商沟通，完善联席会议制度，在同级党委、政法委领导下扎实推进涉案企业合规改革。五是深入推进“少捕慎诉慎押”刑事司法政策落地落实，对起诉和审判阶段在押的企业经营者，加大社会危险性审查，积极开展羁押必要性审查，依法扩大取保候审等非羁押性强制措施的适用，使“构罪即捕”“以捕代侦”“以押促侦”“以押便诉”等传统做法得到根本改变，视条件采取非羁押的社会化执行方式。

（六）积极延伸办案职能，致力于推进城乡区域协调发展

一是通过发挥检察一体化优势，完善资源环境案件集中管辖制度，切实履行检察机关保障法律正确实施、维护国家法治统一的重要职能。二是积极延伸办案职能，推进市域社会治理现代化，通过检察长接访、律师参与接访、案件公开审查等矛盾纠纷多元化解机制，积极促成案件当事人和解，及时有效化解社会矛盾纠纷，最大限度促进社会和谐。三是通过从严惩处妨害脱贫攻坚的刑事犯罪、起诉贪污扶贫资金等犯罪、司法救助等方式，防止因案致贫、因案返贫；通过公益诉讼，整治农村人居环境，维护留守儿童、孤寡老人、农民工等特殊群体权益，持续巩固脱贫攻坚成果同全面推进乡村振兴相衔接。四是持续深化区域检察协作机制，发挥好既有的甘、宁、内蒙古区域检察协作平台作用，使其常态化、制度化，形成多元化生态环境法律监督机制。通过建立新型检察智库，通过区域检察业务协作、办案经验分享、信息资源共享、人才交流锻炼等方式，加强黄河流域跨区域（流域）检察协作，协同推进流域治理，推动形成共建共治共享的黄河流域生态保护治理格局，以检察工作高质量发展服务保障黄河流域生态保护和高质量发展先行区建设。

建设黄河流域生态保护和高质量发展先行区的检察实践研究

徐　荣　徐立军　安文娟

党的二十大报告专门强调“加强检察机关法律监督工作”，这是继2021年6月党中央专门印发《中共中央关于加强新时代检察机关法律监督工作的意见》后，党中央对检察机关法律监督工作的高度重视的再次体现，对完善党和国家监督体系具有重要意义。近年来，宁夏检察机关努力推动刑事、民事、行政、公益诉讼“四大检察”全面协调充分发展，发挥好“十大业务”板块作用，坚持多赢双赢共赢，在生态保护领域与各部门加强协作配合，取得了明显成效。

一、先行区建设的检察生态保护实践

（一）充分发挥“四大检察”职能，筑牢先行区建设司法屏障

近年来，宁夏检察机关充分发挥“四大检察”职能作用，秉持双赢多赢共赢的理念，积极推进生态保护检察与机关单位部门的协作机制建设，推动先行区生态保护高质量发展。2019年年初，最高人民检察院检察长张军提出“做优刑事检察工作，做强民事检察工作，做实行政检察工作，做

基金项目　宁夏回族自治区法学会课题阶段性成果，课题号：Q2022NFH5。

作者简介　徐荣，宁夏社会科学院助理研究员；徐立军，宁夏回族自治区人民检察院政策研究室主任；安文娟，中国政法大学硕士研究生。

好公益诉讼检察工作”。宁夏检察机关立足“四大检察”职能，在生态环境领域和经济发展中守住最后一道防线，震慑违法犯罪，教育引导人民群众，筑牢先行区建设司法屏障，守护美丽新宁夏。2018 年至 2022 年 6 月，宁夏全区检察机关依法起诉破坏黄河流域生态环境犯罪 437 人，监督移送涉嫌犯罪线索 212 人，办理生态环保领域公益诉讼案件 3322 件。2021 年以来，银川市检察机关共办理公益诉讼案件 730 件，发出诉前检察建议 554 件、公告 25 件。其中，办理生态环境和资源 336 件，发出诉前检察建议 270 件、公告 19 件；起诉至法院 5 件，判决 2 件。银川市检察机关通过办案督促恢复被毁耕地、林地、湿地约 2333.571 亩；清理污染和非法占用的河道 18.3 公里，清理被污染水域面积 443 亩；回收和清理各类垃圾、固体废物 26865.096 吨；追偿生态修复、环境治理费用 55.995 万元；督促查处、回收假冒伪劣食品约 250 千克，督促保护、挽回国家所有的财产和权益的价值约 1974 万元。检察机关充分履行“四大检察”法律监督职能，用数据展现了服务和保障先行区建设的宁夏检察担当。

（二）出台专门意见与探索创新叠加，服务保障先行区建设

自治区人民检察院出台《关于充分发挥检察职能服务保障宁夏建设黄河流域生态保护和高质量发展先行区的意见》，提出保障先行区建设的 20 条具体措施。银川市、石嘴山市、中卫市、固原市人民检察院也结合本市实际，分别出台相应的推进意见，进一步细化和具体相应举措。2022 年 2 月，银川市人民检察院还出台了《关于充分发挥检察职能服务保障黄河流域生态保护和高质量发展先行区示范市建设的意见》，银川市两级检察院通过相关主题宣传，公益诉讼服务美丽宜居乡村建设、地下水、河湖沟、农田保护等专项活动，推进该意见的落实落地。西夏区检察院制定服务保障葡萄酒产业高质量发展的意见，为检察服务地域特色产业经济提供制度支撑。

创新办案模式和方式，推动公益诉讼工作与其他业务融合。银川市人民检察院创新实施“刑事打击+公益诉讼+警示教育+生态修复”四位一体办案模式。石嘴山市检察机关“四步走”将“回头看”嵌入公益诉讼全过程，开展案件抽样交叉检查，进行实践教学和学习借鉴，发现问题及时联系责任单位整改，提升公益诉讼检察治理效能。“回头看”向外看，确保案件监督质效；“回头看”向里看，检验案件质量和提升办案水平，检察履职中的探索创新，让检察法律监督发挥更大的效用。加强与行政机关的协作配合，不断探索扩展“等”外案件，通过与退役军人事务局联合会签意见和开展专项行动，切实加强保护英雄烈士荣誉与名誉、烈士纪念设施等工作。督促铁路运输部门落实军人优先购票、进站、乘车等权益。联合文物保护部门开展公益诉讼专项监督活动，护航黄河流域文物保护。银川市检察机关就银川鼓楼、玉皇阁、南门楼古建筑亮化，滚钟口古建筑群存在安全隐患，督促相关部门履职保护。

（三）建构检察区域协作保护机制，统筹推进黄河流域生态保护

贺兰山跨省、区内检察在生态环境领域建立协作机制。宁夏银川市与内蒙古阿拉善盟、西夏区与大武口区人民检察院分别联合会签意见，设立贺兰山生态环境保护巡回检察室，并就贺兰山生态保护检察监督，与管理部门、森林公安会签意见，强化部门间合作。罗山地跨同心县、红寺堡区，两地检察机关在生态环境保护领域也签署了协作意见。为了保护横贯陕甘宁的六盘山，2019 年 9 月，甘肃省庄浪县与宁夏泾源县人民检察院，签订跨区域生态环境和资源保护检察协作意见，在信息共享、案件线索移送、办案协作、日常工作协作、案件研讨、分析交流等方面达成一致意见。同年 10 月，甘肃平凉、宁夏固原两地会签了市一级的六盘山跨区域生态环境和资源保护检察公益诉讼协作意见，将水资源、林草湿地、矿产资源、动植物保护等方面，纳入协作范围，携手共护六盘山。跨省、省内的市县检察机关在“三山”生态环境领域的检察协作逐步推进。

2019 年 10 月，陕甘宁三省（区）八市检察机关，在甘肃庆阳市共同会签了《跨区域“保护母亲河 服务一带一路”公益诉讼工作协作实施办法》，开启了陕甘宁相邻市一级检察机关在保护黄河公益诉讼方面的协作。黄河流经的白银段、阿拉善段、中卫段，流域生态脆弱，水土流失严重，且存在黄河两岸滩区及湿地乱踩、乱占、乱建、乱堆等违规违法问题。为此，在 2020 年 7 月，宁夏中卫市检察院与甘肃白银市检察院、内蒙古阿拉善盟分院，共同签署《关于建立黄河流域生态环境保护检察协作机制的意见》，推动黄河干流流经的三省三市检察机关协作。跨省与省内检察协作机制共同推进，2020 年 11 月底，银川市、石嘴山市、吴忠市三市检察院印发《关于建立黄河流域跨区域生态环境和资源保护检察协作机制的意见》，建立八大机制，筑牢三地区黄河流域生态环境保护的司法屏障，跨省市一级、省内市级层面的协作格局初步搭建。

检察机关在黄河流域生态保护协作的同时，也在探索新的协作领域，如 2019 年 12 月围绕国家“一带一路”倡议，陕甘青宁新检察院签署了《关于服务保障“丝绸之路经济带”（国内西北段）建设，加强区域检察协作的意见》，推动构建检察协作服务保障“丝绸之路经济带”。2020 年 8 月，甘肃平凉市人民检察院与固原市人民检察院签订《关于加强区域检察协作服务保障丝绸之路经济带甘宁交通大动脉的意见》，检察协作在交通领域也迈出步伐。

跨行政区划检察改革试点，实现环境资源领域刑事案件“划片”集中管辖。2021 年 3 月，在与自治区高院沟通协商的基础上，自治区高检下发《关于开展跨行政区划检察改革试点工作的通知》，推进检察改革试点工作，决定银川铁路运输检察院在办理原有铁路刑事案件的基础上，集中管辖银川市、石嘴山市、吴忠市辖区内由基层人民检察院办理的环境资源类一审刑事案件。集中办理的诉讼机制，奠定了跨行政区划检察改革有序推进的基础。环境资源类刑事案件跨行政区划集中管辖试行后，银川铁路运输检察院加强与公安机关沟通协调，对接案件提前介入侦查和指导，召开联席会议，协商研究案件，确保案件依法稳妥办理。与银川铁路运输法院、自治区公安厅森林公安局等 3 家单位会签《宁夏贺兰山国家级自然保护区生态环境监管及执法长效机制》，与银川铁路运输法院、石嘴山市公安局等 7 家单位会签《关于建立部门间联合打击破坏自然资源违法犯罪工作机制的意见（试行）》，就妥善解决生态资源监管、生态资源类案件查处工作的衔接问题形成共识。随着中卫市沙坡头区检察院、固原市泾源县检察院分别集中管辖各所在市的基层环境资源类刑事案件的确定，与高院统一对应的环境资源类刑事案件跨行政区划检察改革格局形成。

（四）环境公益诉讼发力，展现“参与、跟进、融入式法律监督”的特点和优势

建立与融入相关协作配合机制。自治区人民检察院印发《宁夏检察机关与行政机关在公益诉讼工作中加强协作配合的意见》，公检法与自然资源、生态环境、水利、农业农村等9部门联合印发《自然资源保护行政执法与刑事司法衔接工作办法》《关于建立部门间联合打击破坏自然资源违法犯罪工作机制的意见》，吴忠市检察院与吴忠市监察委员会就公益诉讼案件线索移送和协作配合也制定了试行意见，这些意见为与行政机关协作，推动法律监督职能与公益诉讼领域国家监察职能的衔接配合，提供了制度保障。积极融入“河长制”“林长制”。2019年，自治区检察院与自治区水利部门就建立了“河长+检察长”工作机制。在此基础上，2020年，自治区河长办、自治区人民检察院、自治区公安厅建立“河长+检察长+警长”工作机制，推行新的依法治河协作机制，五市检察机关也已建立了相应机制。如配合全区林长制工作体系建立，2022年4月、5月，吴忠市、中卫市人民检察院分别开启“林长+检察长”联动模式。将司法融入行政，促进检察公益诉讼工作开展，升级了生态环境治理系统工程，完备了生态环境国家综合治理体系。

（五）开展专项行动，发现线索，督促整改

银川市检察机关在开展“携手清四乱、合理护资源”“助力打赢蓝天保卫战”“土壤污染防止、湿地保护”“违章建别墅”“黄河干流宁夏段取水工程”等专项活动中，共发现资源保护领域问题线索139件，立案113件，发出诉前检察建议106件。石嘴山市检察机关在与河长办共同开展的“携手清四乱，保护母亲河”专项行动中，制发公益诉讼诉前检察建议67件，督促行政机关清理生活垃圾、建筑垃圾25000余吨，督促整改拆除违法建筑14000平方米，清理占用河岸面积6600平方米，清理在河道范围内建筑车间、工业厂房、旱厕5000平方米，清理污染河床25000平方米，拆除擅自建筑的砖瓦房、土房、彩钢房、养殖圈舍共20多间 。专项行动的实践效果显著，已经逐步发展为检察机关掌握基本情况、发现线索、监督履职的重要途径。

深化协作、加强与行政部门业务互通。为提高检察机关办案专业化水平，截至2022年6月，全区共聘请行政机关专业人员兼任检察官助理190名。检察机关主动对接行政机关，通过会签意见、合作开展专项行动，向行政机关派驻或聘请检察官助理等多种方式，强化与相关部门的联系，积极发现各类公益诉讼线索，共同解决相关问题，守护国家和社会公共利益。

在开展“携手清四乱，保护母亲河”专项行动中，平罗县人民检察院督促保护天河湾黄河湿地行政公益诉讼案，中宁县人民检察院督促整治黄河干流违规取水行政公益诉讼案，入选 2022 年 1 月 25 日最高人民检察院发布的检察机关服务保障黄河流域生态保护和高质量发展典型案例。这两起典型案例也充分展现了检察机关在生态环境公益诉讼中“参与、跟进、融入式法律监督”的特点和优势，值得借鉴学习。

以平罗县人民检察院督促保护天河湾黄河湿地行政公益诉讼案为例。平罗天河湾黄河国家湿地公园（以下简称“天河湾湿地公园”）占地面积 9300 亩。经查认定存在非法占用该生态湿地经营农家乐、圈地养殖、私自开挖鱼塘等行为，破坏湿地生态，影响黄河行洪安全。2019 年在开展“携手清四乱，保护母亲河”专项行动中发现该线索后，检察机关查明天河湾湿地公园内有 7 处违法建筑物、构筑物，占地面积 2.4 万平方米，发出检察建议。因违法建筑物、构筑物经营主体均与当地政府签订了河滩地承包协议，其中两家经营户投资近千万且持有政府建设旅游度假村的批复，同时县自然资源、水务、乡政府之间职责交叉，难以形成执法合力。

在推进违法行为的整改过程中，平罗县院主动向县党委汇报，县委组织相关职能部门召开专题会议，研讨整改方案，细化责任分工，落实整改任务。最终政府给予 7 家经营户适当经济补偿，违法建筑物、构筑物全部拆除，退回湿地面积 32273.38 平方米，天河湾湿地公园违法问题得到解决。检察机关在面对职责交叉、问题复杂的公益类案件时，检察建议不是“一发了之”，把问题抛给被建议单位，而是秉持双赢多赢共赢的理念，能动履职，主动协调、汇报，从问题的发现到整改的全过程主动参与，把法律监督的触角全过程融入，推动问题实质化解决。

二、他山之石：检察生态保护实践经验启示

（一）长江流域区域检察协作经验对黄河流域检察工作格局建构的启示

2018 年，重庆、四川、云南、贵州四省市检察院建立了赤水河乌江流域跨区域生态环境保护检察协作机制，到 2019 年、2020 年度渝川黔滇藏

青六省（区、市）召开两届长江上游生态环境保护检察协作联席会，共同发布《关于建立长江上游生态环境保护跨区域检察协作机制的意见》，初步构成“长江上游生态环境保护和自然资源保护司法协作圈”。期间贵州与重庆、四川等省市检察机关联动，同步开展“检察长+河长”两长护河大巡察活动，西藏自治区与四川、云南等省份检察机关在毗邻生态功能区生态保护工作中开展协作等，长江上游检察协作从部分协作到整体协作迈进。

与此同时，2018 年，鄂湘赣三省检察机关服务长江中游城市群建设第四次联席会议上，共同签署了《关于加强新时代区域检察协作服务和保障长江经济带高质量发展的意见》；沪苏浙皖为服务和保障长三角一体化发展，打造了检察协作的“长江三角样板”，2020 年共同签署《沪苏浙皖检察机关关于依法全面充分履行检察职能为扎实推进长三角一体化发展提供司法保障的意见》《长三角区域检察协作工作办法》《沪苏浙皖检察机关关于建立长三角区域未成年人检察工作协作机制的意见》。沪苏浙皖检察机关协作时间长，协作机制达 20 余项，且形成了“青嘉吴”等基层跨区域协作机制，设立“长江三角区域检察协作办公室”，合作范围持续拓展，形成规模效应。

与长江流域协作相较，黄河流域的检察协作，目前仍在探索阶段。2021 年 11 月 11 日《最高人民检察院关于充分发挥检察职能服务保障黄河流域生态保护和高质量发展的意见》印发，确立了聚焦安全黄河、生态黄河、发展黄河和文化黄河四大目标。据不完全统计，截至 2022 年 8 月，黄河流域的检察机关在省级层面尚无协作制度建立。在跨省的市县层面，山东、河南两省 11 县区达成沿黄交界的 11 县（区）检察机关成立两省交界公益诉讼协作联盟。陕西榆林、山西忻州、吕梁，山西运城、河南三门峡、陕西渭南就黄河生态环境和资源保护公益诉讼达成区域协作机制等。黄河流域的检察协作参与主体层级限于市、县，内容较单一。

（二）跨行政区划改革的黄河流域检察实践借鉴

2014 年 12 月，跨行政区划的检察司法改革试点工作启动，以黄河流域的河南模式、青海模式为参考借鉴。

河南省跨行政区划检察改革是一个逐步推进的过程。2018 年 3 月，河南省检察机关依托两级铁路检察院（郑州铁检分院下辖郑州铁路运输检察院、洛阳铁路运输检察院），开展“依托流域、立足环境保护开展河南跨流域环境资源保护检察机关设置工作”，2018 年底河南省公检法联合制定有关黄河干流河南段环境资源公益诉讼案件、环境资源刑事案件集中受理的规定，探索黄河干流相关案件集中管辖机制。到 2020 年 9 月，实现集中管辖范围扩大到河南省境内黄河流域环境资源类案件，即郑州、开封等地 22 个县、区。在河南省跨行政区划检察改革的过程中，河南省公检法始终同步推进改革，突出了改革的协同推进和改革的系统化。近两年的探索实践后，河南省选择扩大集中管辖案件地域范围。其同步改革与扩大管辖对于宁夏检察机关跨行政区划改革具有一定的借鉴意义。

2021 年 12 月 1 日，青海省三江源地区检察院正式挂牌成立，该院依托西宁铁路运输检察院的现有建制，与西宁铁路运输检察院合署办公。受理案件范围在原有的基础上，增加了青海省全省境内发生的跨区域生态环境和资源保护公益诉讼案件、青海省境内发生的不适宜由属地检察院办理的生态环境和资源保护公益诉讼案件、青海省境内发生的破坏环境资源类刑事案件。对于环境资源行政诉讼监督案件，对应青海省高级法院管辖的规定，确定由西宁市城西区、海东市乐都区等 8 个检察院跨行政区域集中受理。青海省的西宁铁路运输检察院与银川铁路运输检察院，均属兰州铁路运输检察分院下辖院，也没有“现成”铁路检察分院和铁路检察院两级院建制。目前西宁铁路运输检察院审查起诉上诉、抗诉的二审案件由 8 个市、州院分别管辖。西宁铁路运输检察院管辖案件范围跨全省，且类型涉及刑事及公益诉讼，宁夏跨行政区划改革在案件范围的确定上也可作参照。

（三）大数据助力检察生态保护创新发展思考

大数据的应用和实践，为检察监督提供了全新的监督方式和手段。突破传统的人工卷宗查阅、个案审查的方式，利用大数据分析发现案件线索，破解发现线索难题，数字赋能检察监督，激发“数据”能量，助力检察监督加速度。如浙江省检察机关就以数据比对分析，探索出“解析个案、梳理要素、构建模型、类案治理、融合监督”的数据监督方式。浙江绍兴市检察院自主研发检察监督平台、民事裁判智慧监督系统、刑事财产执行一体化系统、社区矫正智慧监督软件等，开创检察监督新路径。

在办案中发挥数据意识、数据思维的作用，将个案中发现的问题，经过大数据的分析后确定其是否具有普遍性。绍兴检察机关发现一吸毒人员因交代轻罪被判刑而逃避强制隔离戒毒的案件，据此开展专项工作，最终追回 61 名以此方法逃避强制隔离戒毒的人员。内蒙古呼和浩特铁路运输分院与内蒙古自治区青年志愿者协会会签《公益诉讼协作发展框架协议》，成立拥有千名志愿者的内蒙古自治区青年志愿者协会直属公益诉讼志愿者总队，探索呼和浩特铁路运输检察分院公益诉讼大数据应用平台“法眼”和“志愿北疆”数据衔接机制，搭建志愿服务与检察公益诉讼协作平台，打造“志愿服务+公益诉讼”模式。数据分析、协作平台等数据资源的利用，是检察机关充分发挥法律监督职能的必然趋势。对检察监督的革命性变革，检察机关要做好应对准备。

三、宁夏检察机关在服务和保障先行区建设中的不足

（一）推进和参与黄河流域跨区域协作有待进一步强化

2019 年 9 月，习近平总书记在河南郑州举行的黄河流域生态保护和高质量发展座谈会上强调要共同抓好大保护，协同推进大治理。黄河流域各省的检察机关也不例外，需要开展跨区域协作。但是总体上黄河流域检察机关跨区域开展协作较滞后，更未形成全流域检察协作体系。宁夏检察机关在跨区域的检察协作中，受限于“小”省、案件体量不大等因素，协作主体主要在市一级层面，范围主要在生态环境领域，尚无省级检察机关主导或参与的流域协作。

（二）跨行政区划改革中检察院改革和法院改革步调不一致

跨行政区划司法改革中，检察院和法院的改革各有侧重，但在总体上应当协同推进，在改革过程中存在人民法院与检察机关改革不同步，沟通协调不足等问题。2020 年 12 月 24 日，自治区高级人民法院制定《宁夏回族自治区高级人民法院环境资源案件实施集中管辖审理办法（试行)》，明确银川铁路运输法院集中管辖银川、石嘴山、吴忠三市辖区 14 个县（区）由基层人民法院受理的第一审环境资源类案件，泾源县法院集中管辖固原

市辖区由基层人民法院受理的第一审环境资源类案件，中卫市沙坡头区法院集中管辖中卫市辖区由基层人民法院受理的第一审环境资源类案件 2021 年 1 月 1 日起实行，其中银川铁路运输法院增设环境资源审判庭。

行政检察监督管辖与法院跨行政区划集中管辖行政案件未实现对应。2022 年 4 月 29 日，自治区人民检察院印发《关于由铁路运输检察院集中管辖银川市辖区一审行政诉讼监督案件的通知》，决定按照行政检察监督管辖与法院审判管辖相对应原则，由银川铁路运输检察院集中管辖银川市辖区一审行政诉讼监督案件。跨行政区划改革中银川铁路运输法院因“刑事、民事、行政”三个职能的增加，争取到相应的编制，设立了宁夏全区唯一的环境资源审判机构，但是对应的银川市铁路检察院力量未得到补充，不利于其职能作用的充分发挥。

（三）检察公益诉讼高质量发展存在诸多制约因素

公益诉讼线索来源，制约检察产品供给质效。公益诉讼案件线索是办理公益诉讼案件的前提和基础，是启动公益诉讼程序的前提条件，如何构建长效线索发现机制、拓宽线索来源是开展公益诉讼工作首要解决的问题。公益诉讼线索来源有检察机关内部移送、与行政机关联合开展相关活动中发现、媒体报道、群众举报等，在挖掘线索方面，数据检察的作用发挥不明显。检察与法院、行政协作在信息共享上仍然存在诸多掣肘，也未能充分利用网络数据、法院、行政部门的大数据来实现智能化监督。受主客观条件制约，在环境类公益诉讼案件的办理中，对于鉴定、生态修复资金监管、生态修复执行、生态环境法治教育等方面探索不足，不能形成检察产品规模效应。

四、宁夏优化检察保障先行区建设的路径

（一）更主动地参与到黄河流域司法大协作

黄河流域省级检察协作尚在起步阶段，需要在一定流域范围内协作的实践中积累经验。在没有相关案件推动的情况下，结合跨行政区划改革推动宁夏黄河流域检察协作机制建设，是未来宁夏检察保障先行区建设的发展趋势。建立全流域的检察协作机制，加强集中管辖检察院与属地检察院之间的协作配合，通过对检察院业绩考评机制，增加配合、协助相关考核

指标的确立，激发检察内部协作动力。要加强与相邻、流域内检察机关，以及对口帮扶省份福建省检察机关之间的联系、交流、业务练兵、重大案件的观摩学习等，积极参与或推动相关协作机制的建立。

（二）“一盘棋”规划跨行政区划检察改革

宁夏跨行政区划检察改革要以现有的监所、铁路运输检察院为载体，与宁夏地域面积小、全境属黄河流域、相关案件数量可承载等相适应，发挥检察一体化制度优势，提升办案质效。

1. 建议涉环境资源类刑事案件由三个院划片管辖，转为由银川铁路检察院一院统管

一是宁夏面积小、交通便利，案件移送相对便捷。宁夏总面积 6.64 万平方千米，2016 年底就实现了县县通高速，最南端的泾源县到首府银川市车程仅 4 小时，具备区位便利的比较优势。二是符合全境位于黄河流域实际和建设先行区的要求。宁夏有 5 市、22 个县级区划，不割裂沿黄河干流的 4 市和具有生态水塔功能的固原市，统一管辖涉环境资源类刑事案件，更符合黄河宁夏段，以及宁夏全境属黄河流域的整体性，且与先行区建设整体契合，突出宁夏特色。三是可增加铁路运输检察业务量，积累专业化办案经验、提升能力，形成合力、达成共识。“刑事追责+民事求偿+生态修复”一体化办案，有利于证据审查认定、鉴定、生态修复、量刑建议等难点问题统一解决，在建章立制、队伍建立、硬件配备方面更易实现专业化。匹配办案量的增加，可考虑增编，组建专业团队。探索将银川铁路检察院的案件管辖逐步扩大到管辖全省境内发生的跨区域生态环境和资源保护公益诉讼案件、全省境内发生的不适宜属地管辖检察院办理的生态环境和资源保护公益诉讼案件，以及知识产权类、金融类案件等，以便于流域跨省检察协作对接，服务和保障国家重大战略。

2. 以“塞上江南检察”或“塞上检察”命名，突出宁夏特色、生态特色和司法特色

“塞上江南”是宁夏的别称，具有鲜明的符号特征。宁夏平原湖泊众多，湿地资源丰富，景色似江南，又有大漠、草原、戈壁等边塞景观。南部的六盘山是黄土高原上的绿色岛屿，是水源涵养林基地。有多个大型引

黄灌溉工程，是北方水稻主产地，已经成为西北粮仓。名称是品牌的重要元素，以塞上与检察结合命名，符合宁夏地域特点和文化特色，又与检察管辖生态环境类案件业务内容契合，简洁明了，响亮上口，易记忆，具备宁夏检察品牌识别度，可为先行区建设在司法领域的先行创造条件。

（三）探索“等”外案件，做好公益诉讼后半篇文章

党的二十大报告在第七部分“坚持全面依法治国，推进法治中国建设”，提出要“完善公益诉讼制度”，这是对检察机关完善公益诉讼制度提出的要求，是法治中国建设的重要组成部分。因此，公益诉讼要扩大案件来源，有必要用大数据赋能检察公益诉讼，做好“大数据”线索挖掘，拓展线索来源渠道。学习浙江检察的“数字经验”，通过挖掘有关行政机关的执法平台、网络媒体、地方APP、两微一端、“领导留言板”，以及智慧银川的城市大数据等外部数据，对接“12345”“110”等热线，建立相关模型，发现案件线索。利用好自家数据，对检察办案系统的数据进行分析，关注阶段性多发、地域特征明显、涉众型案件等，从案发时空、人员类型、作案对象方面找出影响当地平安建设、社会治理的短板。

结合中央及地方的重大战略部署，继续开展“检察+”专项活动。实践证明，专项行动的开展，对于发现案件线索、掌握辖区基本情况、深入了解司法及行政机关执法活动、推动问题整改等，有着不可替代的作用。要根据特定时期形势和任务的需要，开展或者合作开展各种类型的专项活动，集中力量发现线索，与行政部门形成公益保护工作合力。要与各级党代表、人大代表、政协委员，社会团体和公益组织加强沟通联系，及时掌握了解社会热点。发挥典型案例的指引作用，对标典型促进高质量发展。建立省级案例库，收集或编撰区内外典型案例，按照年度和类型适时发布。把典型案例成果作为检察官、检察官助理、书记员等绩效考评重要内容，加大考核权重，分级赋分，通过典型选树、考核激励，尽力实现个案智慧向类案经验发展。

宁夏智慧法院应用实践及完善路径研究

张宏彩　安文娟

智慧法院建设是推进审判体系和审判治理能力现代化的重要举措。2016年7月27日，中共中央、国务院印发《国家信息化发展战略纲要》将“智慧法院”建设纳入国家信息化发展战略，明确提出：“推进智慧法院建设，提高案件受理、审判、执行、监督等各环节信息化水平，推动执法司法信息公开，促进司法公平正义。”2017年4月12日，最高人民法院印发《关于加快建设智慧法院的意见》提出要通过强化技术赋能、信息化转升级，推进人民法院审判体系和审判能力现代化，智慧法院建设由此步入快车道。党的二十大报告提出全面建成社会主义现代化目标，同时指出：“深化司法体制综合配套改革，全面准确落实司法责任制度，加快建设公正高效权威的社会主义司法制度。”宁夏回族自治区第十三次党代会报告也明确提出，深入实施数字赋能计划，持续推进依法治区战略。宁夏法院积极贯彻落实中央和地方信息化、数字化、智能化建设战略规划及相关文件精神，持续深化推进互联网、人工智能、5G等信息技术与法院立案、审判、执行、管理等业务融合，推进法院审判体系和审判治理能力现代化水平提升，加快公正高效权威的司法服务科技支撑体系建设。

作者简介　张宏彩，宁夏社会科学院社会学法学研究所助理研究员；安文娟，中国政法大学硕士研究生。

一、宁夏智慧法院建设取得的成效

十八大以来，宁夏智慧法院建设坚持贯彻习近平法治思想，紧扣高质量发展主题，围绕全面依法治区战略和创新驱动战略，以全面推进法院审判体系和审判治理能力现代化为目标，推进人民法院信息化建设不断优化升级，形成了高效、便捷、公开、公正的法院立案、审判、执行、管理等信息系统，智慧法院司法服务能力和社会治理成效显著提升。

（一）健全和完善了宁夏智慧法院机制体制

为推进智慧法院高质量发展，宁夏高级人民法院根据《最高人民法院关于印发〈关于人民法院信息化建设五年发展规划（2021—2025）〉的通知》《最高人民法院印发〈关于加快建设智慧法院的意见〉》《宁夏回族自治区信息化建设“十四五”规划》等规划文件要求，研究制定了《全区法院信息化建设五年发展规划》《关于加快建设宁夏智慧法院的实施意见》等指导性文件，确立了各级人民法院信息安全、数据管理、基础设施等建设的技术应用规范，明确了全区法院基础设施集中管理和信息数据资源共享等原则，为宁夏全区智慧法院建设目标、发展思路、建设举措等提出智能化、一体化、协同化发展目标和任务。

近年来，宁夏各级人民法院根据智慧法院建设各项任务要求，扎实推进法院信息化、智能化、数字化建设，加速推动电子卷宗自动生成和推广应用、一站式多元纠纷解决平台和诉讼服务系统等审判信息技术应用系统建设和相关体制机制建设。到2022年，已基本形成了“高院抓建设、中院抓推广、基层抓应用”的智慧法院建设推进的工作机制。同时，自治区各级法院积极推进法院信息系统与政法专网、电子政务网、各行业领域专网的对接融合，目前，基本实现了法院专网与宁夏政法专网、电子政务专网等系统的对接，为法院网与外网信息数据共享搭建了纽带，不但有效提升了法院信息管理效能，避免了各部门、单位信息共享不畅，而且有力实现了法院司法大数据共享，有效推进宁夏司法治理体系和治理能力现代化水平提升。

（二）“以人民为中心”的智慧法院服务实效不断彰显

近年来，宁夏各级人民法院始终坚持以人民为中心的发展理念，把促进社会公平正义、增进人民福祉作为智慧法院建设的出发点和落脚点，不断推进能够实现好、维护好、发展好最广大人民根本利益的司法服务体系和服务能力现代化发展。在全国率先实现了带宽最高、覆盖面最广、主备链路并行的三级法院专网。宁夏全区三级法院专网覆盖率达100%，人民法庭接入率实现100%。

1. 不断完善智慧法院服务体系

十八大以来，宁夏法院持续深化推进智慧法院建设，优化整合信息系统，推进司法数据和智慧法院建设，不断升级线上立案、线上调解、线上开庭等在线法院服务。尤其是2019年年底新型冠状病毒影响，宁夏智慧法院建设得到高速发展，电子诉讼服务、智慧审判执行、智慧审判管理和智慧社会治理等得到不断优化和升级。目前，基本形成了集调解、诉讼服务、律师服务等一站多元智慧法院服务体系，建成了覆盖宁夏全区的在线诉讼服务和律师服务平台，截至2022年10月底，受理网上立案共计9万余件，办理诉前诉中调解近25万件，完成线上送达36万余件，极大地便捷了人民群众诉讼服务现代化的需求。

2. 建立了跨区域立案服务

截至2022年10月，宁夏跨区域立案服务实现了全覆盖，各级人民法院均设立了跨域立案窗口、人工智能辅助系统、法院在线服务系统等设施设备，让诉讼参与人可以就近在任何一家中级、基层人民法院请求协助向有管辖权的法院提交立案申请，有管辖权的法院在规定时间内完成材料审核并反馈受理结果，极大便利了当事人、代理人、律师等诉讼参与人就近提交异地法院管辖案件的申请。截至2022年10月底，宁夏全区共受理跨域立案5691件，极大减轻了广大诉讼参与人立案的经济和时间负担。

3. 线上服务更加智能便捷

充分发挥审判人工智能辅助系统和“12368”诉讼热线服务群众职能。为进一步提升诉讼服务质效，自治区各级法院加大“24小时自助诉讼服务区”配套设施建设，加大基层法院诉讼服务多功能终端机覆盖率。广大人民群众可以通过法院人工智能辅助系统，自动查询、检索、打印、办理诉讼业务，通过人工智能辅助系统智能分析相关案件预期结果、立案流程或者已立案件办理流程或进展等信息。同时，为充分发挥“12368”诉讼服务热线功能，进一步便利广大人民群众咨询，人民法院强化“12368”热线服务应用，仅2022年接听热线电话16795通，解答网上咨询3467件，总体满意率达99.52%。

（三）信息技术与审判业务深度融合

随着智慧法院建设不断推进，信息技术与法院审判执行业务融合不断加深，切实提升了各级人民法院立案、案件管理、审判、执行的质效。近年来，宁夏严格依照《人民法院在线诉讼规则》，以信息化、数字化、智能化、协同化为智慧法院建设的抓手，突出法院信息系统上下联通、纵横协同、高效便捷建设，着力打造“智慧法院”。

1. 法院信息化技术应用进一步提升了电子卷宗数字化、数据化管理的质效

宁夏全区法院范围内均推广OCR技术（即图文识别技术系统）在电子卷宗同步生成的应用，人民法院通过OCR智能识别纸质材料，并自动录入办案系统，自动编制生成卷宗目录，导入卷宗材料，极大提高了法院办案人员信息录入和卷宗制作效率。同时，人民法院引入了人工智能案件自动分流、校对、类案检索、制文等技术，有效减轻了法官业务流程时间负担，也极大提高了类案同判的统一度。

2. 人工智能技术推动法院案件管理质效提升

随着司法大数据和人工智能技术与法院管理融合不断加深，宁夏案件管理人工智能辅助系统应用不断推广和升级。宁夏法院在实现智能化繁简分流到简案率达69.38%，案件审理周期缩短了6天，完成了辅助校对文书748万余份，类案和法条推送达449万余件，自动生成制式法律文书85.1万余件。

（四）大数据赋能法院管理质效提升

随着宁夏智慧法院建设的深入推进，司法大数据应用成为推动宁夏法院管理现代化、数字化、智能化建设的重要技术支撑，大数据应用在很大程度上推动了宁夏法院管理效率不断提升、日常工作细节不断优化，司法决策分析辅助作用不断凸显。

1. 管理质效全方位提升

宁夏法院以大量的审判信息数据资源为基础，通过智能审判执行系统分析，不仅能够自动生成各类审判执行报表，而且能够自动生成各级法院审判质效、办案质效、未结案分析等专题报告，建立了案件数据图表、案件知识图谱、法官业绩统计等审判智能管理系统，通过不同维度分析案件情况，形成多元案件分析报告和结论、报表等信息数据，并通过这些数据精准推送和指导，能够辅助法院实时动态指导审判管理，减少人为工作检查和督察工作量，提升法院审判管理的工作效率。

2. 日常工作细节不断优化

宁夏各级法院司法审判信息资源库实现了与政务数据平台、统一征信平台等数据共享，全区法院审判信息资源系统可每年自动生成各类报表 1.1 万余张。法院除了能够通过司法审判信息资源库直接获取案件相关信息外，同时也能够将各类涉案信息精准推送给政务平台相关部门或社会信用平台，在提高业务报送效率的同时，让司法公开更加透明和高效。

3. 辅助决策分析能力不断增强

宁夏法院依托司法政务系统，通过教育培训系统、案件评查系统、智能督察信息记录等信息资源，为法官业绩考核、教育培训、廉政督察等构建了一个智能、科学、合理的数字数据评价支撑体系，在提高法官司法裁判质效的同时，为法官依法独立行使审判权提供更加公开透明的权力运行环境。

二、宁夏智慧法院建设存在的问题

信息技术日新月异的发展，不仅给智慧法院建设带来机遇，也带来诸多挑战，对于宁夏而言，智慧法院建设尚处于起步阶段，面临技术、制度、人力、资金等诸多发展短板和不足，不能满足新时代人民群众个性、多元诉讼服务需求。目前，宁夏智慧法院建设存在以下问题。

（一）信息系统一体化、协同化有待进一步强化

随着互联网+、5G、人工智能等信息技术应用与司法审判的深度融合，智慧法院的司法审判服务、管理等法院信息技术应用中存在多网、多系统、多平台应用的操作现象。但是，多网融合、多系统对接、多平台衔接等信息技术应用在宁夏依然存在兼容性不理想、数据共享难等问题。引发这些问题的根本原因，在于实践中各地各级各类智慧法院建设始于自我探索试点，各自的信息系统筹建初始阶段是处于一个在国内没有统一技术标准和统筹规划的情况下推进。因此，各大网络和信息技术研发公司筹建的各类信息应用系统在技术、操作流程等方面都存在差异，致使各类法院信息系统应用标准不统一，实践网络、系统、平台等的兼容不理想及数据难以共享，成为智慧法院建设最大瓶颈。

上述问题，同样在法院系统内部存在。实践中无论是中级法院或是基层法院，智慧法院建设从试点探索发展到现在，一个法院内部存在政务管理系统、审判业务系统、执行系统等多个信息应用系统，这些系统的筹建时间和研发商也多数不同，因而信息技术执行标准各一，出现法院内部多网多平台融合难等问题。而诸如铁路法院等专门法院与地方法院之间的信息应用系统不兼容和数据难共享问题尤为突出。实践中，一个案件往往要涉及检察、法院、公安、司法行政等多个不同的司法业务系统，不同业务系统在信息数据的集成整合难、各类系统兼容和数据资源共享难等问题，是智慧法院建设亟待攻破难题。

引发上述这些问题的制度根源是国家和地方智慧法院制度体系不完善，网络信息技术制度供给跟不上时代发展的步伐，尚处于发展的补丁期，制度的预判能力和风险防控能力不足，导致地方智慧法院个性化制度需求与中央顶层制度规划落地存在差距。于是，发展到今天，全国范围内统筹推进智慧法院建设的过程中，面临地方各类旧有信息系统改造升级的制约因素较多。同时，各地各级各类法院信息化的应用实践，面对新时代、新业务、新情况有时束手无策，这又是统筹普适的信息应用系统与地方法院新发展需求之间的矛盾。解决这些问题，始终是顶层制度体系现代化建设的要求，也是顶层制度治理效能转化能否满足地方个性化制度诉求价值所在，也是国家法治统一和地方法治共同体建设重大命题。

（二）智慧法院个性化、多元化服务能力有待进一步加强

在法院信息化建设的起步阶段，人民法院信息系统内司法供需主体间的诉求尚处于模糊期，线上生态也较为单一，矛盾也单一，无论是法院业务工作人员，还是诉讼参与人，只存在对智慧法院这一新生物适应期的过渡问题。但是随着智慧法院的推广应用，不同司法供需主体内外矛盾不断增加，不同主体间多元、多样、个性诉求也越来越多，智慧法院的信息技术应用系统的供需矛盾从过去排斥新生物，发展到现在满足精细化个性化服务需求。无论审判人员还是人民群众，都对智慧法院有了更多更高服务质效需求。

对法院内部而言，智慧法院仍然存在部分领域信息化程度低、跟不上新时代技术发展水平和速度、无法有效回应办公办案诉讼服务需求等问题。例如，信息系统卡顿、延时长、对接不顺畅、共享难等问题在办案各个环节依然存在。这类问题经常发生在法官办案系统启动、调取电子卷宗、开展电子签章网上审批等各个环节中。这不仅仅是法院信息系统硬件和软件升级的问题，更多是平台系统林立庞杂、网络状况不一等应用一体化格局未形成造成的。实践中，司法信息系统应用不可控，给法院工作人员带来诸多的不便，严重影响工作效率。宁夏法院应用的信息系统主要包含了两类，一是微法院、办案系统、执行系统等法院业务的系统，二是各类关联业务的政务系统。各种分散的信息应用系统实践操作中，存在整合难度大、统一入口集成不现实、数据资源融合对接难等问题。对宁夏法院而言，目前这些信息化、智能化的应用系统，存在司法大数据深度分析应用依然不能全面展开、系统辅助应用的精准服务度不高、内外网切换不顺畅等问题，是当前智慧法院发展的主要瓶颈。

对于诉讼参与人而言，信息化鸿沟是线上诉讼服务的主要问题。一方面，线上诉讼服务接受度问题依然存在，老年人和弱势群体跨越“数字鸿沟”仍然存在诸多问题，如，简洁、易用、直观的适老适弱化的信息应用系统改造服务跟不上诉讼服务现代化发展步伐，让年长的当事人、律师等诉讼参与主体对信息化智能化系统较为排斥，极容易形成智慧法院红利不能惠及老年人等弱势群体的认识，造成这些弱势群体被抛离智慧法院之外的不公平现象。另一方面，对于中青年群体而言，智慧法院的信息系统普适化、泛化不能满足其个性化需求，必然带来这些群体对法院信息技术应用体验感差、效率不高等负面认识。显然，上述这些冲突和问题，智慧法院建设短期内是无法有效化解。

（三）智慧法院建设统筹发展与安全能力有待进一步强化

党的二十大提出“必须更好发挥法治固根本、稳预期、利长远的保障作用，在法治轨道上全面建设社会主义现代化国家”的法治中国建设要求。根据最高人民法院印发的《关于加快建设智慧法院的意见》第1条第（三）项明确提出的“创新驱动、安全发展”总体要求，宁夏智慧法院建设是推进国家审判服务体系和审判治理能力现代化的重要举措之一，是法治宁夏、法治社会现代化发展的重要组成部分。虽然有效化解当前智慧法院信息网络、系统、平台融合兼容性、协同性不足，数据资源共享难等问题非常重要，但是，还需要重视国家和地方网络安全形势日趋严峻的问题。作为实现社会公平正义的国家权威权力机关，法院在无纸化、电子化、网络化、智能化信息技术应用的过程中，如何安全应用司法大数据，是统筹推进智慧法院发展和安全的重要命题。

实践中，作为第三方的网络公司在法院信息应用系统研发、司法信息数据处理和维护的过程中，法律的角色定位和自身服务的主观能动性，是否会影响法院法治公平正义的价值实现？不仅是国家网络信息安全法治建设的重要内容，也是地方平安建设工作的重要任务。此外，在法院信息系统中个人信息保护与司法公开共同体建设不仅是国家法治理论发展的重大命题，也是法律实践体系完善的重要要求。这些问题都是智慧法院建设过程中统筹发展与安全关键所在。尤其对于基层法院尚处于信息化发展的起步阶段，在技术发展起步阶段技术应用标准不统一、制度规范不健全的情境下，人民法院内部缺乏体系化安全防护能力，统筹推进智慧法院发展与安全任务更为艰巨。

三、对进一步加强宁夏智慧法院建设的建议

根据最高人民法院发布的《人民法院信息化建设五年发展规划(2021—2025)》的要求，全国人民法院将持续深入推进信息化建设，推进智能协同、数据拓展服务、一体化云网服务设施建设，构建多元协同一体的智慧法院建设。因此，宁夏人民法院在推动信息化建设过程中，需要进一步提高智慧法院实践效果，加强信息技术与法院服务、调解、诉讼、管理等深

度融合应用，同时加强配套制度建设，构建安全高效的法院信息技术应用体系。

（一）推进法院信息系统精简优化

法院信息系统一体化、全流程业务协同化是智慧法院建设的必然趋势。因此，宁夏智慧法院建设要协调处理好地方创新发展和国家统筹推进关系的同时，更要处理好自治区—市—县（区市）三级人民法院统筹发展的关系。在落实好国家法院信息化建设制度、发展规划、标准体系的同时，强化地方各级法院信息应用系统规范化、标准化、一体化、协同化建设，构建宁夏人民法院信息应用系统优化集成应用。

宁夏智慧法院建设已走出初始阶段粗放的规模扩大化阶段，当前应当着眼于系统优化建设，力求一体、协同、优化的信息应用系统建设，为法院信息系统内外数据资源整合、对接应用等提供更为高质量、高效率的集成系统建设而努力，化解当前各类法院信息应用系统内外融合的条块分割问题，为宁夏司法大数据资源共享和业务协同提供强有力的支撑。

（二）以需求为导向，提升法院信息系统智能化水平

人民法院信息系统应用普适化和泛化是法院现代化发展的必然趋势。随着信息技术和经济社会发展，法院信息化需求也与日俱增，构建更加便捷、高效的法院审判服务体系是必然的趋势。提升用户对人民法院信息平台和系统使用满意度，当以用户需求为切入点，强化平台和系统升级改造，例如适老化改造、个性灵活服务体系建设等。加大加强便捷高效的线上司法服务体系建设，无非是平台和系统增加相关切换环节和服务功能过程，并没有各项业务线上任务的开展，反而进一步提升了公众对智慧法院建设的满意度。

信息化在推进人民法院现代化水平不断提升的过程中，我们看到信息系统应用中还存在一体化、协同化、智能化等诸多可改善和提升的空间，同时，改善用户体验是智慧法院发展为人民的本质要求。最高人民法院发布的《人民法院第五个五年改革纲要（2019—2023）》对人民法院各类平台和系统的融合提出了明确要求，包括优化和整合各类平台与系统，构建人民法院信息平台和系统一体化、智能化服务机制。因此，今后宁夏智慧法院建设需要进一步落实全面协同一体化、智能化平台和系统建设，推进高度智能、上下贯通、横向协同的智慧服务、审判、执行、管理体系建设，构建跨层级、跨地域、跨部门、跨业务的人民法院信息资源共享和业务协同体系，全面提升司法信息化质效。

（三）加强法院信息安全体系建设，统筹安全与发展

习近平总书记在中央网络安全和信息化委员会领导小组第一次会议上的讲话中指出："网络安全和信息化是一体之两翼、驱动之双轮，必须统一谋划、统一部署、统一推进、统一实施。做好网络安全和信息化工作，要处理好安全和发展的关系，做到协调一致、齐头并进，以安全保发展、以发展促安全，努力建久安之势、成长治之业。"2019 年 4 月 10 日，最高人民法院印发的《人民法院信息化建设五年发展规划（2019—2023）》第四条将"安全可控"作为人民法院信息化建设的基本原则，要求完善信息安全保障机制，确保信息安全与信息化建设同步发展。智慧法院建设是一项系统工作，在推进信息系统集成融合发展的同时，要注意信息数据安全维护机制建设，不仅要处理好智慧法院高质量、高效率运行与个性化、精准化服务机制全方位发展的问题，而且要在充分、深度的信息化应用过程中，提升网络应用和服务风险意识，构建安全可靠的司法服务体系，这些关乎个人信息安全、国民经济安全、国家安全，要坚决贯彻落实习近平总书记统筹安全与发展的指示精神，提升智慧法院安全保障体系和保障能力建设水平。

智慧法院建设是一项系统工程，夯实智慧法院安全体系建设，需要构建事前、事中、事后全方位全流程的防御体系，人民法院在自身信息系统建设过程中要掌握全流程的安全主导权，不断优化和完善安全防御体系，保障法院信息数据全流程全周期安全。

宁夏加快黄河流域生态保护和高质量发展法治化路径研究

张　炜

习近平总书记在党的二十大报告中指出："必须牢固树立和践行绿水青山就是金山银山的理念，站在人与自然和谐共生的高度谋划发展。"党的二十大报告针对推动绿色发展，促进人与自然和谐共生，做出了新谋划新部署，为实施生态优先战略、打造绿色生态宝地，建设现代化美丽新宁夏，推进黄河流域生态保护和高质量发展先行区建设指明了前进方向、提供了根本遵循。自治区党委先后召开7次推进会，对先行区建设进行安排，渐次推进生态环保、产业发展、基础设施、改革创新、项目建设等重点任务，争取国务院批复了《支持宁夏建设黄河流域生态保护和高质量发展先行区实施方案》，11个国家部委出台7个支持性政策文件，构筑起先行区建设的"四梁八柱"。未来5年内，宁夏将大力实施生态优先战略，积极推进绿色低碳发展，坚持生态化与法治化相结合，助推宁夏高质量发展提质增效。

一、黄河流域生态保护和高质量发展的法治意蕴

绿色，成为高质量发展的鲜明底色。习近平总书记明确指出："杀鸡取卵、涸泽而渔的发展方式走到了尽头，顺应自然、保护生态的绿色发展昭示着未来。"加快发展方式向绿色转型是实现高质量发展的应有之义。党

作者简介　张炜，宁夏社会科学院《宁夏社会科学》编辑部助理研究员。

的二十大报告指出："推动经济社会发展绿色化、低碳化是实现高质量发展的关键环节。"黄河流域承担着生态安全建设与经济社会发展的双重责任，黄河流域生态保护和高质量发展是一个复杂的系统性工程。高质量发展既是经济增长方式和路径的转变，也是体制改革和机制转换的过程。高质量发展应以保护和治理为前提，始终坚持创新、协调、绿色、开放、共享的新发展理念，构建具有宁夏特色的黄河流域高质量发展新格局。

在法治化国家的背景下，要将法治思维与法治方法贯穿于实现黄河流域生态保护和高质量发展的进程中。国家战略、政策规定的推行，为黄河流域的生态治理、经济发展提供了指导。但"软法之治"无法代替立法的作用以进行保障工作，黄河流域生态保护和高质量发展战略的推进需要正确运用法治思维，通过法律制度加以保障。同时，通过地方立法等方式构建黄河流域高质量发展的流域立法机制，以法治方式协调多方利益，保障黄河流域利益平衡，实现流域的高质量发展。

在法理层面看，实现黄河流域高质量发展的根本之道在于谋求发展的权利。实现黄河流域高质量发展需要重新审视"发展权"。发展权不仅是单一的经济发展权利，其外延还包括政治、社会、文化、生态等方面的共同发展。当前，无论是生态保护还是法治发展方面，先行区建设存在的共性问题主要有：地方立法对黄河流域生态保护和高质量发展缺乏法律保障；部门间协调联动机制尚未完全建立；生态环境普法力度还需加大，覆盖面、影响力仍需进一步提升；法治宣传教育工作不够深入等。其中，黄河流域区域立法协作机制尚未完全建立、流域生态保护综合性法律的缺失，是黄河流域生态化与法治化建设中最为薄弱的环节。加强流域生态保护法治建设是进一步推进黄河流域高质量发展的重要保障，要充分认识黄河生态保护的长期性和复杂性。立足宁夏黄河流域的自身发展实际，积极适应新时代生态保护思路，准确把握新发展理念下生态保护的核心要求，为黄河流域生态保护和高质量发展做出更多法治贡献，提供更强法治支撑。

黄河流域生态资源保护立法，必须以生态系统整体性理念为指导，重视流域资源保护的整体性和跨区域性。现行《立法法》赋予了设区的市地方立法权，这一立法权限有利于市域层面形成较为完备的社会治理法规体系。协同治理立法，即构建黄河流域内区域与区域之间“互益与互助发展、协同与合作治理”的关系，需通过区域协同、区域合作治理以及区域间利益补偿等制度设计和区域立法协作以实现区域经济利益的相对均衡化。制定黄河流域地方立法，不仅要解决不同黄河流域存在的各种生态保护问题，还要以生态保护与市场资源配置为基础解决沿黄经济发展不平衡、不协调的现状，同时兼顾生态利益、经济利益、区域利益和国家利益，提升全流域经济发展水平等经济问题。

二、宁夏依法加快推进黄河流域生态保护和高质量发展的主要成效

（一）出台全国首部黄河流域生态保护和高质量发展的地方立法

2022 年 1 月 23 日，自治区第十二届人民代表大会第五次会议审议通过了《宁夏回族自治区建设黄河流域生态保护和高质量发展先行区促进条例》（以下简称《条例》），并与 2022 年 3 月 1 日起正式施行。作为全国第一部关于黄河流域生态保护和高质量发展的地方立法，《条例》也是一部促进先行区建设的统领性、综合性、创制性的地方立法。《条例》的内容分别从生态环境保护和治理、水资源节约集约利用、灾害预防和应对等方面展开。《条例》围绕宁夏自身实际，既立足于对当前行之有效的普遍性政策举措予以立法确认，又兼顾长远对仍需探索实践的内容做出原则性规定。《条例》以生态优先、绿色发展为主线，将生态环境治理作为先行区建设的前提和支撑，对生态环境保护治理做出专章规定，对山水林田湖草沙综合治理、系统治理以及农业、工业、城乡生活污染防治等进行严格规定，通过加强生态环境保护治理夯实高质量发展基础。《条例》针对土地、能源、水资源利用比较粗放，多领域多类型多层次生态环境问题累计叠加，经济结构矛盾突出，资源环境约束趋紧等问题，对形成保护生态环境和节约资源能源的空间格局、产业结构、生产方式、生活方式等做出制度安排，并对新能源建设毁损土地复垦、违规取水、耗水造景、破坏生态环境等问题进行了专门规定。《条例》突出生态环境保护和治理，严格水资源节约集约利用，强化灾害预防和应对，着力推动高质量发展，促进黄河文化保

护传承和弘扬，建立健全保障与监督机制，构建科学有效的制度体系。

《条例》围绕全方位贯彻“四水四定”，以法律的强制性、约束性固定保障生活用水、节约生产用水、增加生态用水，抑制不合理用水需求，倒逼发展规模、发展结构、发展布局优化，推动经济社会发展与水资源水环境承载能力相适应。《条例》提出在推进用水权、土地权、排污权、山林权“四权”改革的同时，加快开展用能权、碳排放权等资源要素的市场化改革，积极为黄河流域生态保护和高质量发展探索经验。实际上，黄河流域宁夏段草原植被退化、水土流失严重、工业污染点多、水源涵养功能降低等问题依然存在，《条例》的制定与实施能够满足解决以上问题的迫切需要，为黄河流域生态保护和高质量发展重大国家战略的落实落地提供法治保障。

（二）对提供优质高效法治服务和保障具体工作任务进行分工

政法机关的基本职责是始终以法治智慧、法治力量助推先行区建设，为经济社会高质量发展打造法治引擎、提供法治保障。自治区党委政法委出台的《关于充分发挥政法机关职能作用为建设黄河流域生态保护和高质量发展先行区提供法治服务保障的实施意见》，立足政法机关各项职能作用，对提供优质高效法治服务和法治保障工作等内容进行分工，为建设黄河流域生态保护和高质量发展先行区保驾护航。

作为一项系统治理工程，现行有效的法律法规对黄河流域生态保护和高质量发展的针对性不强、衔接性不够，仍然存在一些制度空白，需要紧密围绕“水”这条主线和“流域”这个面，通过制定条例做出系统性、科学性、整体性制度安排，走一条黄河保护生态化和法治化相结合的发展道路。2022 年 11 月 30 日，宁夏生态环境厅、高级人民法院、人民检察院、发展改革委等 12 个部门联合制定印发了《黄河（宁夏段）生态保护治理攻坚战行动实施方案》，该方案指出，宁夏将建立完善生态保护红线生态破坏问题监督机制，加强行政、司法协同，发挥检察公益诉讼职能作用。

（三）紧扣重点任务，加大环境资源司法保护覆盖面

2022 年，自治区高级人民法院紧扣自治区党委确定的生态环境修复、黄河文化发展等重点任务，就生态环境司法保护和服务保障高质量发展提出 35 项具体工作举措，突出“共同抓好大保护、协同推进大治理”。自治区高级人民法院坚持落实生态环境损害赔偿制度，建立生态保护修复制度，推进生态环境违法“黑名单”制度，全面推行环境资源类案件巡回审判机制，在自然保护区、生态功能区、矿区等重点生态区域以及黄河流域宁夏段、贺兰山、六盘山沿线的县区设立巡回法庭或工作室，充分发挥各级人民法院审判职能，扩大环境资源司法保护的覆盖面。

为充分发挥检察职能作用，自治区人民检察院印发《关于充分发挥检察职能服务保障宁夏建设黄河流域生态保护和高质量发展先行区的意见》，提出20条具体措施。与自治区河长制办公室、公安厅联合在全区推行“河长+检察长+警长”依法治河协作机制，积极打造黄河流域生态环境司法保护合力。在依法推进跨区域司法协作机制建设的过程中，中卫市、固原市、石嘴山市检察机关均与相邻省区建立生态环境保护跨区域检察协作机制，不断构建完善黄河流域生态环境保护司法屏障。

三、宁夏依法加快推进黄河流域生态保护和高质量发展的有效路径

（一）持续完善与健全法治规范体系

高质量立法是新时代对立法工作的新任务、新要求。先行区建设的基本要求之一是构建科学、完善、系统的法律规范体系，并将生态文明贯穿于先行区建设的始终，完成黄河流域生态保护和高质量发展相结合的法治生态化转变。为充分发挥法治固根本、稳预期、利长远的重要作用，自治区发改委将“双碳”立法研究列入了2022年度自治区地方性法规立法调研项目计划，委托第三方智库机构率先在全国开展“双碳”地方立法研究，探索以法规形式明确落实国家“双碳”目标、建立健全“双碳”工作管理体制、明确绿色低碳发展路径措施。始终坚持“党委领导、人大主导、政府依托、各方参与”的地方立法格局。党的领导，是立法工作的最高政治原则，必须旗帜鲜明地确保地方立法工作正确的政治方向；人大主导，是坚持人民代表大会这一根本政治制度、落实宪法法律赋予人大职责的必然要求；政府依托，体现了政府在立法工作中的重要作用；各方参与，是践行“全过程人民民主”重大理念，保障人民当家做主和公民有序政治参与

的本质要求。

以土壤污染防治为例，宁夏首次针对土壤污染防治进行专门立法，颁布出台土壤生态环境领域的地方性法规——《宁夏回族自治区土壤污染防治条例》，为宁夏土壤生态环境保护和污染防治提供坚实的法律保障。2022年，宁夏按期完成全国农用地和建设用地土壤污染详查，并实施土壤污染风险管控，完成农用地土壤环境总体清洁、建设用地土壤环境总体安全的目标。

（二）加快构建科学规范的政策体系

强化政策先行先试和制度创新，是支持宁夏建设先行区的重要保障。党的二十大报告提出要“积极稳妥推进碳达峰碳中和”。2022年以来，自治区发展改革委将系统观念贯彻“双碳”工作的全过程，坚持走绿色低碳转型高质量发展的道路，先后提出14个方面41条任务措施，针对宁夏“双碳”工作进行整体谋划和系统安排，成为西部地区首个出台“双碳”实施意见的省份。编制完成《自治区碳达峰实施方案》，列入自治区政府重大行政决策，并报请国家审核衔接通过，成为全国首个向全社会公开征求意见的省级达峰方案，得到来自全国各地媒体的广泛关注与肯定。协调自治区相关部门制定印发科技支撑、林草碳汇、宣传培训、公共机构等配套政策，督促指导五市及宁东编制完成达峰方案。2022年11月30日发布的《黄河（宁夏段）生态保护治理攻坚战行动实施方案》，明确要依法依规处置重大环境污染、生态破坏等行为，建立生态环境重大案件信息共享等制度。

（三）充分发挥法治对先行区建设的引领和规范作用

先行区建设的基本前提是依据法律规范体系，以健全的法制规范体系提供先行区法治保障的法律支撑，将生态文明贯穿于先行区建设的始终，实现黄河流域生态保护和高质量发展相结合的法治生态化转型。以法定授权先行先试的方式，将准确反映先行区新经验、新成果的有效措施通过立法加以确定，不适应先行区建设要求的法律法规进行及时修改或废止，真正发挥立法的引导、推动、规范和保障作用，以良法善治为先行区建设保驾护航。近年来，宁夏不断推进重点领域立法，加强先行区建设、生态环保、传统文化保护等领域立法，以法治化、规范化方式推动解决先行区建设的现实问题。充分发挥法治主导作用，以良法善治护航高质量发展，助力提升宁夏发展质量效益。

（四）确保公正司法，为跨区域协作筑起司法屏障

紧密契合黄河流域发展需要，宁夏始终以生态保护和高质量发展法治化为重心，将生态保护和高质量发展纳入法治轨道。切实加强公益诉讼协调联动机制，推进跨区域司法协作机制建设，有力保护生态环境和自然资源安全。2019 年，宁夏检察机关与自治区水利部门建立“河长+检察长”工作机制，将巡河作为保护和修复黄河流域生态环境的常态化措施积极落实。近三年以来，宁夏检察机关通过不断建立完善“河湖长+检察长+警长”的工作机制，把检察建议做成刚性，汇聚成“三长”协同卫黄河的法治合力。为此，宁夏各级检察机关积极打造黄河流域生态环境司法保护合力，推进跨区域司法协作机制建设。2020 年 7 月，中卫市人民检察院与甘肃省白银市人民检察院、内蒙古自治区人民检察院阿拉善盟分院共同签署《关于建立黄河流域生态环境保护检察协作机制的意见》，通过建立信息共享和案件线索移送机制、跨区域黄河流域重大生态环境保护案件会商和联合办理机制、跨区域黄河生态环境修复协同工作机制、联合防治协调机制、案件研讨与分析交流协作机制、公益诉讼宣传协作机制等多项制度，充分发挥检察职能， 解决三地黄河段生态环境保护的突出问题。健全联动机制，强化办案协作，发挥合力优势，加大对破坏生态环境行为的防治和打击力度，加强对行政执法活动的法律监督，共同筑牢黄河流域生态保护的司法屏障。

（五）广泛开展普法宣传教育，扩大公共法律服务覆盖面

2022 年以来，银川市司法局不断整合公共法律服务人才资源，组建公共法律服务志愿者服务队、法律援助律师库，开展司法鉴定进乡村志愿者服务活动、深化“百所联百会”活动，为建设黄河流域生态保护和高质量发展先行区“示范市”提供坚实法治力量。司法部门通过引进专业服务团队、引入社会组织力量等形式，推行“律师事务所+公证处+司法鉴定机构+基层公共法律服务站”服务模式。开展“宁夏枸杞证明商标”务实研讨、“百名律师进千企”等活动，组织 325 名律师为企业和职工提供全方位、菜单式法律服务。组织资深律师为多个园区 300 余家企业开展线上法律宣讲，开展“法治体检”308场次。联合银川传媒新闻中心主办“黄河流域生态保护法治宣传——法律进农村大型直播访谈节目”，通过进农村直播、村民现场参与的方式，努力使生态环境保护有关法律法规和法治理念覆盖到每一个角落，让群众感受到法治惠民就在身边。其中，中卫市司法局多措并举，全力构建法律援助便民网络，2022年上半年，中卫市共受理法律援助案件1971件，受援4198人，为群众挽回经济损失1946万余元。2022年以来，同心县司法局实施“互联网+”普法模式，搭建“微平台”，整合公共法律服务资源，充分发挥司法行政职能优势，全面开展法律援助律师值班、一村（社区）一法律顾问、“法律明白人”培养工程等。

法治调研篇

FAZHI DIAOYAN PIAN

法治宁夏建设的实践探索与提升路径研究

贾德荣

党的二十大报告强调，要“全面推进依法治国，加强法治中国建设”。宁夏回族自治区十三次党代会报告明确提出，要加快法治宁夏建设，这既为全面建设社会主义现代化美丽新宁夏提供了法治保障，也为法治中国建设奠定了坚实基础。

一、法治宁夏建设的现状

（一）立法实现从“有法可依”向“良法善治”大跨越

1. 立法理念转变明显

立法从重数量向重质量转变，秉承“精立多修”，确保法规规章立得住、行得通、真管用。立法重视维护国家法治统一，保持与上位法高度统一。重视开门立法，走群众路线，实现立法民主化。

2. 立法原则更精确

立法始终坚持党的领导。宁夏党委出台《关于进一步加强和改进地方立法工作的意见》，把党的领导贯彻到立法全过程；坚持以人民为中心，立法切实反映民意、体现民情、保障民生；坚持推进科学立法、民主立法、依法立法。出台了包括《宁夏回族自治区建设黄河流域生态保护和高质量

作者简介 贾德荣，中共宁夏区委党校（宁夏行政学院）法学教研部副主任、教授。

发展先行区促进条例》《宁夏回族自治区土壤污染防治条例》《宁夏回族自治区优化营商环境条例》等一系列推动经济发展、生态环境保护、乡村振兴、普惠民生等法规，立法更科学，富有针对性、时代性和实践性。

3. 立法工作机制不断完善

创新“1234+N”的立法工作机制，建立并实施立法论证咨询制度，完善征求意见、审查办理、集体审议、立法后评估等9项制度，推进立法工作制度化、规范化。人大代表参与立法积极性普遍提高，人大督察力度不断加大，人大立法主导作用日益凸显。人大与政协积极开展立法协商，建立多个基层立法联系点，确立多名立法信息联络员。备案审查机制进一步完善，备案审查监督体系逐步健全，党内法规、地方性法规、政府规章和各类规范性文件的备案审查实现了全覆盖。

（二）法治政府建设让群众获得感更有成色

1. 行政法治理念普遍树立

各级领导干部带头尊法学法守法用法，法治思维明显提升，法治能力进一步提高，依法决策、依法治理的自觉性明显增强。广大执法人员依法用权，权利保障广泛树立。

2. 法治政府建设制度体系日臻完善

行政立法工作不断加强，法治基础不断夯实。近年来，先后制定了《宁夏回族自治区重大行政决策规定》《宁夏回族自治区地方性法规和政府规章草案集体审议办法》等政府规章，开展了规章规范性文件全面集中清理，编制完成了《宁夏回族自治区法治政府建设实施方案（2021—2025年）》，依靠严密制度助推法治政府建设。

3. 政府职能全面依法履行

全面推行证明事项告知承诺制，扎实推进“放管服”改革，法治化便利化营商环境不断优化；不断健全决策机制，决策制度体系持续完善，行政决策程序日益规范；全面落实行政执法三项制度，全面推进综合执法改革，积极推进两法衔接，全面加强执法监督，行政执法机制不断完善。

（三）司法体制改革让人民获得更多公平正义

1. 司法体制改革不断深化

以审判为中心的刑事诉讼制度改革持续推进，罪刑法定、疑罪从无原则得到严格落实，宽严相济刑事政策全面贯彻执行，稳步推进认罪认罚从宽制度适用。法院全面落实案件繁简分流工作，强化简案速裁和繁案精审。检察机关发挥“捕诉一体”办案机制优势，推进简案快办，充分激发了司法效能；出台《宁夏回族自治区高级人民法院关于落实防止干预司法“三个规定”实施办法》《宁夏回族自治区高级人民法院院庭长落实防止干预司法“三个规定”正面清单》《宁夏回族自治区法官、检察官与律师、基层法律工作者交往正面清单、负面清单》，修订完善办案责任追究办法，检察机关加强法律监督，监督力度不断强化。

2. 司法服务功能日益显著

认真贯彻总体国家安全观，依法惩治包括危害国家安全和社会治安、重大责任事故、电信网络诈骗等犯罪，坚决捍卫公平正义。依法维护疫情防控秩序，常态化开展扫黑除恶斗争。有效维护公民个人信息安全，强化人权司法保障。法院推出服务“一带一路”建设和加强民族工作高质量发展若干重大举措，依法平等保护各类市场主体，加强产权司法保护，检察机关起诉生产销售伪劣商品、扰乱市场秩序、破坏金融管理秩序、金融诈骗等犯罪，会同公安机关开展新一轮涉民营企业刑事“挂案”专项清理，常态化落实“三号检察建议”，积极营造法治化营商环境。出台《关于服务保障黄河流域生态保护和高质量发展先行区建设的意见》，积极推进环境资源类案件跨行政区划集中管辖改革，不断加强环境权益司法保护力度，分步实施涉环境资源类刑事、民事、行政案件“三合一”专业审判机制，积极打造生态环境司法保护宁夏模式。①

3. 司法队伍稳步提升

以政法队伍教育整顿为契机，持续加强党风廉政建设，坚决惩处一批违纪违法人员。大力整治顽瘴痼疾，深入开展“就案办案、简单办案、机

---

①吴奎：《强化生态司法保护　共建清洁美丽世界》，《宁夏法治报》，2022年6月7日。

械司法”专项查纠整治活动，一体推进顽疾整治和建章立制。着力提升司法能力，完善法官、检察官入额、遴选、考核、退额等制度，择优选能。开展法官、检察官大轮训，推动机关党建与业务工作深度融合，政治轮训与业务培训紧密结合，加强领导班子建设，重视培养使用年轻干部，加强专业化人才队伍建设，队伍素能不断提升。

（四）社会治理法治化营造良好法治社会氛围

1. 基层自治走上规范化、制度化轨道

宁夏探索社区管理体制改革，采用城乡社区网格化模式，建设民生服务中心和服务站，提高了治理效率，促进了社会和谐。开展全区市域社会治理现代化试点，为全国社会治理现代化工作贡献宁夏智慧、提供宁夏方案。

2. 矛盾纠纷预防调处化解机制持续健全

宁夏全区建立多个“一站式”矛盾纠纷多元调解中心，“人民调解”四张网建设、“塞上枫桥”调解品牌、矛盾纠纷排查调处全覆盖，部门协作、上下联动、齐抓共管、多元化解矛盾纠纷的新格局已形成。支持互联网企业、电商平台构建完善线上纠纷解决机制，创新信访工作机制，畅通群众诉求表达，有效化解矛盾纠纷。

3. 社会治理合力作用增强

人大及其代表作用得到有效发挥，人民政协政治协商、参政议政、民主监督水平不断提升，爱国统一战线不断巩固和发展，工会、共青团、妇联等群团组织改革不断深化，①中华民族共同体意识不断增强，宗教治理法治化纵深推进，平安宁夏建设扎实推进，社会治安形势稳定。

（五）法治宣传教育有力提升公民法律意识

1. 普法形式不断丰富，“大普法”格局初步形成

宁夏普法坚持法治宣传教育与依法治理相结合，紧紧围绕宁夏党委、政府中心工作，紧扣三大攻坚战、精准脱贫、扫黑除恶专项斗争、疫情防控、乡村振兴等工作，开展多样普法活动，依法处理热点难点问题，普法

---

①梁言顺：《坚持以习近平新时代中国特色社会主义思想为指导　奋力谱写全面建设社会主义现代化美丽新宁夏壮丽篇章》，《宁夏日报》，2022 年 6 月 16 日。

服务经济社会成效明显。普法紧密融入宁夏法治实践，聚焦人民群众多元法律需求，普法融合性不断增强。

2. 围绕重点人群普法，普法的针对性和实效性全面提升

把法治教育纳入全区干部教育培训规划，建立领导干部学法清单制度，进一步推动领导干部学法用法制度化、常态化、规范化。开展国家工作人员无纸化学法用法考试工作，公职人员学法考法模式不断深入。加强青少年、农民等人群普法，积极推进以案释法、广泛推行法律顾问制度等工作，普法工作扎实推进。

3. “谁执法谁普法”普法责任制稳步落实，促进普法与执法有机融合

建立“四清单一办法”普法责任制，推动全区各机关和有关部门带头落实普法责任制，在法治实践中广泛开展普法宣传。全区坚持以“法律八进”为抓手，深化各领域普法工作，全民法治观念普遍增强。

4. 社会主义法治文化建设稳步迈进，法治宁夏底蕴日益深厚

积极打造法治宣传教育基地、青少年法治教育中心和实践基地，法治文化阵地建设不断加强。坚持把社会主义核心价值观融入法治宣传教育，积极打造法治文化精品，法治文化传播方式不断丰富；深入发掘优秀传统法治文化，积极保护宁夏法律文化历史遗迹和文物，加强红色法治文化宣传，法治基因接续传承。

二、法治宁夏建设面临的挑战

（一）地方立法工作需完善

一是法律规范起草质量有待提高。例如，立法语言精准性、法律条款明确具体性不够，法条中的规范政治用语与法律术语混用。二是立法创新与地方特色需加强。立法工作调查研究欠深入，立法的针对性需加强。一些立法存在着模仿、照搬其他省区立法，立法地方特色不突出。三是立法监督质量亟须提高。立法审查标准不统一，备案机关进行实质性审查不充分，立法前、后评估开展不扎实，社会参与立法渠道不完备，立法监督刚性不足。

（二）依法行政工作有待深入推进

一是行政法治观念与法治宁夏建设要求还有差距。行政执法实践中存在

重管理轻服务、重权力轻权利、重实体轻程序等现象，依法行政严格落实不够。二是违法执法现象不同程度存在。行政执法中，选择性执法、趋利执法、跟风执法现象不同程度存在，干涉下级依法办事，越权失职行为时有发生。三是行政决策科学化、民主化和法治化不到位。重大行政决策“五大程序”落实不力，民主协商制度功能发挥不彻底，听证制度程序不完善，责任追究制度落实需加强。四是行政监督制约机制不健全。受监督法律不健全、一些监督主体独立性欠缺、责任追究乏力等因素影响，行政监督作用没有最大化。

（三）司法权威需持续加强

一是司法体制与司法权独立行使间存在矛盾。司法体制改革成效显著，但司法行政化、地方化问题还没有彻底解决，影响司法权独立行使。二是司法公开还不能满足社会需要。司法公开观念有偏差，司法公开制度不健全，司法公开范围较窄，群众参与意识不强，影响了司法公开功效。三是监督司法需加强。主要表现为：人大监督多为原则性监督，个案监督规范性又欠缺，监督力度不够；两审终审制执行不到位，再审提起难度较大，内部监督较弱；新闻媒体监督缺乏规范，监督成了审判；法律监督上，由于制度设计原因，公诉权与审判监督权、自侦权与法律监督权有冲突，监督力度不足。四是司法人员保障不足。对司法人员保障范围不明确，追责规范不完善以及司法人员发展受限等问题，影响司法人员的工作积极性。

（四）社会治理法治化水平亟需提升

一是全民社会治理理念尚未树立。目前，传统管理型思维还有一定市场，合作共治理念和依法治理理念不充分，公民参与社会治理的正当权利保障不足。二是基层党组织引领作用需加强。例如，乡村党员流动性比较大，多数党员外出就业创业，留守党员老龄化问题突出，农村党员出现“青黄不接”现象。一些乡村的党建流于形式，党组织服务群众不够。三是基层社会结构的变化弱化了社会凝聚力。随着时代变迁，乡村的亲缘关系和封闭的社会结构逐渐被打破，血缘和地缘关系不断弱化，公民个体对乡村认同感和归属感降低，新的稳固的有凝聚力的现代社会关系还没有完全建立起来，社会凝聚力弱。四是社会治理保障机制支撑不足。基层公共事业发展滞后，自治、法治、德治的乡村治理体系不完备，现代科技支撑不足，社会治理法治化进程较慢。

（五）法治宣传教育实效性亟待提高

一是对法治宣传教育重视不够。一些地方对法治的理解不到位，认为法治务虚，从而重经济发展轻法治宣传教育。二是法治宣传教育长效机制不健全。表现为法治宣传教育规范不足，较多以会议、文件推动法治宣传教育；普法形式创新不足，普法供给与需求脱节；法治宣传教育重视政府主导功能的发挥，忽略社会力量的参与；法治宣传教育评价体系不健全，不能有效评价法治宣传教育作用。三是普法责任制追究不力。尽管有“谁执法谁普法”规定，但对“执法”理解不同，导致责任主体不明确，责任主体间联动性不紧密，追责机制不健全， 普法责任制落实不理想。

三、全面推进法治宁夏建设的基本路径

（一）完善地方立法工作

1. 坚持正确的立法指导思想

要坚持党的领导，全面体现党的路线、方针、政策。要坚持以人民为中心，充分保障广大人民群众参与权，真正体现和反映人民心声。要坚持从基本区情出发，充分发挥其社会作用和规范作用。

2. 做好立法的重点规划和布局

应抓住“一带一路”建设及黄河流域生态保护和高质量发展先行区建设的历史机遇，围绕宁夏第十三次党代会确定的“五大战略”“六新六特六优”产业、打造“九大基地”，加快生态环境保护、基础设施建设、招商引资、服务贸易、自然资源开发以及特色产业等方面的立法，使宁夏的经济社会发展拥有更多、更好的法律保障。

3. 创新和健全地方立法机制

要进一步发挥好人大在立法中的主导作用，加强人大对立法工作的统筹安排；要完善基层立法联席制度，使立法更符合人民群众需求；完善立法专家顾问制度，让立法专家顾问在立法规划、立法目的论证、立法效果评估等方面发挥充分作用；要完善政府立法制度，建立和完善由专门法制机构组织起草政府规章的工作机制，明确政府立法的权力边界，完善立法

协调沟通机制；完善立法效果评估机制，为立法机关立法提供有益的参考。

（二）全面推进依法行政

1. 要牢固树立依法行政理念

要树立宪法法律至上理念，确立宪法和法律的绝对权威；要树立服务理念，改进管理方式，提供更多服务；要树立责任理念，依法承担法律责任，实现权责统一；要树立监督理念，加强监督体系建设，严格约束权力行使。

2. 深化行政执法体制改革

要继续推进政府职能转变，进一步理顺政府和市场、政府和社会的关系，全面实行政府权责清单制度，落实和完善行政许可事项清单。推进综合执法、联合执法、协作执法，持续推动执法重心下移，稳步将基层管理迫切需要且能有效承接的行政执法事项下放给基层。[①]加强数字政府建设，优化创新政府治理流程和方式，促进政府高效履职。

3. 要严格行政执法

严格落实行政执法“三项制度”，加强行政执法信息化建设和信息共享，加强行政执法信息共享平台建设，健全行政裁量权基准制度，提高执法规范化水平。坚持科学决策、民主决策、依法决策，严格落实重大行政决策程序，[②]严格落实重大行政决策终身责任追究制度和责任倒查机制，[③]不断提高行政决策质量。

4. 要强化行政监督

突出党内监督主导地位，强化内部层级监督，整合外部监督和专门监督，加快建立全方位、多层次、立体化监管体系，提升监管的精准性和有效性。强化行政执法监督机制和能力建设，强化全方位、全流程监督。严格落实行政执法责任制和责任追究制度，[④]督促全面落实依法行政。

---

①肖捷：《扎实推进依法行政》，《人民日报》，2022 年 11 月 17 日。

②肖捷：《扎实推进依法行政》，《人民日报》，2022 年 11 月 17 日。

③中共中央、国务院印发：《法治政府建设实施纲要　(2021—2025 年)》，《中华人民共和国国务院公报》，2021 年 8 月 30 日。

④习近平：《高举中国特色社会主义伟大旗帜　为全面建设社会主义现代化国家而团结奋斗——在中国共产党第二十次全国代表大会上的报告》，《新长征》，2022 年 11 月 1 日。

（三）严格公正司法

1. 要深化司法体制改革

要注重综合配套改革，继续推行审判权与执行权相分离，继续推进以审判为中心的诉讼制度改革，深化庭审实质化改革，注重完善配套制度，充分发挥庭审的功能。要实现繁案处理的精致化，积极适用认罪认罚从宽制度，提升司法效率。

2. 要改进司法工作作风

要坚决落实以人民为中心的发展思想，深入践行司法为民宗旨，积极探索符合本地特点的便民措施，在立案、审判、执行等环节为人民群众提供优质、高效、便捷的司法服务，努力满足人民群众日益增长的多元司法需求。要依法保护当事人诉权，坚决消除各种诉讼障碍，围绕维护司法公正，积极稳妥办理各类案件，切实解决诉讼难、执行难等群众关心的问题。

3. 要营造良好司法环境

探索人民群众参与、监督、评判司法的途径和方式，强化人民群众监督。要全面深化司法公开，进一步完善司法公开的各项制度，深入推进审判流程公开、裁判文书公开、执行信息公开，不断提高司法透明度。要规范法律适用，严格裁判标准，规范自由裁量权，提高庭审质量。加强法官、检察官队伍专业化职业化建设，保障法官、检察官依法履职。

（四）稳步推进全域社会治理现代化

1. 要大力培育社会治理理念，坚定社会治理正确方向

要培育和秉持以人民为中心理念，坚持治理为民、治理靠民；要坚持多元治理理念，改变政府一元管理格局，积极打造政府、自治组织、社会、人民群众共同参与的共建共治共享的社会治理格局；要培育和秉持依法治理理念，在法治轨道上推进社会治理现代化；要培育和秉持城乡融合理念，摒弃城市中心主义，正确处理城乡关系，坚持走城乡融合发展道路。

2. 要加强基层党组织建设，夯实社会治理政治基石

要加强基层党组织政治建设，全面贯彻落实党的政治建设的各项目标任务和要求，确保党始终成为社会治理的坚强领导核心。要优化党组织设置，大力加强基层党组织建设，尤其是城乡组织、非公企业和社会组织等

领域的党组织建设，充分发挥党支部的桥梁纽带作用。要加强服务意识，创新服务方法，健全服务机制，搭建服务群众平台，完善服务考评机制，提升党组织服务社会服务群众的能力。

3. 要健全保障机制，筑牢社会治理坚实堤坝

要强化顶层设计，制定系统性、整体性的全域社会治理政策，着力构建“城乡一体、条抓块统”的新型社会治理组织体系。要健全自治、法治、德治相结合的社会治理体系，加强多元治理主体建设，提升自治能力。要加强社会治理立法，构建完善的公共法律服务体系，提高法治水平。要加强文化传承，重视家风培育，强化典型树立，推崇德治。要强化科技支撑作用，推进全区范围内信息基础设施联通、网络畅通、平台贯通、数据融通的基础，建立数据汇集整合、开放共享的宁夏全域社会治理大数据平台，打造数据驱动、人机协同、跨界融合、共创分享的智能化社会治理新模式。

（五）加强法治宣传教育

1. 要构建“各部门齐抓共管、全社会共同参与”的领导体制和工作机制

要按照“谁主管谁负责，谁执法谁普法”的原则，健全完善法治宣传教育制度，综合运用法治理念传播、法律知识普及、法治实践体验、法治文化熏陶等方式，推动全民法制宣传向法治教育转变，普及法律知识向培育法治信仰转变，使法治精神融入社会生活各方面。

2. 要突出领导干部这个“关键少数”

各级领导干部要牢固树立宪法法律至上、法律面前人人平等等基本法治观念，带头推进全民普法、带头尊法学法、模范学法用法，带头营造办事依法、遇事找法、解决问题用法、化解矛盾靠法的法治环境，[①]不断提高运用法治思维和依法办事的能力。

①胡明：《习近平法治思想：新时代中国法治战略的总指引》，《政法论坛》，2020年第6期。

3. 要加强法治文化建设

要把社会主义核心价值观和中华传统美德融入法治的全过程各环节。要坚持以人民为中心的发展思想，以全体人民利益为法治建设的出发点和落脚点，把法治建设融入服务人民的工作中，让人民群众合法权益得到充分保障，使法治宁夏建设成果惠及人民群众。

宁夏特色农产品区域公用品牌保护中政府职能法治化研究

唐　芳

宁夏作为老少边穷地区，在全面建成小康社会的征程中，要牢固树立绿水青山就是金山银山的理念，对标“两不愁三保障”，瞄准突出问题和薄弱环节，通过提升特色优势农产品区域公用品牌价值推动产业高质量发展，巩固脱贫成果。按照党中央的最新指示精神，“十四五”期间要在稳定脱贫攻坚成果的基础上，实施乡村振兴战略。因此，地方政府在农业特色优势产业高质量发展中，要以打响特色优势农产品区域公用品牌为重要抓手，推动脱贫攻坚同乡村振兴的有效衔接。

一、宁夏特色优势农产品区域公用品牌政府保护现状

为深入推进品牌强农战略，2017 年宁夏成立了“特色优质农产品品牌建设”领导小组，负责宁夏全区农产品品牌建设的统筹、协调、督查和考评工作。

（一）建立“两组一会”产业推进机制，以科技支撑引领特色优势农产品品牌建设

围绕“1+4”的特色优势产业，建立由行政领导干部为组长组建产业指导组，由首席专家和技术人员组建技术服务组，由龙头企业组建产业协会的“两组一会”产业推进机制。同时建立了以农技推广机构为主导，涉农

作者简介　唐芳，宁夏大学法学院教授。

企业、农业社会服务组织、合作社等参与的“一主多元”的农业技术推广体系，以科技支撑引领特色优质农产品的品牌建设工作。

（二）推进特色农产品加工流通业发展和品牌建设，保障市场稳定供应

一是树立“为加种养”的理念，围绕特色优势产业，加快培育“一村一品、一乡一特、一县一业”。加快农产品生产地的初加工设施装备配套建设，积极推进农超对接、农商直供、连锁配送等营销体系建设。二是推进各市县加工园区的基础设施和公共服务平台建设，尽快优化分工，完善功能，积极引导加工企业入驻园区。截止到2020年底，宁夏重点打造提升了十大农产品加工园区，不断引导加工企业以园区为平台，建设全产业链的竞争体系。

（三）坚持创新支农政策，加大对特色优势产业发展的财政支持力度

以一个产业、一套扶持政策的总体设计，2016年宁夏政府出台《关于创新财政支农方式　加快发展农业特色产业的意见》，提出在传统的直接补贴农业生产的基础上，运用直接补贴、贷款担保、风险补偿、贷款贴息、实物租赁、产业基金、农业保险七种方式支持特色产业发展，建立多元化农业资金投入机制。在具体项目的推进过程中，将财政资金进行整合，捆绑使用。实行责任、权力、任务、资金“四到县”，构建起更加符合我区实际情况的支农政策和机制。另外，宁夏财政通过将资金统筹整合，以财权与事权相匹配的原则，要求各相关部门将预算结构进行调整，增加了农产品品牌建设的专项资金支持。

（四）建立宁夏农业品牌目录

宁夏各级政府和有关部门不断加强农产品品牌的动态监管，严格准入和退出机制。2017年开展了宁夏农业品牌目录暨首届宁夏农产品区域公用品牌、知名农业企业品牌、特色优质农产品品牌评选工作。截至2021年，宁夏全区农业品牌目录中区域公用品牌入选20个，宁夏枸杞获“2021中国区域公用品牌市场竞争力品牌”第一名。

（五）开展农产品地理标志登记保护规范化建设

宁夏农牧厅农产品质量安全中心，在农产品地理标志登记保护规范建设上狠抓国家追溯平台注册认证、证书持有人标志授权使用程序、农产品地理标志使用行为、地理标志产品质量控制等七个方面的规范化管理。中宁枸杞、盐池滩羊肉、宁夏大米、宁夏菜心、西吉马铃薯等10个产品被列为宁夏重点打造的农业区域公用品牌。宁夏相关职能部门每年开展农产品地理标志专项检查，完善标志授权、规范使用程序，并统一印制了标志使用申请书、使用协议、承诺书、使用规范等。开展农产品地理标志追溯管理，不断将全区全部地理标志产品纳入追溯范围，强化地理标志农产品品质溯源和品牌塑造。

（六）推进“快递＋电商＋农特产品”融合发展，加强特色优势农产品区域公用品牌的宣传推介

开展以“快递+电商+农特产品”融合发展为主线的产品推介，开通了“乡味宁夏”品牌农产品官方微信公众号，建设宁夏农村电商综合服务平台，并成立了宁夏农村电商联合会。充分利用电视、网络等媒体平台播放宁夏特色优质农产品专题宣传片和广告片。结合宁夏特色农产品果蔬成熟期和牛羊肉冬季肉质鲜美的特点，在每年7月至10月的黄金旅游季和春节前2个月，在城市机场、火车站、中心广场等人流密集场所进行广告宣传，并在全国各类农产品推介会、展销会和中国绿博会上对区域公用品牌农产品进行推广，扩大区域品牌的影响力和知名度。组织中央及各省市媒体来宁夏对特色优势农产品基地、企业及特色产品进行采访和报道，通过实地拍摄宁夏农产品专题片，借助央视广告扶贫项目、央视七台《每日农经》栏目，不断宣传宁夏特色优势农产品及其区域公用品牌。

二、宁夏特色优势农产品区域公用品牌政府保护中存在的问题

（一）政府对区域公用品牌重规模化发展，轻精准化保护

截至2019年，宁夏现代畜牧业奶牛存栏达到43.7万头，肉牛、滩羊饲养量分别达到169万头和1148.2万只。[①]瓜菜面积296.8万亩，总产量达到

①刘静，顾锐：《回眸十三五　宁夏：特色产业齐头并进　农业发展成绩亮眼》，宁夏广电新闻中心《今日宁夏》，2020年11月14日。

731 万吨。枸杞、酿酒葡萄产业稳步发展，面积分别达到 100 万亩和 57 万亩，特色产业占农业总产值的比重达到 87.4%。[①]但是，对已经具有一定影响力的宁夏枸杞、盐池滩羊、贺兰山东麓酿酒葡萄等区域公用品牌的精准化保护重视不够，至今未见出台相关的保护条例或者保护办法。2019 年宁夏被纳入中国农业品牌目录《2019 农产品区域公用品牌》的仅为 8 个，占比 2.67%。属于排名最靠后的省区，与甘肃、青海处于同一档次。2020 年宁夏被纳入中国农业品牌目录的仅为 5 个，占比从 2019 年的 8%下降为 4.67%。实际上区域公用品牌的培育建设和保护并不冲突，好的知名品牌需要长期精准化保护才能永恒。

（二）政府部门各管一段，权责不清，缺乏协同合作的品牌治理保护机制

近年来，随着宁夏特色农产品知名度的提升，大量的仿冒宁夏特色品牌农产品占据了部分区内外销售市场，造成市场上宁夏枸杞等品牌农产品鱼龙混杂、真假难辨。其根源是地方政府相关部门各管一段，权责不清，缺乏协同监管、治理的制度和机制。

对于农产品而言，从农田到市场，涉及生产、加工、包装仓储、物流、质检等一系列环节，表面上建立了“三位一体”的品牌保护体系，但因相配套的保护制度和机制缺乏，导致好的保护体系无法落地。各职能部门之间在管理上也存在各自为政、缺少沟通的问题，最终导致保护政策落实不力。

（三）区域品牌“三度”维护意识不强，单一产品品牌名称定位不准确

政府相关部门对区域公用品牌知名度、美誉度、信誉度“三度”维护意识不强。首先，知名度是区域公用品牌“三度”中最为重要的一度，也是区域公用品牌价值和市场影响力的体现。但是，宁夏的特色优势农产品出现了同一行政区域内单一产品多品牌名称并存的现象，极不利于区域公用品牌知名度的维护。导致消费者对同一行政区域内单一农产品公用品牌的认知错乱，影响了消费者的购买识别选择，大大降低了区域公用品牌的

①刘静，顾锐：《回眸十三五　宁夏：特色产业齐头并进　农业发展成绩亮眼》，宁夏广电新闻中心《今日宁夏》，2020 年 11 月 14 日。

市场知名度和影响力。其次，调研还发现即使是消费者熟知的某一宁夏特色农产品品牌，如宁夏枸杞和中宁枸杞，但因品牌标识五花八门、品质参差不齐，消费者实际购买到的枸杞可能并不是真正的宁夏枸杞或者中宁枸杞。这不仅会影响用户的购物体验，也会误导区内外消费者对宁夏枸杞美誉度、信誉度的信赖，最终导致宁夏枸杞品牌竞争力下降。因此，农产品区域公用品牌知名度、美誉度、信誉度的维护，是其区域品牌保护的核心，而品牌名称的准确定位又是“三度”维护的核心。即便是知名品牌，如果不重视“三度”的维护，终究会被市场抛弃和淘汰，失去原有的品牌价值和市场影响力。

（四）区域公用品牌欠缺全面、精准的保护制度

当前，政府相关部门在优势农产品区域公用品牌建设和保护上，缺乏全面、精准保护的措施和制度建设。粗放式的保护政策无法转化为精准化的保护制度，造成政策落地难。譬如宁夏枸杞因缺乏精益求精的品牌维护和保护制度，如今假冒伪劣泛滥，普通消费者真假难辨，导致近年来的市场认可度和经济附加值走低。

三、实现政府职能法治化，助推宁夏特色优势农产品区域公用品牌保护

（一）强化区域公用品牌保护中的政府责任

1. 压实地方政府在区域公用品牌保护中的主体责任

为加快中国农业品牌“走出去”，打造出高品质、有口碑的农业“金字招牌”，2019 年农业农村部开启了“中国农产品百强标志性品牌”的评选工作。按照对参评品牌进行综合评估、专业评选、优中选优的原则，从销售额、市占率、创新力、知名度等方面进行评比，评选出最具权威性和影响力的“中国农产品百强标志性品牌”。

回顾总结近三年的评选结果，发现 2019—2021 年三年间入选“中国农产品百强标志性品牌”最多的是四川省，总计入选 80 个品牌，连续三年蝉联榜首，并与内蒙古、陕西、新疆连续三年位居榜单前四位。而宁夏三年间总计入选 2 个品牌，即 2019 年仅中宁枸杞入选、2021 年仅盐池滩羊入

选。宁夏要反思差距、找问题，要下狠手压实责任，以规章制度明确县级以上地方政府在农产品区域公用品牌创建和保护中的主体责任，切实为企业、农民专业合作组织等提供制度保障、技术服务和资金支持。因为县级以上地方政府既是农产品区域公用品牌创建和保护的主导者，也是受益者。所以，认真做好培育、创建和推广服务是地方政府义不容辞的责任和义务。

2. 政府必须加强区域公用品牌培育、创建和保护的制度建设

首先，地方政府要通过加强政策引导，以区域公用品牌建设为引擎，完善农业科技服务体系。搭建起政府与科研机构共同参与的区域农产品良种培育及栽培技术研发、推广的创新平台，确保区域特色农产品的品质。二是建立地方政府、科研院所、企业和行业协会共同参与培育、创建和维护的体系。地方政府通过优化营商环境和投融资环境，吸引大企业和科研院所进入本行政区域，联合在产地环境净化、标准化智慧农业推广、农产品精深加工等领域投资兴业，提升特色农产品品质和经济附加值，做强做大区域公用品牌的市场价值和竞争力。三是构建宁夏区域公用品牌培育、创建和保护的制度体系和奖惩机制。以特色优势产业转型升级和品牌强农为突破口，充分挖掘区域品牌文化内涵，利用区域特色文化提升区域品牌形象。以入选“中国农产品百强标志性品牌”为核心目标，从提升农产品区域品牌影响力、知名度、美誉度、信誉度和市场占有率等方面，构建宁夏区域公用品牌培育、创建、保护的制度体系和奖惩机制。

3. 政府要加强区域公用品牌创建、维护专项基金的使用管理

首先，政府要引导设立农产品区域品牌培育、维护专项基金，帮助企业、农民专业合作组织落实好特色农产品标准化生产改造，无害化加工，产地证明商标、地理标志等区域品牌的申请注册、推广和保护中的政府资金支持。其次，在财政专项资金的使用和管理上，政府主管部门应当出台相应的政策法规，建立农产品区域品牌专项资金使用、监管的制度和运作机制，确保专项资金及时、合法、有效地使用和管理，杜绝违法违规挪用支出。

4. 政府要加强对企业、农民专业合作组织的农产品质量信用监管

加强对企业质量信誉的监管，尤其是加强对生产和加工企业、农民专业合作组织的农产品质量信用监管，对塑造特色农产品区域品牌公信力至

关重要。因此，各级政府部门必须要统一思想，提高对区域品牌维护中农产品质量信用监管重要性的认识，切实做好加强企业质量信用监管工作，规范市场经济秩序。通过制定企业质量信用监管标准，按照鼓励诚信、扶优限劣的原则，激励和帮扶守信的企业，在信贷、税收、政府补贴等方面给予奖励和扶持。对失信企业通过建立惩戒和淘汰制度，一旦查出有失信行为，先要责令其整顿和限期改正，并给予相应惩罚。否则就将其纳入企业诚信黑名单，公开向社会曝光、披露其违法行为并给予最严厉的制裁。建议宁夏相关政府部门将企业质量信用监管信息服务平台，纳入宁夏企业信用信息公示系统，对企业进行主体备案、信息披露、检测预警、标识管理、市场查验和质量信用评级，提高对企业质量信用监管工作的透明度。

（二）确保同一区域单一产品准确的区域品牌名称定位和市场定位

1. 以市场为导向，确保同一区域单一产品准确的区域品牌名称定位

针对目前市场上出现的同一区域单一产品区域公用品牌名称不统一、不准确现象，造成消费者对同一区域内单一产品品牌认知错乱，影响了消费者的购买识别选择。究其原因，主要是地方政府在区域品牌农产品市场销售环节，对品牌农产品市场名称定位缺乏监管，致使五花八门的冒牌货大量涌现，严重侵害了本区域内公用品牌的知名度、美誉度和信誉度。另外，在农产品区域公用品牌培育和创建过程中，因对本区域内的地理环境、历史和文化内涵的挖掘、提炼不够，品牌塑造和名称定位中缺乏对区域文化的包装和传承，造成相邻区域不同公用品牌名称的特色内涵定位不准、体现不明显，影响了品牌的市场认知度。因此，以市场为导向，明确同一区域单一品牌准确的市场名称定位，对维护区域公用品牌的“三度”和市场竞争力至关重要。

2. 以市场为导向，明确区域公用品牌的市场定位

准确的品牌市场定位决定着市场占有率。建议地方政府通过特色农产品质量信用监管和评价机制、奖惩机制的运用，以市场为导向分层次、分梯队地培育和保护一批省部级名优品牌，重点保护几个入选“中国农产品百强标志性品牌”，为品牌的国际化定位奠定基础。所以，政府相关部门要重点研究制定出区域公用品牌培育、保护的政策法规和未来五到十年的远

景规划，较为详细、周密地安排未来五到十年哪些区域公用品牌晋级省部级名优品牌，哪些区域公用品牌晋级“中国农产品百强标志性品牌”，绝不能不分层次和重点，没规划、撒胡椒面儿式地一窝蜂上。

（三）重视区域公用品牌的维护和推广，提升品牌影响力和市场份额

1. 重视特色农产品产地证明商标和地理标志的维护

因农产品区域公用品牌创建和维护的投资大，回报周期长，企业承担的风险高。一旦维护不力，企业会为此付出难以弥补的巨额损失。也因农产品区域公用品牌譬如地理标志、产地证明商标具有区域公用的特性，不能在市场上直接交易。所以，区域内的各经营主体都想免费搭乘“顺风车”，不愿意先行投入和多投入。当企业因“钱途渺茫”，不愿意花费人力、物力和财力，对本区域内的特色农产品产地证明商标和地理标志持之以恒地维护时，建议地方政府要为市场主体出谋划策，共同承担起产地证明商标和地理标志的长期维护工作。

2. 重视特色农产品产地证明商标和地理标志的深度推广

在农产品区域公用品牌产地证明商标和地理标志的深度推广上，国内外已经具备可供复制和推广的经验。例如聚焦核心单品是农产品区域公用品牌迅速推广的最佳路径之一，而核心单品的选择标准可以参照日本的一村一品，选择同品类中品质最好、最具有竞争潜质占领销售市场和能够创造出最佳经济效益的产品。打造出线上线下相结合的体验式推广模式，线上通过新媒体平台运营和网络直播带货为主，线下与商超百货、政府主办的农商会和博览会对接，增加消费者的参与体验感，让其真实地认知产品的品质和市场价格，并以此来吸引和稳定客源，实现产销对接，稳定销路。

3. 注重农产品区域公用品牌推广中的产品包装设计，树立品牌形象

高品质的产品必须树立起良好的品牌形象，才能参与到激烈的国际国内市场竞争之中。因此，在倡行“绿色、环保、可持续”的理念下，在避免“过度包装、过度浪费”的同时，农产品市场推广中需要注重不同档次产品的包装设计，以适应不同档次产品的品质与价格。将品牌的市场定位与包装设计紧密结合，也是增强区域品牌影响力和市场竞争力的重要因素。也就是说企业要根据不同层次客户的消费需求，挖掘出客户的不同消费心

理和消费特征，在产品的包装设计上区分不同用途、层次，满足客户的个性化包装设计需求，以此提升客户对产品美誉度和忠诚度的信赖，进而增强对企业产业品牌形象的识别。

（四）推动建立农产品区域品牌保护行业协会

通过对跻身“中国农产品百强标志性品牌”行列前五位的四川、内蒙古、宁夏、陕西、新疆等省区的调研，发现各省区在区域公用品牌保护上都有需要我们学习借鉴的经验和做法。其中，建立农产品区域品牌保护行业协会是我国多数省区的选择，很值得推广。因为行业协会是联系政府与企业的桥梁和纽带。一方面企业可以通过协会表达诉求，另一方面政府也可以通过协会了解企业在区域品牌维护中面临的困难和存在的问题，为政府制定和实施行业区域品牌发展规划，品牌保护的政策、法规和规章制度提供实践支持。

综上所述，加强宁夏特色优势农产品区域公用品牌保护，是确保“优质、特色、高端”农产品“走出去”，应对农产品国际竞争，增强宁夏特色优势农产品综合竞争力的需要。所以，为深入贯彻习近平总书记视察宁夏重要讲话精神，全面落实宁夏党委、政府建设黄河流域生态保护和高质量发展先行区的决策部署，必须强化特色优势农产品区域公用品牌保护中的政府职能法治化，严格依法落实地方政府在区域公用品牌保护中的职责和义务。

宁夏严格规范行政执法“三项制度”的对策建议

张　苹　张淑东　张煜华

2022年1月，中央依法治国办督察宁夏反馈会在银川召开。根据督察反馈意见，宁夏法治政府建设在取得突出成绩的同时，也存在一些短板弱项，包括行政执法“三项制度”落实不严格规范，存在随意执法、选择性执法，执法标准尺度不统一、自由裁量标准不规范等问题。三年以来，行政执法“三项制度”在宁夏得到大力度推行，并取得显著成绩，但同时也存在一些问题需要解决。本报告梳理宁夏推行行政执法“三项制度”取得的成绩，分析宁夏推行行政执法“三项制度”仍需努力之处，在此基础上，对宁夏严格规范推行行政执法“三项制度”提出相关对策建议。

一、宁夏推行行政执法“三项制度”取得的成绩

自治区党委、政府高度重视行政执法“三项制度”在宁夏的推行，要求司法厅抓好组织落实，将全面推行行政执法“三项制度”作为提升行政执法水平、转变政府职能的突破口和重要抓手，列入自治区党委全面依法治区委员会、深化改革委员会、自治区政府重点任务，与各项重大改革事

作者简介　张苹，中共宁夏区委党校（宁夏行政学院）法学教研部副主任、副教授；张淑东，中共宁夏区委党校（宁夏行政学院）决策咨询部讲师；张煜华，中共宁夏区委党校（宁夏行政学院）法学教研部助教。

项统筹部署，并纳入法治政府建设考评体系和效能目标考核体系。在此基础上，宁夏推行行政执法“三项制度”取得较大成绩。

（一）及时公示行政执法信息

各级行政执法部门通过政府或部门门户网站、自治区行政执法监督平台、“双公示”等专门平台或政务公示栏，主动公开本部门权责清单、执法流程图、服务指南、行政执法案件结果等信息，执法人员严格落实持证上岗、亮证执法，不断提升执法公开透明度和社会知晓率。

（二）严格规范执法记录

各级行政执法部门不断健全完善记录制度机制，在规范文字记录的同时，强化音像记录的作用。配备记录设备，包括执法记录仪、摄像机、照相机等；建立了记录场所包括询问室、听证室等，保障了行政执法全过程留痕和可回溯管理。执法过程的可回溯管理进一步规范了执法行为，例如宁夏中卫市市场监督管理局的执法人员一边整理执法记录，一边检视自己的执法言行：“我在视频里怎么一直抱着双手，这种姿态下次得改！”“我说话急了，应该先把执法依据讲明白。”

（三）严把法制审核关口

各级行政执法部门制定法制审核办法，进一步明确审核人员、范围、程序、内容，未经法制审核或者审核未通过的不得做出决定。积极引导推广实施法律顾问制度，663 个行政执法部门聘请了 723 名法律顾问。严把法制审核关口，保障了执法的合法性，宁夏中卫市沙坡头区滨河辖区一家酒吧的服务员和消费者产生纠纷，双方吵架后散去。消费者随后发短信与服务员约架。双方各纠集人员，在沙坡头区商业北街打起了群架。中卫市公安局沙坡头分局法制大队执法人员说：“当时，滨河派出所定性约架方为寻衅滋事，而法制员审核后，将案件定性为聚众斗殴。”法制员认为，寻衅滋事只处理一方，聚众斗殴双方都会受到处罚。这位执法人员说：“这个案子如果不是法制员把关准确，会产生不良社会影响。定性不准确的案子起诉到检察院，也会被打回来补充侦查，后续不仅取证难，办案民警也会受到相应的处罚。”

二、行政执法“三项制度”的制定背景及其所要解决的执法问题

党的十八大以来，行政执法总体上更加规范。但在实践中，也存在随意执法、粗暴执法、执法寻租等问题，执法不作为也有表现，执法不重视程序、违反法定程序的情况也时有发生。尤其在征地拆迁、房屋强拆、财产扣押等问题上，屡屡出现行政执法行为不当乃至违法的问题，不仅对政府形象造成了不良影响，还侵害了公民的合法权益。因此，要求行政执法机关严格执法的呼声越来越高。

正是基于这样一种现实考量，2014 年，党的十八届四中全会明确提出“建立执法全过程记录制度”“严格执行重大执法决定法制审核制度”“推行行政执法公示制度”三项制度，以推动实现严格规范公正文明执法。通过行政执法“三项制度”，主要解决以往实践中存在的如下问题。

（一）越权执法问题

有的执法部门不具备行政执法主体资格，没有法律法规授权或没有依法接受委托却实施行政执法行为；有的执法部门超越法定职权、违反法律规定乱处罚、乱收费。如某市未经法律法规授权成立的临时机构，非法收取服务费、登记费和年度注册费。有的执法部门超出法定追责时效实施处罚。如某行政执法部门居然对一起 13 年未被发现的违法行为进行处罚，违反《中华人民共和国行政处罚法》“在 2 年内未被发现的不再给予行政处罚”的规定。

（二）违反法定程序或证据不足

有的执法部门在执法中下达行政处罚决定在先，出具抽样鉴定结果在后。有的部门不依法履行事先告知程序，剥夺当事人陈述、申辩权和听证权。有的部门证据意识差，造成案件事实不清、证据不足。如某执法部门 2013 年度所有行政处罚案卷均缺少必要的现场检查记录、询问笔录，在缺乏调查取证环节的情况下直接进行处罚。甚至还有极个别执法部门没有任何执法文书就实施处罚。

（三）滥用行政裁量权现象

有的执法部门没有将行政处罚裁量基准制度有效落实，对相同情况、相同性质、相同情节的违法行为，给予了差别很大的处罚，出现“同案不同罚”的现象。如某执法部门对两个不同单位的处罚案，违法事实相同，却分别给予数额相差很大的罚款。还有的执法部门对情节恶劣、后果严重的违法行为按照处罚幅度下限处罚，而对情节显著轻微、危害不大的行为却按照处罚幅度的中、上限处罚，造成了重责轻罚或轻责重罚的执法不公现象。

（四）执法不严或以罚代管现象

有些执法部门对违法行为一罚了之，不予纠正，致使违法行为得以继续，严重损害法律权威。实际上，《行政处罚法》规定，实施行政处罚、纠正违法行为，应当坚持处罚与教育相结合，教育公民、法人或者其他组织自觉守法。然而，个别执法部门却把罚款作为主要甚至唯一的制裁措施，不但没有制止违法行为，反而通过罚款让违法行为变为“合法”。

三、宁夏推行行政执法“三项制度”仍需努力之处

尽管宁夏推行行政执法“三项制度”取得较大成绩，但是，根据中央依法治国办督察宁夏的反馈意见，可以看出宁夏行政执法“三项制度”的落实仍有不严格规范之处，主要体现在以下几个方面。

（一）主观上的重视程度仍需提高

各级行政执法部门的重视程度和认识程度存在差距，工作推进进度不平衡、不全面，特别是执法任务较轻的部门，工作积极性不高，仍处于被动应付。少数行政执法人员甚至没有完全领会“三项制度”的核心要义、具体要求，不了解如何才能有效落实“三项制度”。笔者在调研中发现，个别行政执法单位相关工作人员甚至不知晓何为行政执法“三项制度”。

（二）制度落实有待进一步严格

行政执法部门偏重行政处罚的规范，对行政检查、行政征收征用等行为规范还不到位，行政执法公示尚未达到100%，执法全过程记录过程中仍以文字记录为主，且文字记录不严谨、执法用语不规范、档案管理不严格，

法制审核能力不高，影响“三项制度”作用发挥。

（三）人员配备仍有待加强

大部分行政执法部门法制审核人员比例达不到行政执法人员的5%，执法监督和审核人员严重不足，监督和把关作用难以有效发挥；行政执法部门执法岗位人员取得执法证件的人员仅占70%左右，行政执法岗位人员持证率不高，执法人员能力不足，思想认识还需进一步提高。

（四）推进平台应用不够好

各部门大多都有自己的执法平台，基层执法人员一事多录，因而宁夏执法监督平台中的行政执法数据绝大多数为事后补录，未能按照要求对行政执法活动进行实时录入，导致数据分析应用、线上案件监督尚未有效开展。

四、宁夏严格规范推行行政执法“三项制度”的建议

为进一步严格规范推行行政执法“三项制度”，需要从顶层设计、宣传培训、加强保障等多个方面入手共同发力，具体建议如下。

（一）加强顶层设计

在组织领导、监督指导等方面，统筹推进行政执法“三项制度”全面严格落实，将行政执法“三项制度”纳入年度效能考核内容。监督指导方面，各地各部门要强化行政执法“三项制度”的监督指导，及时督促整改工作中发现的问题。各级司法行政机关要充分履行行政执法协调监督职能，加大推动落实行政执法“三项制度”监督考核力度，确保行政机关依法全面履行职责。

（二）强化宣讲培训

根据调研，发现部分行政执法人员对于行政执法“三项制度”的制定目的、法律原理等内容了解不深不透。首先要通过宣讲培训，向执法人员讲清楚行政执法“三项制度”的制定目的。通过“三项制度”的实行，解决实践中越权执法、违反法定程序或证据不足、滥用行政裁量权、执法不严或以罚代管等突出问题。其次要通过宣讲培训，向执法人员讲清楚行政执法“三项制度”的法律原理。行政执法“三项制度”聚焦行政执法的源头、过程、结果等关键环节，保障执法的规范化，“行政执法公示制度”，

体现行政公开原则，将权力的运行置于公开透明的环境之下，就避免了暗箱操作的可能性；“行政执法全过程记录制度”，体现程序正当原则，保障行政执法程序更加规范；“重大行政执法决定法制审核制度”，体现行政执法的合法性原则，保障行政执法部门做出的重大执法决定要守住法律底线，经受住合法性检验。

（三）进一步加强保障

第一，出台落实行政执法“三项制度”的指导意见，对宁夏各地各部门做出明确要求。例如对于行政执法公示制度，可以做出如下指导：事前，公开行政执法主体、人员、职责、权限、依据、程序等信息；事中，亮证执法、出具文书、明示工作人员岗位职责等；事后，执法结果自做出之日起7个工作日内，主动向社会公布；利用微信公众号、小程序等新媒体公示执法信息，执法人员胸前佩戴附有二维码的执法证件执法，便于群众随时进行监督；等等。第二，加强监督平台应用。做好行政执法数据的归集，尽快实现执法信息网上录入、执法程序网上流转、执法活动网上查询。第三，加强人员配备、保障执法装备和经费，在人财物等多方面为落实行政执法“三项制度”提供强有力的保障。

宁夏乡村治理中存在的问题及法治对策

张国君　官世博　席　娜　王　勇　张秀苇

乡村治理现代化是实现国家治理体系和治理能力现代化的重要内容，也是实施乡村振兴战略的有效抓手，其治理的好坏不仅决定着乡村社会的繁荣稳定，还影响着我国如期完成乡村振兴奋斗目标和全面建成社会主义现代化国家的进程。2020 年 5 月，宁夏回族自治区党委出台《关于完善基层治理体系提高基层治理能力的若干意见》，提出了“1+6”基层社会治理方案，将乡村治理列为完善基层治理体系建设的一项重要内容。2020 年 12 月 31 日，中央农村工作领导小组批复同意宁夏全区开展乡村治理示范创建，宁夏成为全国首个整（省）区开展乡村治理示范创建的省区。

一、宁夏开展乡村治理示范创建的实践和经验

（一）以党建为引领，健全乡村社会治理体系

1. 高位推动，全局谋划乡村治理格局

2018 年 3 月，宁夏党委组织部、宣传部、发改委、民政厅等部门联合出台《关于构建“四联四化”机制加强城市基层党建工作的意见》，提出建

作者简介　张国君，宁夏社会科学院助理研究员；官世博，自治区党委农办秘书处处长；席娜，宁夏农村科技发展中心助理研究员；王勇，宁夏留学人员和专家服务中心高级经济师；张秀苇，银川市金凤区教育局教师。

立健全市、县（区）、街道、社区四级纵向联动体系；完善街道社区党建、单位党建、领域党建横向联动体系；建立条块结合、机制衔接、共促共建的协调联动体系。推进城市党建区域化，强化街道党工委抓党建职责，赋予街道党工委相应职权，扩大城市新兴领域党建覆盖。推进治理服务精细化，构建多元治理体系、便民服务网络，推行“网络+”党建模式。各地市、县积极响应自治区党委文件精神，认真落实五级书记抓基层乡村治理的工作机制，建立起上下贯通、运行有效的责任体系。

2. 配强村“两委”班子，依法规范村级事务

以狠抓基层党支部规范化、标准化建设为抓手，选优配强村“两委”班子，健全党政责任体系，完善议事决策机制和监督机制，加强和改善村党组织对村民委员会及村务监督委员会等组织和各项工作的领导，确保乡、村两级党组织在乡村治理中的领导地位。全面落实“四议两公开”制度，实现村民监督委员会全覆盖，重点对村务决策、村务公开、“三资”管理以及村干部廉洁履职等开展监督。深入开展“一抓两整”示范县、乡创建行动，全区创建示范村党组织1465个，整顿了一批软弱涣散村党组织。为推动党的组织体系向村民小组等治理单元延伸，全区共成立网格党支部1829个，设立网格党小组1.1万个，确定党员联系户17.1万户，实现乡村治理覆盖到哪里、党的组织体系就延伸到哪里。

3. 编制权责清单，明确各部门职责范围

2020年12月，自治区人民政府办公厅印发乡镇（街道）“五个清单指导目录”，具体包括《乡镇（街道）权力清单指导目录》《乡镇（街道）赋权清单指导目录》《乡镇（街道）政务服务事项清单指导目录（2020版）》《乡镇（街道）行政执法事项清单指导目录》《县乡“属地管理”事项主体责任和配合责任清单指导目录》。“赋权清单”列举了一般乡镇（街道）能够及时有效办理的审批服务和执法事项共83项（审批服务事项37项、执法事项46项）。“权力清单”列明了中央指定和宁夏设立的乡镇（街道）行政职权101项，涉及17个行业领域。“政务服务事项清单”罗列了乡镇（街道）受理或直接办理的基层便民服务事项123项，涉及公安、民政、卫生健康、医保等8个部门。其中48项便民服务事项村（社区）均

可代办，规范了基层政务服务、公共服务等具体事项，提升了基层审批便民化服务水平。

4. 严格村级事务民主决策程序，完善村民自治制度建设

2019 年 6 月 18 日，自治区党委组织部、民政厅印发《县级推进“55124 模式”规范化建设的指导意见》。一是认真落实“四议两公开”和村民代表会议“55124”工作法。即简化村级小微权力事项办理程序，当场办及时办，重大事务清单事项严格按照“四议两公开”和村民代表会议“55124”程序决议表决，保证了村级事务的规范化运行。二是公开村务公开清单，完善村务公开制度。即对涉及村集体的强农惠农资金、农业补助、就业政策、便民利民服务开展情况、村委会职能职责及成员分工情况基本做到对外公开，规范了村委会的决策程序，保障了农民群众的根本利益，维护了农村社会的稳定。三是探索监督职能向乡村（居）延伸，区内所有的建制村均配备了村务监督委员会主任、委员，并建立村监会成员考核奖惩机制，确保村监会工作有章可循，激励村监会尽职尽责发挥监督作用，打通了乡镇监督全覆盖“最后一公里”。

（二）优化整合服务资源配置，提升乡村社会服务水平

1. 推动服务重心下移，全面提升社会服务化水平

2020 年 3 月，自治区党委《宁夏推进基层整合审批服务执法力量改革试点工作方案》，规定严格乡镇机构限额管理，每个乡镇机构党政机构和事业单位不超过 9 个，即 5 个内设机构、4 个事业单位。统一规范党政机构和事业单位名称。调整乡镇站所管理体制，将县级部门派驻乡镇的国土资源所和农业技术推广机构（农业服务中心、水利工作站、林业工作站等）及其人员编制下放，整合并入乡镇相关机构，整合基层执法力量，逐步实现基层“一支队伍管执法”。2021 年 8 月，宁夏农业农村厅对乡镇机构的职能设置再次进行调整整合。一是推进建设“两个中心”：整合综治信访、公安司法、民生服务等资源，每个乡镇建设 1 个乡村治理中心和 1 个农业农村综合服务中心，为群众提供便捷高效的服务。二是加大乡村基础教育、文化站所、卫生院力量配备，拓展乡镇便民服务中心和村级代办点功能，培育一批村级农业农村综合服务站点，把公共服务送到群众身边。三是推

进“互联网+乡村公共服务”建设，建设乡村治理大数据中心，探索建立数字治理、数字产业、数字改革、数字生产和数字政务等应用平台。

2. 数据赋能乡村基础工作，积极推进乡村数字化建设

对标基础设施、产业发展、公共服务、乡村治理、农村改革等方面问题，深入开展“一村一年一事”行动，让群众说事议事、村级办事干事，每年为每个村办一件实事，推动实现“一年办一事、三年大变样、五年建新村”。充分整合社会资源，集中力量建设了一批农村水电路讯、污水管网、垃圾处理等基础设施工程项目，还历史欠账、补短板弱项。自2019年以来，西夏区、盐池县等4个县（区）入选全国数字乡村建设试点，利通区入选首批全国乡村治理体系建设试点。推广“互联网+公共服务”，乡村政务事项网上办理率达90%。开展百万农民数字应用提升行动，电信“村村享”、移动“慧村”、联通“美丽乡村”、阿里“钉钉”等平台在乡村治理中广泛推广应用。

3. 扩大社会保障覆盖面，全面提升公共服务保障水平

2021年新（改、扩）建中小学校舍21万平方米，改善了乡村的办学条件，新补充教师3000人，新建幼儿园37所，义务教育在西部率先实现基本均衡，基础教育主要指标超过全国平均水平。实施健康宁夏“十大工程”，推进国家“互联网+医疗健康”和区域医疗中心试点区建设，率先在全国建立“基层检查+上级诊断+区域互认”模式。创建国家卫生乡镇3个。推动优质资源下沉基层，乡镇卫生院补充500余人。有效防范因病致贫返贫风险，帮扶病患10.76万人次。22个县（市、区）低保审批权全部下放乡镇，率先在全国实现全覆盖；农村低保、特困供养基本生活费提高20%。

4. 倡导简约文明的生活方式，净化乡村文化生态

2020年1月，自治区党委农办、组织部、宣传部，宁夏文明办、宁夏农业农村厅等11家部门联合下发了《关于进一步推进移风易俗建设文明乡风的实施意见》的通知，要求县、乡两级党委和政府指导制定或修订村规民约，充实婚事新办、丧事简办、孝亲敬老等移风易俗内容。倡议村民委员会依据村规民约出台具体约束性措施，对红白喜事大操大办、不赡养老人等进行治理，通过教育、规劝、奖惩等措施，规范红白理事会、禁毒禁

赌会、村民议事会、道德评议会等群团组织运行，明确婚丧事宜规定、办事程序、酒宴标准和奖惩办法，积极组织开展婚丧嫁娶服务、邻里互助和道德评议等活动。创新农村婚丧服务方式方法，搭建农村婚姻家庭教育、婚恋交友、婚姻家庭纠纷服务平台，鼓励村妇联主席成为农村义务红娘，为农村青年提供婚恋交友服务。引导未婚青年自觉抵制高额彩礼，严禁大操大办、浪费攀比。简化治丧形式，以追思会代替搭棚守灵，革除陋习，积极倡导火葬，严禁火化后二次装棺，引导节地生态安葬，实行厚养薄葬。

（三）夯实基层基础工作，助力法治乡村建设

1. 做好顶层规划设计，推进基层综治中心建设

基层综治中心作为基层平安建设的重要工作平台，其职能是针对政治安全、社会稳定、社会治安、公共安全等八方面存在的问题，由网格员、辅警、人民调解员等综治成员，通过走访、巡逻、调查收集辖区各类矛盾纠纷、安全隐患、国安、防邪、传销、非法宗教活动等重要线索、群体性异常活动、重点人员活动等紧急信息，及时上报综治中心，综治中心实行“工作例会、首问负责、情况报告”等制度，形成“信息预警、来访接待、分析研判、检查考评”等一整套工作模式，实现“矛盾纠纷联调、社会治安联防、突出问题联治”的目的，切实化解基层纠纷，防止一般矛盾纠纷升级为刑事案件、群体性事件、公共安全事件和越级上访、非正常上访等行为。

2. 配足配齐网格员队伍，规范网格化服务管理

网格是基层治理、服务群众的基本依托和基础单元，网格化管理服务是推进社会治理体系和治理能力现代化的基础性工程，而网格化服务正是以网格员的主动服务，践行为了群众、依靠群众、深入群众，把尊重民意、改善民生体现到基层治理当中。2021 年 4 月 7 日，宁夏政法委、民政厅、人社厅印发《宁夏城市社区网格员管理办法》，最突出的特点是，工作制度部分新增了网格员 AB 岗制度、线上服务制度和监督评议制度，报酬待遇和考核奖惩部分细化了绩效制和居民满意度的比例构成。为了确保《管理办法》及时落地，宁夏政法委先后深入五地市 9 县区 21 个街道、乡镇、社区、建制村开展专题调研，督促 242 个乡镇（街道）划分网格 22761 个，

配备专兼职网格员23034名，进一步织细织密基层社会治理细胞网。

3. 认真抓好平安建设，扎实推进乡村法治建设

宁夏平安建设工作紧紧围绕政治安全、社会稳定、社会治理、反邪教和平安宣传暨网络舆情5项专项工作展开。一是组织开展践行新时代“枫桥经验”活动，推进我区新时代人民调解工作创新发展。自2018年12月宁夏党委办公厅、人民政府办公厅印发《关于坚持发展“枫桥经验”进一步加强人民调解工作的实施意见》出台后，五地市积极开展“矛盾纠纷大调解”专项行动，深入开展法治宣传教育，建立健全矛盾纠纷信息预警网络，积极化解信访矛盾纠纷。将农村人民调解组织建设纳入农村基层组织建设规划，依托综治中心和司法所依法成立乡镇人民调解委员会；依托村党支部依法成立村人民调解委员会，在村民小组建立调解小组，村民每十户设立1名调解员、纠纷信息员，夯实打牢人民调解组织工作网络。二是进一步完善乡村法律顾问制度，将法律服务延伸至最基层单位。全区已实现一村一法律顾问全覆盖，为全区所有乡镇配备了“12348”公共法律服务智能终端机、智能可视化自助机，实现了热线平台、实体平台和网络平台“三台融合”，在乡镇综治服务中心分别安装了电子屏，实现了县域社会治理指挥调度。三是扎实推进农村“雪亮工程”建设，在县城和重点乡镇重点区域安装了视频监控点位，以及“天翼看家”云防控设备，并在逐年扩大推广。

4. 健全纪委与村监会巡查衔接机制，加强对村级事务的全面监督

2020年5月，自治区党委巡视办出台《关于加强村（社区）延伸巡察工作的指导意见》（以下简称《意见》），重点监督基层贯彻落实党的路线方针政策和上级决策部署情况、群众身边腐败问题和不正之风、基层党组织软弱涣散和组织力欠缺等问题，以及村（社区）党组织履行职能职责情况，着力发现和推动查处群众身边的“微腐败”问题。为推进巡察制度向村（社区）延伸并全面贯彻执行，确保巡察有章可循、有据可依，《意见》规定了开展巡察制度的操作规程和标准，将巡察程序分为准备、了解、报告、反馈、整改五个环节，并细化了每个环节的工作内容和工作重点；将全面从严治党延伸向基层“末梢”，打通全面从严治党“最后一公里”。

二、宁夏乡村治理中存在的主要问题

（一）乡村治理力量薄弱，人员队伍亟需优化

乡村治理是一项整体性、协调性、系统性的工程和长期性的任务，涵盖党建引领、网格化管理服务、公共服务、应急保障、民主管理监督、法治乡村建设等13方面的内容，面临的最大难题是“管理部门多，队伍能力弱，群众动员难”，而村委会作为乡村治理的主要载体，虽然是基层群众性自治组织，却日常承担着党政群综合管理服务职能，工作压力极大。事多人少、编制紧缺成为制约宁夏乡村社会高质量发展的主要因素。虽然国家和宁夏层面出台了一系列加强基层“两委”班子等制度措施予以弥合消解，但至今未得到根治，宁夏的乡村治理现状与乡村治理体系和治理能力现代化的要求相比还存在着不小的差距，亟需从制度设计上予以持续优化。

（二）协同联动不足，乡村治理效率不高

近几年，大量人口向城镇迁移，农村人口流失严重，使村民对于共同体依赖性减弱，共同体情感逐步消解，对乡村的关注度降低，消极参与乡村的集体行动和各项事务，很难形成系统完备、运转协调的乡村共治联动合力。调研中发现，参与乡村治理的除网格员、辅警、下沉干部外，主要是部分党员和退休返乡人员，而社会组织、志愿者、村民的参与度不高。相比繁琐庞杂的乡村服务事项，乡村治理队伍数量明显不足，且大多数学历低、经验不足，加之缺乏激励考核和薪酬待遇，未能建立有效的多元主体协同治理模式，直接影响到乡村治理的效果。

（三）运行机制不顺畅，碎片化治理方式依旧存在

自开展国家乡村治理整省域示范创建活动以来，自治区人民政府办公厅制定了“五个清单指导目录”，自治区党委农办、民政厅会同相关部门制定了《社区治理实施意见》《社区管理服务职责指导清单》等11个规范性文件，并组织实施了“七大提升行动”等。重点是创新微观层面制度体系，厘清基层组织的权限，规范基层自治制度，强化基层政权能力建设等，其做法受到了民政部和自治区党委主要领导的肯定性批示。但是涉及运行流程和服务（管理）制度、责任体系、保障体系方面的规定不多，同时，部

门之间未建立起协调对接机制，许多综合性事务各部门不能通过协商方式予以统筹解决，致使人民群众的利益无法得到很好的保障。

（四）数字化建设滞后，不能完全覆盖乡村“末梢”

在数字化办公系统建设方面，宁夏明显落后于全国的水平，各乡（镇）、街道办（部分社区）虽然开通了123项民生服务事项，但由于多数行政主管部门无法向乡（镇）村级服务机构开放区域网终端，很多事项在乡村还是无法办理，村民只能委托乡镇或村委会代办。同时，宁夏区、市、县、乡、村五级未建立起集数据收集、资料分析、分析预判等一体化的政务协同办公系统，部分乡（镇）、村委会与中国移动、电信、联通等运营商联合开发的办公应用系统，由于技术原因不能与区域网或其他网络实现互联互通，“信息壁垒”“数字烟囱”现象依旧存在，无法为乡村社会治理提供高效便捷的数字化服务。

三、推进宁夏乡村治理体系和治理能力现代化的法治对策建议

（一）突出党建引领，完善乡村治理体系

推进乡村振兴和实施乡村治理是国家和自治区党委、政府做出的重要战略决策，两者之间相互依存，互为因果，存在着紧密内在逻辑关系。乡村治理是实现乡村振兴的基础和重要内容，乡村振兴则是乡村治理的方向和目标。因此，宁夏在实施这两项国家重大决策时，既要注意保持政策上的延续性关联性，又要突出各自的重点和方向，全面统筹协调，系统规划设计，科学安排决策。为充分发挥基层党组织的党建引领和牵头抓总作用，对事关全局的重大决议、规划、计划、制度等事项，都应经宁夏党委农村工作领导小组办公会议审议做出，确保令行禁止政令畅通。为及时跟进国家的重大战略部署，适应新时期新农村工作的实际发展需要，建议宁夏农村工作领导小组将加强智慧乡村（社区）基础设施、应用平台建设，推动社会服务向乡镇（街道）延伸等内容写入下年度的工作规划，切实提高村镇政务服务工作效率，有效缓解基层“事多少人”的窘况。

（二）完善多元化协同联动机制，创新社会治理形式

打造共建共治共享的社会治理格局，需从培育主体、创新形式、完善

机制着手。一是加强宣传教育，增强社会组织、村民等参与乡村治理的积极性主动性。通过组织各党支部开展主题党日活动、演讲比赛、文艺演出、微视频等形式，培育孵化社会组织和村民群体爱家乡的情感，会聚起他们建设乡村的凝聚力和向心力，树立他们参与社会治理的责任心和荣誉感，鼓励他们参与到村庄规划、环境整治、民生服务、产业发展的实践活动中来。二是通过政府购买服务等形式吸引社会多元主体参与乡村治理；也可通过创新服务载体和平台，丰富村民和社会组织参与乡村社会治理内容，加强社会组织协同参与，健全共商共议机制，带动他们共同参与乡村社会治理行动，促进创建活动健康有序发展。三是制定和完善自治组织的运行章程和服务制度，理清各自治组织的活动规则程序，保证社会组织及时高效参与到乡村社会治理中去，切实解决乡村治理中的难题，最大程度上实现各主体利益的最大化。

（三）健全体制机制，强化制度保障

一是建立常态化的联席会议制度。为加强党对乡村治理工作的集中管理，确保政令畅通，办公室应设立在宁夏农村工作领导小组办公室，主要解决需上下级、平行部门之间统筹协调的重大事项及重大决策部署。如对于群众反映强烈、涉及面广的重大疑难复杂事项，本级政府倘若自身无法有效解决，可上报上级政府部门通过召开由住建、环保、教育、财政、发改等部门参加的联席会议研究表决议定，一方面能促成疑难事务的有效解决，同时上级部门也能发现基层的实际需求和工作中存在的问题，为后期制定切实可行的规划政策奠定了基础。二是要尽快出台并完善议事协调机制、乡村治理工作成效评估机制、村务工作考核评价机制和激励办法、乡镇（街道）经费保障机制、基层纪检监察组织与村（居）务监督委员会衔接机制，以及纪检巡查制度、派驻工作人员管理制度、村级集体资产管理制度、村（居）民委员会成员履职承诺和述职制度、村委会成员离任审计制度、公众列席乡镇有关会议制度等方面的实施细则和管理办法，规范管理流程，强化动态监管，确保基层工作在法治的轨道上运行。

（四）加快建设数字化办公平台，推进乡村治理能力现代化

在宁夏全域建设综合性政务办公平台，提高基层政府政务服务效率势在必行。建设“互联网+村级公共服务”综合性政务办公平台要充分利用5G、云计算、人工智能、大数据等现代高科技技术，整合乡镇党建、综治、政务服务、社区治理、数字城管等信息资源，汇集基础管理、法律政策、运营维护、科技支撑等工具功能，嵌入数字治理、数字产业、数字改革、数字生产和数字政务等应用场景，设置资源管理、数据分析、会议预定、预案生成、指挥调度、决议议案、审核批准、信息反馈等应用程序，实现宁夏（省）市、县、乡（镇）、村数据共享及互联互通，消除不同行业部门及区域之间形成的“数字壁垒”，满足政府部门、相关单位、龙头企业、社会组织、社会公众等多层级的需求，让基层治理的数据“走上来”，管理部门的指令和服务“走下去”，打通宁夏乡村治理体系建设“最后一公里”，为营造共建共治共享的社会治理格局提供有力的科技支撑。

宁夏公共法律服务市场化的制约因素及路径优化研究

白　杨

公共法律服务是指满足人的生存权和发展权必须的法律保障服务，是实现国家治理体系和治理能力现代化的基础性工作。党的二十大报告突出强调“在法治轨道上全面建设社会主义现代化国家”，自治区第十三次党代会就建设法治宁夏、全面依法治区提出“建设现代公共法律服务体系”的新时代要求。公共法律服务属于政府的公共职能，政府具有供给责任，但是政府本身不具有提供公共法律服务的专业性队伍（党政机关公职律师、行政执法人员、司法人员等具有行政编制的法律技术人员不以私主体身份提供法律服务）的条件，往往以通过购买社会法律人才服务的形式供给法律服务，如法律顾问、村（居）法律顾问、法律援助律师、公证员等。虽然政府已经以市场主体身份参与到公共法律服务供给过程中，遗憾的是，市场化的竞争优势还未能激发出来。宁夏推动公共法律服务高质量发展迫切要求推行公共法律服务供给市场化改革。

一、宁夏推进公共法律服务市场化的主要措施

党的十八大以来，宁夏按照中央部署推进公共法律服务体系建设，公共法律服务实体平台实现全覆盖，网络热线全时空不打烊，法律援助、公

作者简介　白杨，宁夏社会科学院社会学法学研究所实习研究员。

证、司法鉴定、人民调解工作持续释放红利，为公共法律服务市场化奠定了扎实基础。

（一）建立政府购买公共法律服务制度机制

制定出台了专门的政府购买公共法律服务的规范性文件。一方面制定了《政府购买法律服务办法》《关于公布宁夏回族自治区司法厅政府购买服务指导性目录的通知》，为宁夏各地、各部门实施政府购买法律服务提供指导和政策依据。另一方面，制定了《自治区基本公共法律服务指导标准（2020—2022年）》《自治区公共法律服务发展指标（2020—2022年）》《自治区公共法律服务事项清单》，完善公共法律服务事项清单，推进公共法律服务标准化建设，促进均等化、效率化。另外，还制定了公共法律服务质量评价机制，通过对评价指标体系落实情况的动态监督、定期考核，保障公共法律服务供给质量。

（二）聚焦公共法律服务基础设施建设，不断延伸公共法律服务触角

2016年开始，宁夏陆续印发《宁夏司法厅关于推进公共法律服务体系建设的实施意见》《宁夏公共法律服务实体平台建设实施方案》《宁夏“12348”公共法律服务热线平台建设实施方案》《宁夏公共法律服务网络平台建设实施方案》，着力打造三大公共法律服务平台，基本实现实体、网络、热线三大平台有机融合。公共法律服务实体平台依托法律援助中心、司法所及乡镇村（居）分级建设，全区已建成市（县）公共法律服务中心27个、乡镇（街道）公共法律服务工作站244个、村（社区）公共法律服务工作室2809个，三级实体平台建成率和覆盖率达到100%。实体中心设置公证、律师等多个维权帮扶窗口，突出法律咨询、法律援助、人民调解公共服务职能，群众满意率达100%。2022年，自治区司法厅统筹整合“12348”公共法律服务热线融入“12345”政务服务便民热线，实现双号并线，提供365天不打烊，“7×24小时”人工服务，年接听量达11万余条。实现“110”报警服务台与“12348”公共法律服务热线的联动对接，民警出警率日均下降10%以上。着力构建智能公共法律服务网络，完善“12348”宁夏法网内容，搭建“宁夏智慧法律服务调度管理平台”，打通“我的宁夏”APP法律服务专区，实现网站、微信、移动客户端“一网通办”。在全区公共法律服务中心（站、室）投放公共法律服务自助终端机 334 台，配备公共法律服务智能可视电话 2784 台，全区智慧法律服务覆盖率达 100%。同心县在全区率先打造“无人律所”4 家，开启公共法律服务新模式。

（三）挖掘公共法律服务人才资源，培育多元供给主体

宁夏各地市结合地区法律资源实际，充分挖掘公共法律服务人才。银川市利用省会城市资源丰富的优势，着力培育律师、基层法律服务工作者、人民调解员作为公共法律服务的主力军作用，2022 年底，银川市律师人数达到 2000 名，基层法律服务工作者达到 90 名，专职人民调解员达到 150 名。组建公共法律服务志愿者服务队，已招募服务团体 15 个共 159 名、个人 77 名。中卫市依托中卫市法律服务中心设立妇女儿童维权中心、农民工法律援助工作站、军人法律援助工作站、监狱法律援助工作站，联合人民法院、检察院、公安机关、人力资源和社会保障部门设立根治农民工欠薪工作站，构筑法律援助便民网络，维护特殊人群合法权益。2022 年上半年，中卫市受理法律援助案件 1971 件，为群众挽回经济损失 1946 万余元。吴忠市形成调解员、村（居）民小组、乡镇调委会、行业专业型调委会四级矛盾纠纷预警网络。同心县探索建立“公共法律服务站（室）+村（居）法律顾问+法律服务队”工作模式，全面开展“同心义警”志愿服务活动、“法律明白人”培养工程，选拔农村“法律明白人”骨干 1073 名、“法律明白人”33598 人、律师 20 名。

（四）服务非公经济，探索公益性服务与市场化运作合作模式

宁夏通过服务非公经济，推动法律服务市场供给侧结构性改革。一是搭建律师服务企业平台，畅通非公企业获取法律服务渠道。落实“百所联百会”机制，组建法律服务团，设立商会法律服务中心（站）、维权服务中心、调解工作室，开设法商服务在线、法商服务直通车、法商论坛等，服务企业的同时也提高了企业的法治意识，挖掘企业法律需求，实现互惠共赢。二是针对不同层次、不同类型商会及成员的法律服务需求，探索公益性服务与市场化运作结合的合作模式，在普法、帮助申领优惠政策等基础法律服务之外，针对企业融资、公司治理结构完善、知识产权保护、风险防范、企业转型升级、培育企业“法律明白人”等更高需求方面，引入市场化法律服务模式，“量身定制”服务项目。

（五）立足精准化服务，打造公共法律服务品牌

不可否认，社会公共法律服务需求日益丰富，品质要求越来越高，公共服务供给也紧跟改进。宁夏公共法律服务站位“精准化服务”，打造公共法律服务品牌，效果显著。全区已成立41个由法律服务工作者、优秀调解能手以个人名字命名的个人调解室，如利通区“王兰花家庭纠纷调解热心小组”、同心“老马”个人调解工作室、大武口区“许安平工作室”等一批特色调解品牌，在全区推广经验，年均调解矛盾纠纷4000件以上，调解成功率97%。打造的一批“法援惠民生”工作品牌，连续开展“法律援助助力农民工讨薪”“疫情防控法律服务绿色通道”“法律援助妇女儿童权益保护”“关爱青少年”等专项行动，2020年以来为特殊人群等提供法律援助服务1.8万人次。打造“组团式”“订单式”“延伸式”服务模式，银川市发挥联席职能优势，通过“律师事务所+公证处+司法鉴定机构+基层公共法律服务站”组团形成合力，为婚姻家庭、侵权类纠纷、劳动争议、合同类纠纷等不同案件需求对象定制法律咨询、代写文书等法律服务。吴忠市推行公共法律服务“1335工作模式”，对行动不便的老年人、残疾人等特殊困难群众的法律援助和公证法律服务需求，提供预约、上门和定制化等服务。

（六）多形式服务公共法律服务供给方，激发市场主体活力

为了解决市场主体参与不足、供给不充分的问题，司法行政部门通过各种资金补贴形式引导律师等法律服务工作者履行社会责任，参与公益性法律服务。在政府财政保障上，确保公共法律服务平台建设经费、人民调解工作经费、人民调解个案补贴、法律援助案件补贴、律师值班补贴、村（社区）法律顾问补贴列入当地财政预算并得到全额落实，建立经费动态增长机制和法律援助补贴免征增值税和个人所得税制度，为青年律师、专职人民调解员解决最低生活保障。在其他方面，自治区司法厅、宁夏律师协会梳理了宁夏出台的税费优惠、社保费缓缴、房租减免等14个方面的律师事务所、律师可以适用的优惠政策措施，编制形成《宁夏律师行业适用稳经济支持政策工作指引》，为律师行业减轻负担。

二、宁夏公共法律服务市场化中存在的问题和制约因素

目前，宁夏公共法律服务仅仅实现了供给方式市场化，优质资源还未集中到公共法律服务上，市场参与较为被动，距离实现市场化供给的数量质量优势还有一定距离。

（一）存在“公共法律服务应由政府承担”的定势思维障碍

长期以来，我国政府和国有企业承担了公共服务和公共产品的供应，市场似乎被认为是只趋利的，无法承担社会责任，尤其是公共法律服务具有极强的公益性，投入与收益又是分离的，购买方和消费方都无法支付市场对价，公共法律服务又被认为不是必需品，不能产生价值，市场主体无利可趋。这一观念形成恶性循环：律师以市场律师服务价格衡量公共服务报酬，被动进入公共法律供给后选择投入少部分精力甚者不投入精力；实际消费者村居民法律意识弱、法律需求模糊、支付能力不足与法律服务“高额市场价格”间双向不匹配，在被迫接受公共法律服务时表现出无需求、不信任，双方都无法在这一服务过程中实现价值。当律所掌握了较大的自主定价权，再以变现来衡量社会责任，公共法律服务将流于形式。当村居民以搭便车的心理享受公共法律服务，公共法律供给将止步不前。要明确的是，普惠性的公共法律服务的购买价格必然远低于市场平均服务价格，律所、律师、公民都是公共产品、服务的社会责任主体，应该对服务提供者给予更高的期待，激发公共法律服务的职业荣誉感。

（二）法律服务主体总量不足且资源分布不均衡

宁夏实现公共法律服务均等化存在客观障碍。一是律师总量不足。全区现有律师4356人，其中社会执业律师3253人（专职律师3161人、兼职律师92人）、公职律师770人、公司律师184人、法律援助律师149人。按照2022年末全区常住人口725万人来计算，每万人律师拥有量为6.01名。二是五市、区县、城乡律师资源分布不均衡。如银川市律师人数占全区律师总数的71.99%，中卫市60%的律师资源主要集中在沙坡头区。三是政府法律顾问、村（居）法律顾问配备不足。全区1692家党政机关，有1246家配备了法律顾问。全区2842个村（居）只配备了893名律师担任

村（居）法律顾问，1 名律师要服务 3—4 个村（居）。四是专职人民调解员匮乏。全区现有人民调解员 20134 名，其中专职人民调解员仅有 711 名。各类人民调解组织约 3868 个，信访事项人民调解组织 70 个。

（三）公共法律服务供需匹配度不高

在公共法律供求关系中，供给主体（政府、第三方）供给单一，需求主体（公民、组织）需求模糊，存在供给者、需求者缺陷，供需匹配度不高的问题。比如，公共法律服务的提供方式、服务内容等目前基本由政府单项确定，主要集中在婚姻家庭、劳动纠纷、特殊群体保护等民事法律领域，行政、经济等领域基本不涉及；现有法律主体如法律援助、法律明白人、社会工作者皆存在身份重叠，却在不同的制度、工作机制下有不同的任务；部分街镇、村（居）法律服务站点所提供的服务仅是简单的法律咨询，且咨询服务人员法律知识背景较为单一，对公共法律服务的内容还不够明晰，无法解答多层次、多样化、个性化的服务要求；一些公共法律服务活动仅仅以完成当年度工作任务为主要目标而开展，部分法律服务主要结合党建活动开展，没有把法律服务真正融入进去，实际两张皮，无法真正做到惠民利民；一些老年人公共法律服务需求表达不充分；社会层面对公共法律服务的认识不足，遇到涉法问题，只有少部分群众会找法律服务工作者寻求法律服务，大部分群众还是习惯于求助信访、公安等部门，导致公共服务资源不能充分发挥其作用。

（四）公共法律服务专项资金投入不均衡

我国公共法律服务资金保障主要依靠政府的公共财政拨款。2022 年宁夏公共法律服务政府资金投入增幅明显：根据自治区司法厅官方网站上公开的 2021 决算执行、2022 预算数据，2022 年公共法律服务经费预算 160 万元，较 2021 年（即法律援助工作经费）执行数 79.58 万元增加了 80.42 万元，增幅达 101.06%。但是，从资金分配项目来看，专项资金投入不均衡：如 2021 和 2022 年国家统一法律职业资格考试预算数达 138 万元，2021 年远高于公共法律服务预算数，2022 年二者也相差不大；再例如，法治建设经费 2022 年预算 190 万元，比 2021 年执行数 36.15 万元增加 153.85 万元，增幅 425.59%，约是公共法律服务经费增幅的 4 倍；再者，根据执行项目来看，实际运用于村（居）民的法律服务资金占比少，且该项资金较多运用于普法支出。另外，公共法律服务实践中存在上级部门给下级部门压力，强制将公共法律服务专项资金列入市、县政财政预算，解决了村（居）法律顾问5000元的补贴标准，但是在其它项目资金上仍无法得到市、县财政支持。

（五）公共法律服务供给机制不完善

现有的购买公共法律服务的规范较为零散，还不成体系，缺乏公共法律服务供给机制。一是政府购买公共法律服务的制度体系尚未完全建立，购买内容、形式较为单一。二是公共法律服务供给事权与财力不匹配，尚未形成有效的管理工作机制。三是部分党政领导对公共法律服务建设重视不够，工作推进机制不完善，部门协调不畅。四是公共法律服务考核评价体系不够完善。虽然设置了大量量化指标，但是仍存在形式性指标。五是公共法律服务资金保障机制不完善，引导社会资本投入的政策措施不够，公益捐赠辅助的多元化投入机制尚未完全建立。

三、宁夏推进公共法律服务市场化的发展路径

向社会组织购买服务作为政府履行公共法律服务职能的主要形式，已经解决了专业化服务主体的来源问题，但供给过程中仍未能发挥市场的竞争力优势，这还亟需挖掘更多解决路径。

（一）明确政府、市场、社会在公共法律服务供给中的职责

公共法律服务建设是政府的职责职能，但不是政府的专有职责，社会组织、律师亦有责任，要实现公共法律服务的有效供给，必须寻求政府、市场和社会组织在公共法律服务供给中的合理定位，即形成以政府为主导、社会多元主体共同参与、财政补贴和市场资金支持并行的公共法律服务供给机制。一是要按照政府公共法律服务的职责内容及公共法律服务项目的性质和特点，明确政府可购买公共法律服务的内容。对于社区矫正、执法等具有公权专属性质的法律服务应当由司法行政部门负责，不得纳入购买目录；对于普法（严格落实“谁执法谁普法）等属于政府职责范围的应当限制购买第三方服务；对于如法律援助等属于政府职责范围、具有公益性

质、但是难以直接提供的专业性公共法律服务事项纳入政府购买服务范围，同时加强培育社会公共法律服务组织、社区自治组织等主体，让其发挥市场竞争作用，政府履行好监管责任。二是宁夏司法行政部门要结合宁夏民族地区特色，以铸牢中华民族共同体意识为主线，委托“法律明白人”提供法治宣传教育服务等的带有普惠性的公共法律服务事项。

（二）多路径推动资源成本的建立与保障实现

公共法律服务供给如果只考虑其公益属性，或者只以服务的对价来衡量公共法律服务的效率与质量，而忽视本身资源成本的建立与保障，那么公共法律服务市场化只是无源之水，不可能实现持续发展。宁夏高质量发展公共法律服务必须打通公共法律服务市场化供给路径。首先，探索购买服务的价格机制，以支付“成本”（政府相关部门的资金投入）保障公共法律服务者的基本待遇、补助补贴，以“社会责任+能力名誉”变现价值（公共法律服务主体优惠政策落实等）激发法律执业主体加大精力投入，以私补公。其次，在社会组织之间引入竞争机制和约束机制，以购买律协服务的无竞争转为调动社会组织资源完全竞争参与公共服务的供给，并规范磋商、招标等购买程序。再者，通过消费者的适量交费机制，关注供需关系中的“需”，既可以吸引市场主体参与，又可以弱化公共法律服务市场化的内在膨胀。最后，推动社会提供自我协助，鼓励和支持社会力量通过投资、建立法律服务基金或者捐助设施设备等资助项目提供产品和服务。

（三）建立健全政府购买公共法律服务的管理机制

公共法律服务绝不是要对标市场价格供给的，司法行政部门应当扭转“公共法律服务是扶贫”的观念，跳出“参与竞争的主体单一”而不敢充分监督考核的怪圈，加强对服务承接方供给过程的管理。一是要完善购买服务范围与购买服务方式的规范限制，确保源头上合法。二是完善购买公共法律服务的程序规范。要做好购买前评估调研，掌握承接服务主体的资质认定、设施建设、人员配备、业务规范等信息，让优质资源进入公共法律服务中。采取磋商、竞价等购买方式的，要公开公平公正组织实施。三是合理确定服务购买主体与服务承接主体之间的指导框架，既要加强司法行政部门对承接主体法律服务秩序的监管，充分发挥法律服务行业协会等社会组织的作用，又要给予服务方专业服务的尊重，避免下压行政性事务任务。

（四）改变资源整合思路，加强制度衔接

公共法律服务具有投入与效益相分离的特性，其市场化是不完全的市场化，必须要高效利用资源。宁夏司法行政部门要加大统筹力度，统一管理公共法律服务供给。一是从以“部门职能为主导确定公共法律服务供给内容”的片段式供给过程转为从“以社会法律需求为主导确定法律服务内容再确定责任部门主体”的链条式供给过程进行整合，解决多部门重复供给、大量领域供给空白的问题。二是要解决律师集村（居）法律顾问、法律援助律师、政府法律顾问、热线值班律师等多重“职能”身份于一身的问题。完善法律顾问管理制度，充分发挥公职律师、公司律师在本部门单位的功能，将部分资源从政府和公司中释放出来。三是要将公共法律服务与诉前调解、诉讼、劳动仲裁等领域的工作对接互联互通，实现资源有效整合。

（五）加强公共法律服务产品的研发

公共法律服务产品化是市场化的必然路径，也是最具收益、最能吸引市场资源集聚的。一是加强普法产品研发。执法部门研发全国统一的常规普法手册，按照“谁执法谁普法”落实普法产品宣发，减少此项重复购买。二是以法院判决书、行政决定书、信访答复等资料研判法官、执法人员、社区工作人员、公民法律需求，研发法律服务产品，提供普惠、精准、便捷的法律服务。三是研发“人工智能+”法律服务产品。目前，宁夏公共法律服务实体、网络平台已经搭建完成，未来要着力研发公共法律服务内容产品，为群众提供多元化、个性化的自助选择。

宁夏乡村治理法治保障体系研究

史伟丽　徐东海

2021年，宁夏与全国同步取得了脱贫攻坚战历史性胜利，按最新脱贫标准，宁夏80.3万建档立卡贫困人口全部实现脱贫，9个贫困县（区）全部摘帽，1100个贫困村全部出列。自此之后，宁夏脱贫人口的生活水平、脱贫地区的经济发展、脱贫群众的精神面貌发生了翻天覆地的历史性改善、历史性跨越、历史性变化。

一、宁夏乡村治理法治保障概况

（一）保障政策与立法情况回顾

从原宁夏扶贫开发办公室（现为宁夏乡村振兴局）发布的《宁夏脱贫攻坚政策摘编》[①]可见，宁夏已制定和发布的扶贫相关政策性文件数量较多，其内容涉及的范围包括扶贫对象的精准识别与精准退出制度，教育、健康、产业、就业以及吃住行等特定事项的帮扶政策，扶贫能力培训与考核方面的制度，脱贫财政及金融保障制度等等，这些制度充分发挥了脱贫

作者简介　史伟丽，宁夏警官职业学院实践教学部主任、教授；徐东海，宁夏大学2020级民族社会学专业博士研究生、宁夏社会科学院社会学法学研究所助理研究员。

①《宁夏脱贫攻坚政策摘编》，载宁夏回族自治区扶贫开发办公室网站，2019年5月8日，http://fpb.nx.gov.cn/xxgk/fdzdgknr/fgwj/zcjd/201911/t20191113_19569.html.。

攻坚政策治理的先导作用，为宁夏贫困人口实现全面脱贫，开启乡村振兴之路打下了良好的基础。

从地方性法规的制定情况来看，宁夏先后出台了《宁夏农村扶贫开发条例》等一系列规范性法律文件，其内容涉及专项资金监督管理、就业补助资金管理和使用、光伏扶贫、农业技术推广、农村综合改革转移支付资金及项目管理、城乡医疗救助基金管理、公共法律服务体系建设、基层治理指标体系等，将落实国家法律、法规与地方实际相结合，保障了扶贫脱贫工程在法治轨道上运行，实现了治理能力的法治化。

（二）乡村有效治理法治保障体系建设的宁夏实践

宁夏围绕增强法治信仰、营造乡村依法治理环境，在严格依法行政、保证司法公正、注重法治思维和法治文化的培养、建立法律援助制度等方面做出了巨大努力。一是严格依法行政。“以良法促进发展、保障善治”。乡村依法治理，是目标，也是任务。完成这项任务，来不得半点虚假。作为乡村依法治理主体的政府，将法治基因植入了从精准扶贫到乡村振兴的方方面面，自觉将政府行政行为纳入法治轨道，使敬畏法律、信仰法律、尊重司法成为基本取向。乡村治理整体工作中，着重强化了政府的行政法律责任，政府严格指导村两委依法规范作为，帮助提高村民委员会及其成员的法治意识，引导村民依法办事，推动乡村形成办事依法、遇事找法、解决问题用法、化解矛盾靠法的良好社会氛围。涉及乡村治理工作各部门共同推进和保障了乡村治理各项政策，如脱贫攻坚时期严格依法依规精准识别贫困户、已经识别出来的贫困户经得起时间和实践的检验。乡村发展项目的选定和分配以突出体现公平性与合法性为要，对项目受益对象的“随意性”和违法现象说“不”，从而找到乡村治理的最大公约数，也最大限度减少了民怨。二是保证公正司法。“强化法律在化解矛盾中的权威地位。”通过强化运用司法手段治理涉农扶贫领域腐败问题，宁夏各级纪检监察机关、人民检察院紧盯扶贫领域的违纪违法问题，推动了依法加强财政监督检查和审计，加强了扶贫资金和项目监管，对侵害农民利益、影响农村振兴等腐败问题决不姑息，坚决查处，并将查处结果及时向案发当地村民通报、向社会公开，起到了法治的震慑作用，从而确保了脱贫攻坚和乡村振兴各项政策、项目、资金精准落地，有效发挥了法治刚性约束功能。三是注重法治思维和法治文化的培养。面对农村地区群众文化素质低、法律法治文化接触少的实际，法治宁夏建设把对这一事实的认识提升到了事关基层治理现代化和全面推进乡村振兴的高度，采取了在贫困地区引入法律人才、开设公共法律服务机构的应对举措，以专门人才实现法治思维在乡村治理工作中的迅速推广，进而推动法治思维的普及、推动法治思想和法治文化广泛根植于广大乡村干部和村民心中，实现以法治思维推进和融入乡村有效治理工作的高质量发展，乡村治理工作的规范性、合法化得以有效体现，乡村依法治理的效果得以进一步提升。四是深入开展法律援助和纠纷多元调解。法律援助是法治扶贫的民心工程，通过党委正向引导，基层司法局所、律师事务所、公安派出所、法院等组织的热情参与，为贫困户义务提供法律服务，搭建起了共建共治共享的“三大平台”“五项机制”“三治融合”“三调联动”的宁夏矛盾纠纷多元化解的“塞上枫桥”品牌，使困难群众充分享受到法治的红利，切实感受到社会主义法治的温暖，增强了人民群众对法治的信仰。

（三）乡村治理法治队伍建设保障的实践

近年来，宁夏坚持法治宁夏、法治政府、法治社会一体建设，通过将宪法、民法典等纳入乡村社区工作者、网格员学法课程，通过专业人员讲、视频统一学等多种方式，提高乡村社区工作人员学法用法能力，推进全员学法制度化建设。依托“3·15”“4·15”“12·4”等时间节点和社区常态化宣传活动，开展法治宣传活动、发放法治宣传资料和普法大礼包、提供免费法律咨询，千方百计让法治教育惠及乡村基层社区居民，推进普法宣传常态化建设。通过落细“一村一法律顾问”制度，实施每个村、社区、单位聘请1名法律顾问制度和“一村一辅警”“一社区一民警、一检察官、一法官、一调解员”制度，推行网格化治理，选用“法律明白人”随时随地为乡村社区居民群众提供咨询调解服务，丰富和发展新时代“枫桥经验”，推进法治力量专业化建设。自治区党委、政府高度重视平安宁夏建设工作，把平安建设工作纳入全区工作总体规划，各地市、县（区）把平安建设工作经费列入财政预算只增不减，从人力、物力、财力上重点保障法治乡村的建设。

二、宁夏乡村有效治理法治保障体系建设的薄弱环节

（一）立法的质量层面：权利性条款设置存在缺陷

现实与法律的冲突恰恰成为重新审视立法思路的切入点和推动力，课题组以《宁夏回族自治区农村扶贫开发条例》为例进行探讨。首先，关于被扶贫对象的权利界定问题。一般来说，规范性法律文件应该以权利义务为其主要内容。从该条例的内容来看，虽然规定了农村扶贫开发的范围，对贫困地区的扶贫政策范围做了列举，却未对扶贫对象应享有权利的性质和内容进行具体界定。这极易造成不同对象的扶贫措施没有相对统一的参照，使得法律规则的逻辑三要素结构出现漏洞，出现条件假设、行为模式、法律后果直接的不对应，势必会影响法律的实施效果。其次，条例具有重管理轻治理的倾向。自党的十八大以来，立法对社会关系的调整从管理层面全面向治理层面转变，落实宪法尊重和保障人权的规定成为重要的立法目的。然而从条例的立法目的来看，“促进农村人口脱贫致富”与“规范农村扶贫开发”是为了“实现脱贫目标任务”，而未提及要保障公民的基本生存与发展权利。这种立法思路导致权利的实施与保障过分依赖并受制于权力的合规化行使，一旦出现权力滥用或其他违法情形，必然会影响实质平等及其他立法价值目标的实现。从部分条款内容所体现的价值逻辑来看，更侧重利益分配却忽视秩序协调，强调权利观念的宣示却未能给出具体的行为指引。[①]较为典型的是第二十四条，该条虽然规定对因灾因病等陷入暂时性贫困的农户提供救助，但未明确灾病的种类及认定标准、救助标准、救助期间、脱贫标准等。上述问题没有统一化的认定标准只能使法律规定流于形式，难以发挥法律理性的真正价值。

---

①张鹏：《中国权利性条款立法规范化研究》，中国社会科学出版社，2016年，第110页。

（二）立法与政策的内容层面：调整范围单一化，尚未覆盖城市扶贫问题

在脱贫攻坚取得胜利以后，中国所面临的贫困问题已经由绝对贫困转向相对贫困和多维贫困，中国经济结构转型、城镇化进程推进、收入差距扩大和人口结构变化也将继续影响扶贫脱贫工作。[①]宁夏也不例外。这既是宁夏经济转型期呈现的新特征，也是在扶贫立法层面需要考量的背景因素。从目前宁夏地方立法现状来看，《宁夏回族自治区农村扶贫开发条例》调整范围及对象主要是农村和农户，对长期工作或生活在城市的贫困农村户籍农民，则缺乏制度的有效衔接。现行针对城市居民社会保障的立法如《宁夏回族自治区城市居民最低生活保障实施办法》《宁夏回族自治区农村居民最低生活保障办法》等相关法规难以适用于这类群体。所以，专项扶贫立法的调整范围需要适应城市化进程所呈现出的新特点做出回应。

（三）立法监督层面：缺乏长期有效的法治监督机制

在《宁夏回族自治区农村扶贫开发条例》中，既规定了审计、信息公开、调查评估等监督方式，也规定了违反条例应承担的法律责任形式。然而，在宁夏纪委监委网站依然可以发现每年在扶贫领域均有腐败案件发生，权力滥用、贪污受贿、挪用资金等仍旧是需要重点规制的问题，这些问题导致了扶贫资源的浪费，也在一定程度上阻碍了脱贫及乡村振兴工作的顺利开展。从法律监督机制方面，反观上述问题出现的原因，可知条例对法律监督及法律责任的规定并非完全处于立法空白状态，只是上述法律监督机制似乎在实然层面并未达到立法预设的规制目标。课题组认为从《宁夏回族自治区农村扶贫开发条例》现有规定来看，一是监督制约机制相对单一，被赋权的监察、审计、财政、扶贫等主体，部门间联动协同机制尚未有效建立。二是基层权力约束机制尚不充分，未能汲取社会有效治理的共建共治共享机制，单向监督检查的方式不利于法律监督机制的有效发挥。

①陈志钢，毕洁颖，吴国宝，何晓军，王子妹一：《中国扶贫现状与演进以及2020年后的扶贫愿景和战略重点》，载《中国农村经济》，2019年第1期，第26页。

三是以惩治为中心的法律监督模式，虽然能最大限度完成对违规行为的发现与追惩，却忽视了预防、纠错机制在法律监督模式中的重要意义。

三、宁夏乡村有效治理法治保障体系建设的政策建议

（一）突出普法宣传实效，夯实深厚的法治文化社会环境

法治的基础在于基层、在于民众。群众的法治意识、法治思维、法治理念程度会激发党政机关行政执法、执纪和司法水平的提升，促进乡村治理更加法治化。因此，通过提高民众的法律知识，开展有效的普法教育，将是实现乡村治理的有效途径。

1. 着力打造群众性新媒体普法平台

坚持“以人民为中心”的普法原则，突破自上而下的灌输式普法模式，积极引导和培植群众喜闻乐见的 “网红”自媒体开展与乡村法治实践紧密结合的法治宣传，使得农民既是法治教育的参与者也是受益者。

2. 落实乡村法治宣传教育主体责任

基于乡村社会矛盾的类型，新时代乡村社会权威的特点，按照“谁执法谁普法”机制，乡镇基层执法司法部门应该承担起乡村社会主要普法责任主体的相应责任，乡（镇）司法所、派出所、派出法庭、派驻检察室等机构，将法治宣传与矛盾纠纷排查、化解工作相结合，实现纠纷处理的法律效果与案结事了的社会效果相统一。

3. 法治教育内容与法治实践相结合

一般来说，社会主体的角色不同，站位不同，需求不同。乡村社会治理主体，既有广大农民也有乡村党员干部，法治教育可以有增进相互理解、相辅相成的共同内容，也应有体现其角色需求的量身定制，这样才有利于形成乡村治理的有生力量。

（二）理顺权力边界，促进法治、德治、自治的融合

1. 理顺基层政权与村民自治权的关系

乡镇一级国家机关是国家治理的基层单位，村委会是村民自治组织、也是乡村社会治理的基层单位。关于乡镇政府与村委会之间的关系，在《村民委员会组织法》第五条中有原则规定，即两者之间是指导与被指导的

关系，后者协助前者开展工作。适度的指导和协助，有利于推动乡村法治化进程；而过度介入，则影响各自职能的发挥。由于该法对乡镇政府和村委会关系的界定比较抽象，相互关联的相关权力不具体，需要对此加以明晰，以厘清两者的权力边界，克服不当介入或依靠，更好地发挥法治与自治之间的良性互动。

2. 弘扬优良乡风民俗，厚植乡村德治基础

法治社会的内生动力来自于民众对法治、德治规则的认同和信仰，也来自于民众的理性自治。为此，可发掘地方特有的优秀民俗文化、乡土文化，鼓励非物质文化遗产传承人及乡村能人或文艺工作者与法制人员合作编写、创作具有乡土文化特色、群众喜闻乐见的法治文化作品，激发农村法治正能量的积淀，鼓励深受农民欢迎的合法乡村民间社会组织在基层党委和政府的指导下参与乡村治理项目。

（三）优化乡村社会治理体系，发挥多元治理效能

1. 落实纠纷多元解决机制

最高人民法院2016年6月发布的《关于人民法院进一步深化多元化纠纷解决机制改革的意见》倡导树立“国家主导、司法推动、社会参与、多元并举、法治保障”的现代纠纷解决理念，推动了各地建立诉调对接机制。2021年4月宁夏司法厅印发《关于推进“一站式”矛盾纠纷多元调解中心建设的通知》，并与宁夏公安厅联合发布《关于建立完善人民调解与治安调解衔接联动机制的意见》，积极打造矛盾纠纷多元化解“塞上枫桥”司法所、派出所品牌，化解了大量的基层群众矛盾纠纷，对稳定社会关系起到了积极的作用。当前，除继续发挥司法行政力量在纠纷调解中的显著作用之外，还应统一行政执法人员的认识，在查办行政违法案件中，适应群众的需求，善于将行政执法与消除隐患和矛盾化解结合起来，实现源头治理，共同夯实乡村治理的社会基础。

2. 规范村级事务“小微权力”制约机制

实施乡村振兴战略，落实中央政策，村干部起着举足轻重的作用。为防止部分村干部出现违反法定职权和程序侵害农民利益的“任性”行为，有必要“将权力关进制度的笼子里”。一是可以推行村级事务“小微权力清

单流程”并及时公布，使权力在阳光下行使。二是建立健全村级事务监督和制约机制。在党委领导下，选拔群众威望高的村民担任监督员，除审计、纪检监察、检察监督之外，适当引进第三方评价机构进行客观调研分析，让群众满意度作为衡量村级权力行使效益的标准之一，及时依法调整乡村治理队伍。

（四）充分保障农村公共法律服务供给，提高服务质量

1. 按需调整乡村公共法律服务供给体系

因新时代乡村生产、生活及人口结构、交通、信息等方面出现的新特点，乡村公共法律服务与城镇明显不同，照搬城市社区的法律服务模式，不仅会浪费法律服务资源，还会造成服务难以为继。因此，有必要实施一村一策的服务方案，根据乡村实际及村民需求情况，选定法治联络员，确定公共法律服务种类及服务模式，确保民有所呼、法有所应落到实处，建立让数据多跑路、法律服务工作者和村民少跑路、法律事务一次办结的服务机制。

2. 壮大农村公共法律服务者队伍

目前我国城乡公共法律服务队伍存在人员数量、区域分布、专业水准和服务质量方面的巨大差距，而乡村矛盾纠纷主要集中于乡村规划、土地权益、市场运行、农业保护、生态治理、帮扶政策、养老医疗等方面，有些矛盾具有多发、突发的特点，要坚持把乡村法治人才队伍建设作为实现乡村社会有效治理的关键。对此，应坚持内育、外引并举的原则，一是着力培养扎根乡村的本土法治能人、调解能人，打造农民身边的法治服务队伍。二是加大返乡入乡法治人才引进力度，通过政府购买服务、设置公益岗等方式，鼓励法治人才和律师等专业人才共同服务乡村法治振兴的工作格局。三是充分发挥法治志愿服务力量，邀请高校师生、退休法律职业人员参与志愿服务，以适应农民对于法律服务需求的类型多样化。

3. 加强农村公共法律服务的绩效考核

法律服务应以能够满足服务对象需要为评价其绩效的唯一标准。这种评价，应是一种全面评价，既有量的评价，也有质的评价；既包括对公共法律服务机构的评价，也包括对法律服务人员的评价；既要从群众的角度进行评价，也要从专业的角度进行评价；既要评价法律效果，也要评价社会效果，还要评价政治效果。因而，首先应建立农村公共法律服务绩效评估体系，其次应由独立第三方主持评价，其评价结果应能够产生一定后果，起到激励先进、淘汰落后的效果，能够促进农村公共法律服务在乡村治理上起到积极作用。

法治市域篇

FAZHI SHIYU PIAN

2022年银川市依法治市工作发展报告

杨晓彤

2022年以来，银川市坚持以习近平新时代中国特色社会主义思想为指导，全面贯彻落实党的二十大、自治区第十三次党代会和银川市第十五次党代会精神，深入学习习近平法治思想，坚决捍卫“两个确立”，切实增强“四个意识”、坚定“四个自信”、做到“两个维护”。以加快建设“法治凤城”为目标，以全面贯彻落实“一规划两方案”为重点，以整改落实中央依法治国办督察反馈意见为抓手，统筹推进法治银川、法治政府、法治社会一体建设，为建设黄河流域生态保护和高质量发展先行区示范市及创新发展引领市提供了法治保障。

一、持续深化推进党对法治建设的全面领导

（一）深入学习贯彻习近平法治思想

银川市委高度重视习近平法治思想的学习，坚持将学习宣传贯彻习近平法治思想作为当前和今后一个时期的重要政治任务，纳入理论学习中心组学习、干部培训、党员学习的重要内容，列入党校各类主体班次必修课程。建立“1+3+X”的领导干部应知应会法律法规清单体系，推动领导干部学法用法制度化、规范化。出台《银川市各级党委政府会前学法制度》，

作者简介　杨晓彤，银川市司法局秘书科科员。

重点围绕习近平法治思想等内容，2022 年安排市委、市政府会前学法 18 次。组建习近平法治思想宣讲师资库，举办全市领导干部学习贯彻习近平法治思想专题研讨班，配发《论坚持全面依法治国》《习近平法治思想学习纲要》等学习读本，开展学习习近平法治思想理论学习中心组学习、专题讲座等 867 场，依托宁夏干部教育培训网络等平台开展线上学习 4.93 万人次。开展习近平法治思想进校园、进农村、进社区等宣传活动 8000 余场，刊发宣传稿件 1200 余篇，制作重点执法部门习近平法治思想学习普法视频 9 期。

（二）统筹推进法治建设

银川市委先后召开全面依法治市委员会会议 1 次、委员会办公室会议 3 次、各协调小组会议 5 次，研究部署全市法治建设工作。相继出台《法治银川建设规划（2021—2025 年）》《银川市法治社会建设实施方案（2021—2025 年）》和《银川市法治政府建设实施方案（2022—2025 年）》。党政主要负责人履行推进法治建设第一责任人职责，做到重要工作亲自部署、重大问题亲自过问、重点环节亲自协调、重要案件亲自督办。2022 年，全市地方立法计划、政府立法计划和市委党内规范性文件制定计划，实现了与人大立法、行政立法、党内法规制定的科学统筹、同频共振。

（三）强化法治建设督察

紧紧围绕中央依法治国办实地督察反馈意见和自治区依法治区办中期督导反馈问题整改，制定法治督察计划，实行整改台账定期反馈，整改任务动态销号。对各县（市）区、市直部门开展了 3 轮实地督察，发现薄弱环节和漏洞短板，力促问题整改到位、落实到位。先后约谈部门负责人 1 人，下发提示函、督办函 10 件，以刚性标准推动整改落实。扎实推进法治政府示范创建工作，兴庆区获评全国法治政府建设示范地区，为宁夏唯一入选地区。同时，灵武市被评为自治区法治政府建设示范地区。“多措并举精细打造村（居）法律顾问‘银川品牌’”“创新执法模式　保障食品安全”等 5 个项目被评为自治区法治政府建设示范项目。将法治建设纳入市委、市政府绩效考评共性指标，推进法治建设与经济社会发展同安排、同部署、同考核。

二、着力推进科学立法质效

（一）开门纳谏绘就立法规划蓝图

围绕城乡建设与管理、环境保护、历史文化保护等方面，面向全市公开征集立法建议项目，根据社会各界意见精心编制五年立法规划，制定《银川市第十六届人民代表大会常务委员会五年立法规划（2022—2026年）》，确立立法项目28件，其中制定13件、修订15件，为今后五年有目的、有计划、有步骤推进立法工作擘画了蓝图。

（二）立法突出问题治理导向

组织对《银川市城市供热条例》和《银川市水资源管理条例》进行修订；强化立法项目储备，组织对《银川市海绵城市建设管理条例》《银川市机动车安全管理条例》《银川市城市更新条例》《银川市房屋安全管理条例》开展立法调研，为科学有序安排立法项目提供依据。

（三）加强对行政规范性文件监督管理

严格执行行政规范性文件“三统一”和有效期制度，建立健全并全面推行程序完备、权责一致、相互衔接、运行高效的合法性审核机制。2022年，共审查和制定法规、政府规章3件，制定行政规范性文件8件，向自治区报备行政规范性文件8件，各县（区）、市政府各部门共报备规范性文件42件，行政规范性文件合法性审查率、报备率均达到100%。

（四）扎实开展法律法规专项清理工作

组织对银川市地方性法规、规章、规范性文件开展专项清理活动，将《银川市职工生育保险实施办法》列入修改计划，并根据《宁夏回族自治区职工生育保险办法》修改情况同步修改；按照全国人大、自治区人大关于开展水能资源开发利用有关地方性法规、规章、规范性文件集中清理工作要求，同步开展“水能资源开发利用权”清理工作。此次专项清理工作的开展，有效解决了与上位法不一致、与经济社会发展不适应的问题，切实维护了国家法治统一。

三、深入推进法治政府高质量发展

（一）持续提升依法决策水平

出台《银川市贯彻执行〈重大行政决策程序暂行条例〉的实施意见》《银川市重大决策合法性审查规定》《银川市实施重大决策社会稳定风险评估规定（试行）》，把公众参与、专家论证、风险评估、合法性审查和集体讨论决定五个环节作为重大行政决策的法定程序，规定程序不合格的，一律不得提交市政府常务会议讨论，在解决“办证难”“疏堵提畅 6+N”工程等重点工作中充分发挥重大行政决策法律保障作用。2022 年，向社会公开银川市重大行政决策目录 11 项，积极接受人民群众监督。充分发挥政府法律顾问、公职律师在重大行政决策、法治政府建设工作中的积极作用，2022 年邀请市政府法律顾问全程参与市政府常务会、专题会等重大行政决策事项 81 次，共审查合同、涉法性文件 104 件。

（二）持续深化“放管服”改革

运用法治思维和法治方式推动各项工作，助力“放管服”改革优化营商环境取得新成效、实现新突破。“好差评”评价率和满意度提升至 98% 以上，居自治区首位、全国前列，网上政务服务能力连续五年西北第一，“一业一证”“证照分离”等 9 项改革举措被自治区列为典型经验推广，营商环境投诉举报“直通车”“政企通”服务平台被《全国优化营商环境简报》采用。

（三）持续提升基层政务服务水平

深化乡镇（街道）管理体制改革和综合行政执法改革，优化乡镇（街道）政务服务流程，全面推行一窗式受理、一站式办理，推进乡镇（街道）从“行政末梢”加速向“治理中枢”转变。持续完善基层代办服务机制，建立乡镇（街道）、村（社区）政务服务事项清单，建立涵盖市民大厅、政务服务中心等“四级一体”政务服务体系，有效实现了 123 个事项不出乡镇（街道）办理、48 个事项不出村（社区）办理。

（四）严格落实规范公正文明执法

深入推进综合执法改革，2022 年将市民政局等 11 家单位的部分行政执法事项划转至综合执法部门，并建立跨领域、跨部门综合执法协调联动机制和联席会商机制，实现违法线索互联、执法标准互通、处理结果互认，避免多头执法、重复检查等问题。严格落实行政执法“三项制度”，深入推动规范化执法和包容审慎监管，健全完善行政执法自由裁量权基准制度，规范执法自由裁量权。全面推行轻微违法行为依法免于处罚清单和“首违不罚”工作。深入推进“智慧执法”，全面打造“互联网+综合执法”新模式，推动全国安全执法领域“互联网+执法”试点工作，有力提升重点领域执法水平。

（五）推进行政应诉突出问题专项治理

在全区率先出台行政机关负责人出庭应诉工作规定，先后建立行政机关负责人出庭应诉公开、府院联席会议、督察通报、责任追究以及市、县（区）请示和督促等各项配套机制，对行政应诉范围、要求、责任等作进一步规范，明确将行政机关及其工作人员越权履行、不履行、不正确履行、拖延履行法定职责等导致案件败诉的行为纳入责任追究范围，倒逼行政机关规范行政行为。先后向 8 家部门（单位）发送督促行政机关负责人出庭应诉函，对 2022 年上半年行政机关负责人未出庭、行政机关败诉案件进行通报并督促整改，进一步压实行政应诉主体责任，形成对行政机关负责人“应出尽出”的刚性约束。截至 2022 年 10 月底，全市行政机关负责人出庭率为 91.18%，同比上升 16.3%；行政案件败诉率为 30.49%，同比下降 8.4%，专项治理工作取得显著成效。

四、深化推进司法体制综合配套改革

（一）落实以审判为中心的诉讼制度改革

出台《关于开展刑事案件律师辩护全覆盖试点工作的实施细则》，为刑事速裁、简易案件开通法律援助绿色通道；为律师阅卷、查看庭审录音录像等提供场所、设备等硬件保障，律师辩护率保持 100%。全力推动认罪认罚从宽制度落地见效，切实履行认罪认罚从宽制度的主导责任。2022 年以来，办理认罪认罚从宽案件 2105 件 2439 人，认罪认罚适用率 90.27%。完成全国认罪认罚控辩协商全程同步录音录像试点任务，推动适用认罪认罚从宽制度实现由量到质的转变。

（二）民事案件繁简分流全国试点工作如期完成

健全案件审查公开听证制度，完成认罪认罚控辩协商同步录音录像全区试点工作。2022年，全市立案刑事案件10247起，同比下降32.59%；破5052起，同比下降18.13%；破案率49.3%，同比上升8.7%。2022年1至10月，共立八类主要刑事案件137起，同比下降13.84%；破127起，破案率92.7%，社会治安形势持续向好。在法治轨道上，以最严措施落实疫情防控要求，坚持动态清零，坚决杜绝防控简单化、一刀切、层层加码等问题，有效确保人民群众身体健康和生命安全。

（三）积极践行"人民至上"的司法理念

优化智慧法院建设，推广微信二维码缴费、"宁夏移动微法院""智慧执行"APP等诉讼服务功能，切实做到服务群众、高效便捷。2022年，在线立案14110件，跨域立案970件，电子送达36万次；依托司法公开"四大平台"，持续拓展司法公开广度和深度，直播庭审50673场，公开裁判文书35.5万份。强化公益诉讼阵地建设，建成全区首家公益诉讼指挥中心，建立工作指引、办案机制13项，办理了全区首例消费领域民事公益诉讼案件。银川市两级检察机关向自治区检察院报送公益诉讼典型案例49件，并评选出银川市公益诉讼十大典型案例。制发《全市公安机关推进落实"365天×24小时"政务服务工作方案》，精准优化"365天×24小时"全天候政务服务，全力破解企业群众"上班没空办、下班没处办"的堵点痛点问题。

五、强化公共法律服务体系建设

（一）公共法律服务水平提档升级

健全完善覆盖城乡的公共法律服务体系建设，实施"公共法律服务进百村"工程，全面推行"银川公共法律服务微平台"小程序、"网上办、指尖办"服务模式，实现全市公共法律服务实体平台和智慧终端向乡村延伸拓展。组织律师深入开展"法治体检""百所联百会"等服务民营企业活动，护航全市民营经济健康平稳发展。严格落实村（居）法律顾问专项经费纳入同级财政预算，全区村（居）法律顾问工作现场会在银川召开。先后建成一期和二期国家司法考试基地，圆满完成考务组织工作。

（二）矛盾纠纷化解得到强化

坚持和发展“枫桥经验”，完善人民调解“四张网”建设，加大“一站式”矛盾纠纷中心建设力度，健全完善诉调、访调、警司联调等调解机制。加强“金牌调解室”“金牌调解员”培育工作，实现以点带面，打造好“塞上枫桥”品牌，全市共建立“一站式”矛盾纠纷调解中心281个，全市各级人民调解组织开展矛盾纠纷大排查22920次，调解矛盾纠纷5432件，调解成功5204件，调解成功96%。创新构建矛盾纠纷摸排机制，依托“智控”平台和风险隐患人员“全息档案”分级分类动态管控。打造“塞上枫桥”警务品牌38个，玉皇阁北街派出所被评为平安中国建设先进集体，新华街、闽宁镇派出所被公安部命名为全国“枫桥式派出所”。出台《银川市行政复议体制改革实施方案》，全面整合复议职责、明确机构设置、充实法制人员力量，成立银川市行政复议咨询委员会，建立健全《行政复议咨询委员会工作规则》等配套机制。在全区率先使用行政复议平台，发挥了行政复议化解争议的主渠道作用。

（三）法治宣传教育加速推进

全面修订84家普法责任单位的“四清单”，将普法宣传与执法、管理、服务等工作同部署、同推进。结合银川市首届黄河流域生态保护主题宣传实践月活动，以“法律六进”为载体，开展“美好生活 民法典相伴”“法治进乡村”等20项法治主题宣传。完善法官、检察官等以案释法制度，在宁夏日报、银川电视台等媒体开设普法专栏12个，刊发、播出以案释法稿件和节目600余期，在全市营造浓厚的尊法学法守法用法氛围。将法治文化阵地建设纳入城乡规划，共建立法治文化阵地571个。组织开展“法雨春风乡村振兴”专项行动，出台《银川市“法律明白人”培育工作实施方案》，培育“法律明白人”及其骨干4861名，实现村（社区）“法律明白人”全覆盖。积极开展民主法治示范村建设。永宁县原隆村、西夏区昊苑村、贺兰县广荣村被命名为第八批全国民主法治示范村，兴庆区掌政镇掌政村、金凤区丰登镇西新村、灵武市临河镇上桥村入围第九批全国民主法治示范村公示名单。

六、银川市依法治市工作推进面临的问题和发展展望

2022 年，银川市全面依法治市工作取得了一定成效，但仍存在个别领导干部运用法治思维和法治方式解决问题的能力不足、个别领域行政执法不够严格规范、法治人才队伍培养力度还需加大等问题。党的二十大报告专章部署“坚持全面依法治国，推进法治中国建设”，为新时代全面依法治国指明了前进方向，明确了目标任务。2023 年，我们将认真学习宣传贯彻党的二十大精神，深入学习贯彻习近平法治思想，按照区、市党委决策部署，踔厉奋发建设法治银川。

（一）进持续强化党建引领作用，提升法治建设政治站位

进一步加强党对法治工作的集中统一领导，切实将法治建设放到全局位置。紧紧围绕建设创新发展引领市、“法治凤城”目标，定期研究部署，谋划推动。采取有力措施，扎实推进“一规划两方案”任务落实落地。严格落实党政主要负责人履行法治建设第一责任人职责，着力解决法治领域的突出问题，不断增强人民群众的法治获得感、幸福感、安全感。

（二）加强专业人才队伍建设，打造高素质的法律人才队伍

聚焦多元化法律服务需求日益增多的现实情况，做好引才、用才、聚才工作，不断增加专业化人才数量。加强对行政执法人员、法律服务人员的培训力度，建立常态化培训机制，不断增强业务水平和服务能力。

（三）深化推进现代化法治银川高质量发展

坚持科学立法，增强立法的针对性、适用性和可操作性，维护法治统一；坚持严格执法、规范执法，依法严厉打击各类违法违规行为，深化行政执法体制改革，强化事中事后监管；坚持公正司法，深化司法体制综合配套改革，让人民群众在每一个司法案件中都感受到公平正义。深入推进“八五”普法，创新普法形式，着力提高法治宣传教育的针对性、时效性，努力建设更高水平的法治银川。

2022年石嘴山市依法治市工作发展报告

宋　健　马国桢　李顾然

2022年，石嘴山市坚持以习近平新时代中国特色社会主义思想为指导，深入学习贯彻党的二十大精神，全面贯彻落实习近平法治思想、习近平总书记视察宁夏重要讲话和重要指示批示精神，真抓实干、踔厉奋发，成功创建全区法治政府建设示范地区，为打造黄河流域生态保护和高质量发展先行区建设排头兵、谱写美丽石嘴山新篇章提供坚强法治保障。

一、强化政治担当，持续压实法治建设主体责任

（一）坚持党对法治建设的领导

充分发挥党委在推进法治建设中的领导核心作用，认真履行依法治市委员会职责，专题研究部署法治建设工作，召开委员会及委员会办公室会议5次，指导各协调小组、各县区召开会议14次，研究制定《市委全面依法治市委员会2022年工作要点》《石嘴山市落实〈宁夏回族自治区法治政府建设实施方案（2021—2025年）〉任务分工方案》《石嘴山市贯彻落实中央依法治国办法治政府建设实地督察反馈意见整改方案》等。切实履行

作者简介　宋健，石嘴山市司法局党组书记、局长；马国桢，石嘴山市司法局党组成员、副局长；李顾然，石嘴山市委依法治市办秘书科（市司法局法治调研与督察科）科长。

党政主要负责人推进法治建设第一责任人职责，市委、政府主要负责人及各县区、各部门主要负责人对重要工作亲自部署、重大问题亲自过问、重点环节亲自督办，市委常委会、政府常务会听取2021年度法治政府建设工作情况汇报，专题研究依法治市、法治政府建设、平安建设等重要工作和重大事项，多次深入基层一线调研督导，将法治建设纳入市第十一次党代会报告、政府工作报告等统筹推进，有力推动自治区“一规划两方案”贯彻落实。

（二）紧抓“关键少数”学法述法

办好“新时代石嘴山大讲堂”，将“建设更高水平法治石嘴山”作为领导干部理论学习专题学习内容。建立“1+3+X”领导干部学法清单，制定《全市领导干部学法清单制度（试行）》，建立政府常务会议会前常态化学法制度，开展领导干部年度述法、任前考法，部分市直部门主要负责同志在市委依法治市办第五次会议上现场述法，实现学法述法工作全覆盖。

（三）强化责任落实和督察考核

把法治建设、中央依法治国办实地督察法治政府建设反馈意见整改工作等纳入全市年度效能目标考核及巡察范围，列入年度重点督查计划，会同市委督察室及政府督察室组织开展专项督察、交叉互查、行政执法监督3次，推动各项工作任务落到实处。注重考核结果运用，对积极申报法治政府建设示范创建的部门予以加分，对行政机关负责人不按规定出庭应诉的部门予以扣分，定期通报、督办约谈，持续压实法治建设工作责任。

二、强化学习宣传，全方位推动习近平法治思想入脑入心

（一）注重学习固根本

将习近平法治思想纳入党委（党组）理论学习中心组学习计划、干部教育培训项目计划、党校（行政学院）必修课，开设习近平法治思想专题讲座8期。举办全市学习习近平法治思想暨依法治市专题培训班、政法系统政治轮训班9期，在《石嘴山论坛》开设法治建设专栏，刊发《习近平法治思想引领新时代全面依法治国深入推进》等理论文章，推动习近平法治思想入脑入心。

（二）注重宣传广泛学

将学习宣传贯彻习近平法治思想纳入“八五”普法规划及年度普法要点，印发《2022年度学习宣传研究阐释习近平法治思想工作方案》，订购发放《习近平法治思想学习纲要》《习近平法治思想概论》4000余本，组织引导各级领导干部读原著、学原文、悟原理。组建习近平法治思想宣讲团，充分运用今日石嘴山APP、法治石嘴山、石嘴山政法等微信公众号、LED屏等广泛开展宣传教育，截至2022年10月底，共开展法治理论宣讲166场次、线上线下宣传630余次。

（三）规范表述深入学

印发《市委依法治市办关于规范使用法治建设相关表述的通知》，组织各县区、各部门开展规范“习近平法治思想”用语表述专项工作，纳入网络信息内容专项整治，以规范促提升，切实推动学习宣传贯彻习近平法治思想走深走实。

三、强化依法行政，深入推进法治政府建设

（一）加强重点领域立法

研究确定五年立法规划和年度立法计划，制定颁布了《石嘴山市城市公园管理条例》，推进《石嘴山市城市停车管理条例》《石嘴山市村庄规划与人居环境管理条例》等立法规划项目实施，配合开展自治区各类立法调研14次。制定《石嘴山市人大常委会立法协商工作办法（试行）》，建立10个基层立法联系点，不断丰富立法意见征集形式。平罗县人大常委会被全国人大常委会法工委确定为基层立法联系点。

（二）深入推进法治政府示范创建

制定《石嘴山市开展法治政府建设示范创建活动的实施方案》，组织市、县（区）申报综合项目3个，单项项目10个，以示范创建引领和推动法治建设工作落实落细。在市、县（区）人民政府官网设立法治政府建设专栏，聘请第三方评估机构，开展全市法治政府建设和法治社会建设评估自检，以自查自检推动法治建设高质量发展。制定《市人民政府重大行政决策咨询论证工作规则》等，公布《石嘴山市人民政府2022年度重大行政

决策事项目录》，实行合法性审查“一票否决”制度，推动重大决策依法依规。强化行政规范性文件监督管理，开展行政规范性文件清理和行政规范性文件后评估工作。2022年市本级审核各类文件、合同、个案、议题等116件，备案审查行政规范性文件6件，清理行政规范性文件83件。根据法律法规修订情况及自治区各行业系统权力清单指导目录，及时组织对自然资源、交通运输、市场监管等部门权责清单进行动态调整并向社会公布。

（三）加强法律顾问队伍建设

持续加强党政机关法律顾问和公职律师队伍建设，充分发挥法律顾问、公职律师服务依法决策作用，提出专业法律意见689件次。建立公职律师统筹调配使用机制，实现全市公职律师工作全覆盖，先进经验被司法部推广。探索建立司法所长担任乡镇（街道）首席法律咨询专家制度，全区首席法律咨询专家制度观摩推进会在石嘴山市举行。

（四）持续优化营商环境

深化“放管服”改革，推进“互联网+政务服务”融合，全市通办事项100%实现网上受理。积极推进“一窗受理”项目和“审管联动”一体化应用体系建设试点工作，推送有效审批办件数据8368条，发起检查786件，有效避免审管“时间差”问题。全面深化商事制度改革，项目审批流程实现“一张网”电子证照登记和全程电子化，电子营业执照实现跨区域、跨部门、跨领域互通互认。在全区率先将“信用中国”市级信用协同修复初审时间由3个工作日缩短为1个工作日，累计指导347家企业修复行政处罚公示信息679条，切实提升信用修复质效。落实“双随机、一公开”制度，开展抽查665项。

（五）严格规范文明执法

严格落实行政执法“三项制度”，推广轻微违法行为告知行动，以“好好说话、规范执法”“阳光办案告知卡”“首违警告”“721”城管执法模式、“追呼”系统无接触执法等，探索柔性执法新机制。开展执法人员资格专项清理、行政执法案卷评查，共清理执法证件64个，评查案卷150余本。全面实行行政执法人员持证上岗和资格管理制度，开展申领、换发执法证件，组织行政执法人员综合法律知识考试，通过率达 83.2%。

（六）推进行政应诉突出问题专项治理

全面开展行政应诉突出问题专项治理，制发《关于开展行政应诉突出问题专项治理的实施方案》，建立工作组，迅速推进专项治理。严格落实行政机关负责人出庭应诉制度，制发《石嘴山市行政应诉工作办法（试行）》，2022 年办理行政应诉案件 36 件，行政机关负责人出庭应诉率 89.61%。

四、强化司法为民，持续增强司法公信力

（一）全面深化政法领域改革

常态化开展全市政法干警政治轮训，率先在全区出台《石嘴山市政法干部政治档案管理办法》，全市 3428 名政法干部和 35 名乡镇（街道）政法委员建立了政治档案。强化执法监督，建立常态化案件评查机制，精心组织评选“十大优质”和“十大瑕疵”案件，进一步提升执法司法规范化水平。深化以审判为中心的刑事诉讼改革，召开全市认罪认罚从宽制度推进会。持续推进智慧法院建设，建成全区首家拘留所远程视频室，在全市上线使用律师“一码通”，切实提升智能化、信息化水平。持续深化涉农公益诉讼检察工作，开展“公益诉讼服务乡村振兴”专项监督，督促退回耕地 40 余亩，恢复受损林地 7.97 亩，为乡村全面振兴提供司法保障。

（二）全力打击电信网络诈骗和养老诈骗

深入开展反诈人民战争，建立一月一督查、两月一调度工作机制，全面落实反诈宣传“六个一”任务要求，组织开展“全民反诈、你我同行”平安建设集中宣传月活动，全民参与的反诈宣传格局初步形成。全面深化“打防管治宣建”各项措施，1—9 月累计立案率同比下降 14%，财产损失同比下降 23.2%，破获案件率同比上升 98.8%。组织开展打击整治养老诈骗专项行动，召开推进会、调度会 4 次，新侦破涉老诈骗案件 2 起，抓获嫌疑人 4 人，涉案资金 630 余万元，挽损 200 余万元。

（三）全力维护社会和谐稳定

常态化开展扫黑除恶斗争，深入学习宣传贯彻《反有组织犯罪法》，横向开展线索案件“回头看”，纵向推进夏季社会治安“清风”等 8 个专项行

动，切实维护社会大局和谐稳定。在全区率先实现禁毒办实体化运行、缉毒队伍实战化发展、禁毒队伍专业化建设，开展吸毒人员大收戒专项行动，全市吸毒人员的增幅回落至3%以内。推进重点行业领域治理，铲除了违法犯罪滋生土壤。强化对重点街区、人员密集场所等社会面巡逻防控，推行“一村（居）一警务”和“1+N+X”社区警务机制，创新“7+1+X”联勤联调联动工作法，实现“1、3、5、15”分钟快速处置，社会治安形势持续向好。

五、强化法治观念，全领域推进法治社会建设

（一）深化推进法治宣传

印发《石嘴山市组织实施宪法宣誓制度办法》，2022年开展宪法宣誓4次。组织新入职公务员开展集体宪法宣誓仪式，增强法治意识。积极推进“法律八进”，落实“谁执法谁普法”责任制，开展“美好生活·民法典相伴”“全民反诈·你我同行”等主题宣传活动，截至2022年10月底，开展法治宣传教育活动100余次，发放宣传资料3万余份。推进全区法治文化警示教育基地、黄河法治文化带石嘴山段建设，持续做强普法宣传特色品牌。

（二）深化“法律明白人”培养

推进“法律明白人”培养工程，重点培育一批以村（社区）“两委”班子成员、人民调解员、网格员等为重点的“法律明白人”。截至2022年10月底，全市共培育“法律明白人”及骨干878名，实现“法律明白人”村（社区）、队（组）、网络全覆盖。

（三）持续提升法律服务水平

深入开展“百所连百会”“法治体检”活动，签订《关于建立健全协同联动机制　深化法治化营商环境建设的意见》，推动企业健康发展。建立公安、税务联席会议工作机制，对全市334家企业开展“经济体检”，查处经济犯罪案件18起，挽回经济损失563余万元。

六、强化融合共治，多措并举推进基层治理

（一）以“自治”增活力

深入推行村民代表会议“55124”工作模式，严格按照“四议两公开”“五步工作法”议事决策。建立村级财务收支“村廉通”，实现“村级账目乡镇管、村级资金银行管、村级花销村民管”的“三管”新模式。全面推广运用乡村治理积分制，建立“红黑榜”评比晾晒机制，引导群众自我教育、自我管理。建立“一核多元”社区议事协商体系，积极推行民事民议民决，搭建了“居民议事会”“板凳会”等协商平台，开展社区工作者进万户问需于民“网格大走访活动”，全市21个社区治理入选自治区“百佳品牌”。

（二）以“德治”扬正气

建成新时代文明实践中心3个、实践所22个、实践站195个，实现了县、乡、村三级阵地建设全覆盖。深入推进移风易俗，开展“拒绝高额彩礼　推进移风易俗”宣传浸润专项行动，对195个建制村“一约一会”进行规范管理，选树移风易俗先进典型，倡导移风易俗志愿服务，不断深化“文明习俗”宣传实践活动。依托全市500余个道德讲堂开展道德模范等先进典型宣讲，大武口区果园村李小娟家庭被评为“全国最美家庭”，惠农区银河村马学仁家庭被评为“全国五好家庭”，平罗县政务服务大厅公安窗口被命名为“第七批全国学雷锋活动示范点”。

（三）以“法治”保基础

聚焦人员下沉，深化乡镇综合执法改革，市、县级向乡镇（街道）下沉执法人员55名，665名条线辅助人员全部下沉，乡镇（街道）人员编制总量较改革前提高了36.2%。聚焦重心下移，全市建设乡村治理中心、农业农村综合服务中心14个，实现乡村治理能力、服务群众水平、人民满意度三提升。聚焦依法治理，全面推行“一村（居）一法律顾问”制度，有效解决群众维权“最后一公里”。聚焦为民服务，推行“一站式”服务，全市所有乡镇（街道）均建成民生服务中心。设立村（社区）代办点，便民服务点覆盖率达100%。

（四）以“共治”促提升

深化民族团结进步教育，持续推进“三爱四学五进六好”教育活动，在全区率先开展宗教和谐示范市建设。加强校园安全防范，全市187所中小学、幼儿园全部落实“护学岗”工作机制，召开全市总体国家安全观进校园启动会，在石嘴山工贸职业技术学院建立全区首个大中小学思想政治智能教育基地。推动企业诚信守法经营，实施“铸魂强基 聚才赋能”行动，强化党员人才“双培育”机制，全市园区党建工作经验在全区基层党建工作重点任务推进会上作交流发言。加强社团监督管理，有序开展2021年社团年检工作，年检合格率为93.33%。

七、强化为民理念，依法有效化解社会矛盾纠纷

（一）深化行政复议体制改革

创新行政复议办案机制，探索行政复议“简案快办、繁案精办”，常态化召开案审协调会。2022年受理行政复议案件55件。深化诉源治理，成立市、县两级行政争议协调化解中心，妥善化解9起诉中行政争议，行政争议协调化解率达60%。

（二）构建大调解工作格局

开展“调解九进 服务万家”活动，持续推进“一站式”矛盾纠纷调解中心建设，打造乡镇“一站式”矛盾纠纷调解中心112个。组织开展人民调解员大轮训，不断提升人民调解员综合能力。截至2022年10月底，全市共调解各类矛盾纠纷2795件，调解成功率为97.78%，调解协议涉及金额7176万元。石嘴山市医疗纠纷调解委员会先进经验在全国市域社会治理论坛上作经验交流。深化“五心”教育，专题节目《“五心”法官陈美荣》在CCTV《一线》栏目播出，反响热烈。

（三）优化公共法律服务供给

加快推进实体、热线、网络三大平台融合步伐，智能公共法律服务终端实现全覆盖，“7×24”小时法律服务体系逐步建成。截至2022年10月底，共办理各类公证事项4362件，受理法律援助案件1987件，为群众挽回经济损失1403.41万元。石嘴山市被列为法律援助异地受理试点地区，

在全区首创律师年检政治审查工作制度。

八、石嘴山市依法治市工作面临的问题和发展展望

2022 年石嘴山市依法治市工作取得长足发展，但依然存在诸多发展短板和不足。基层部分部门对重大行政决策、行政规范性文件制发工作认识仍需增强，合法性审核质量仍需提升。执法人员公示及时率仍需提高，行政执法监督及考评的实效性、针对性有待加强。部分部门对行政争议调解工作重视不够，调解工作有待加强。“法律明白人”培训力度仍需加强。

2023 年，石嘴山市将认真学习贯彻习近平法治思想，全面落实党的二十大和自治区第十三次党代会部署要求，以实施“依法治区”战略为牵引，以建设社会治理和谐市为主攻方向，以更高水平的平安石嘴山、法治石嘴山建设为目标，坚决抓好依法治市各项工作，为全面建设社会主义现代化美丽新宁夏提供坚强法治保障。

（一）着力强化法治建设基层基础

深入贯彻落实习近平法治思想及中央全面依法治国委员会第五次会议精神，严格落实《党政主要负责人履行推进法治建设第一责任人职责规定》，加大法治政府建设监督问责与考评力度，开展全覆盖专项调研督察，定期开展“回头看”，推动法治建设责任落实。

（二）着力规范依法决策管理流程

实施重大行政决策、行政规范性文件制定能力提升工程，强化监督管理，加强行政规范性文件备案审查和动态清理工作力度。组织开展行政执法相关内容培训班，推动行政执法部门定期培训。

（三）着力推进行政执法规范化标准化建设

全面落实行政执法“三项制度”，适时开展行政执法专项监督行动及行政执法不作为、乱作为专项整治，对全市各行政执法部门全过程记录及重大法制审核决定制度落实情况进行专项检查，开展执法部门间案卷互查互评工作，不断提升行政执法规范化水平。

（四）着力推进行政应诉突出问题专项整治

深入推进行政应诉突出问题专项整治，加强行政应诉业务培训，定期

研判败诉案件，督促各级被诉行政机关负责人出庭应诉，确保出庭率达100%，努力实现行政诉讼案件发案量、败诉率、负责人出庭率、诉讼调撤率四项指标“两控一稳一升”。

（五）着力预防和化解矛盾纠纷

坚持发展“枫桥经验”，持续开展“一站式”矛调中心建设。巩固深化行政复议体制改革成果，加快推进行政复议场所规范化建设，完善府院联动机制，健全完善败诉预警、约谈通报等工作机制。分期、分批、分层次加强“法律明白人”及其骨干集中培训，做好岗位管理考核，全面提升培养对象法治意识。

2022年吴忠市依法治市工作发展报告

周少云　马　娟　杨金国　石文芳

2022年，吴忠市坚持以习近平新时代中国特色社会主义思想为指引，在立法、执法、司法、普法、守法等环节部署，坚持法治吴忠、法治政府、法治社会一体化建设，通过深入学习贯彻习近平法治思想，压实落细法治建设工作责任、建立健全学法制度、营造学法文化氛围等方式，扎实推进中央依法治国办实地督察宁夏法治政府建设反馈意见的整改落实，不断提升依法治市工作水平。

一、2022年吴忠市依法治市工作发展成效

（一）持续推进习近平法治思想学深悟透

1. 制度机制更趋完善

印发《关于进一步深入学习宣传习近平法治思想的通知》，建立健全理论学习中心组专题学习习近平法治思想常态化机制。将习近平法治思想作为干部培训必修课，共组织18期，培训2700余人次。全市各级党委（党组）依托学习强国、宁夏干部教育网络等平台，全系统、全覆盖、多角度

作者简介　周少云，吴忠市司法局党组书记、局长；马娟，吴忠市司法局党组成员、副局长；杨金国，吴忠市司法局法治监督科科长；石文芳，吴忠市司法局综合协调科副科长、二级主任科员。

持续推进学习贯彻习近平法治思想走深走实。

2. 责任分工逐级压实

印发《全面依法治市工作要点》和《贯彻落实〈宁夏回族自治区法治政府建设实施方案（2021—2025年）〉任务分工方案》等，明确128项中长期目标，划出“时间表”，设定“路线图”，压实“责任书”，切实保障法治建设各项工作任务落地落实落细。

3. 宣传载体更加丰富

吴忠市委依法治市办、守法普法协调小组联合市文化旅游体育广电局、市文化馆等编排法治主题表演唱、法治小品等文化节目，开展了线上展演和县（市、区）、乡、村、巡演活动，受到群众的喜爱和好评。组织吴忠市“八五”普法讲师团围绕学习宣传习近平法治思想、宪法、民法典等开展巡回宣传活动，开设“法在身边 吴忠微普法”专题普法视频，开展2期法律知识在线有奖答题活动，累计参与群众5万余人次，法治宣传教育针对性和实效性不断增强。

（二）压实落细法治建设第一责任人职责

1. 党政主要负责人“述法”常态化

县（市、区）和市直各部门主要负责人把履行法治建设第一责任人职责同本县（市、区）、本部门（单位）各项工作同部署、同推进，积极开展“述法”活动，市、县两级16个部门分别在依法治市（县、区）委员会上现场述法，市、县两级177部门提交了书面述法报告。

2. 巡察法治责任履职常态化

市委组织部和巡察办分别将履职情况列入年终述职内容和专项巡察内容，483名市管处级干部接受民主评议并进行了年终述法。2022年，14个市直单位接受巡察，并对巡察出的问题进行及时整改。

3. 法治培训常态化

市委依法治市办、市委政法委、中级人民法院等部门积极组织开展法治培训，借助青年干部课堂、政法大讲堂等组织习近平法治思想宣讲和专题法治培训等活动15场次。利通区克服疫情影响，与人民日报联合开展线上法治讲座活动4期。其他市（县、区）也相继开展了法治业务培训，逐步提升法治思维和依法行政能力。

（三）持续加强党内法规制度建设

1. 大力提升规范性文件制定质量

注重关口前移、源头把控，严把规范性文件政治政策、法律法规、文风文字关口，认真做好前置审核工作。与市司法局、市人大法工委、市委法律顾问建立衔接联动机制，采取联合审查、协助审查、专业审查等方式，前置审核会议审议材料、拟发文稿200余件。

2. 强化备案审查工作质效

坚持有件必备、有备必审、有错必究的原则，向自治区党委备案党内规范性文件48件，审查各地各部门党内规范性文件251件。对7件存在表述不规范的文件进行书面提醒，对3件与党内法规和上位规范性文件相关要求不符的“问题文件”进行了纠正，编写备案审查典型案例1期。探索开展备案审查直报制度，收到乡镇党委直报点文件26件，完成实质性审查26件。

3. 高效完成专项清理工作

按照自治区党委清理文件要求，筛查1978年至今的市本级文件2800多件，现行有效涉计划生育文件20件。核定为党内规范性文件9件，其中废止5件、宣布失效3件、继续有效1件。

（四）全面提升地方性立法工作质量

1. 确保科学民主依法立法

多次组织召开协调推进会、座谈会、论证会，认真收集各方面意见建议，通过公开发布、基层立法联系点等途径征集社会各界意见建议，送请自治区人大法制委及人大常委会法工委领导、专家审核，并反复论证完善，审议通过《关于促进吴忠早茶产业高质量发展的决定》。

2. 扎实做好立法相关工作

组织召开市委全面依法治市委员会立法协调小组会议，强化对习近平法治思想、中央人大工作会议精神及有关法律法规的学习，协调年度立法工作任务的推进落实。

（五）逐步完善重大行政决策程序

1. 重大行政决策程序不断规范

制定《吴忠市人民政府2022年重大行政决策事项目录》《吴忠市重大行政决策事项目录管理办法》，规范目录编制指引，切实把公众参与、专家论证、风险评估、合法性审查、集体讨论决定等决策程序贯穿于政府重大决策全过程。各县（市、区）政府均制定了重大行政决策相关制度，同心县政府按程序公布了2022年重大行政决策目录。

2. 重大行政决策质量不断提高

县（市、区）政府在重大行政决策中高度重视法律顾问的意见。截至2022年10月，市本级共审查重大行政决策11项、行政措施45项、合同协议33件，出具法制审核意见书78份。

（六）持续健全规范性文件监督管理

1. 规范性文件审核力度不断加强

准确界定规范性文件范围，工作程序不断规范。在审核工作中，严把法律关、政策关，不走形式，不走过场，市政府和各（县、市）政府合法性审查力求做到应审尽审。

2. 规范性文件监管实现常态化

各部门、各级政府制定的规范性文件报备率和及时率大幅提升，通过对报备的规范性文件进行及时审查，发现问题及时纠正。2022年10月前，市政府制定行政规范性文件4件，均按照要求在期限内向自治区政府、市人大进行备案，备案率、及时率均达100%。对各县（市、区）、市直各部门报备的15件规范性文件，进行审查并反馈意见，切实从源头上保证法治统一、政令畅通。

（七）切实推进严格规范公正文明执法

1. 推行行政执法“三项制度”

严格落实《宁夏回族自治区行政执法监督条例》，按照“1+3+6+2+1+N”工作模式，对全面推行行政执法“三项制度”进行明确规范，市直30个单位按照要求完成了相关执法制度的修订工作并在网上进行公示，其中公示行政执法职权2062项，涉及安全检查、市场监督、财政等领域随机抽查事项263项。

2. 行政复议主渠道作用进一步凸显

印发《吴忠市行政复议体制改革实施方案》，加强行政复议应诉队伍建设，通过调入、划转等形式，市、县两级共配备行政复议人员13名，推进行政复议规范化建设，设立行政复议接待室，为群众现场办理复议申请手续。2022年，市政府共受理行政复议案件50件，办结28件，充分发挥了行政复议化解行政争议的主渠道作用。

3. 深入推进行政应诉突出问题专项治理

制定工作方案，细化16项任务、44条工作措施，开展为期半年的行政应诉突出问题专项治理活动。加强府院联动，设立吴忠市行政争议调解中心，将行政复议、行政诉讼等领域的行政争议一并纳入调解范围，努力将行政争议和矛盾纠纷化解在初始阶段。行政争议调解中心设立以来共接待21件行政争议事项，其中实质性化解行政争议4件。2022年，市政府办理行政应诉案件13件，市政府负责人出庭应诉率100%。

（八）切实保障司法改革向纵深发展

1. 全力打造枫桥经验“吴忠样本”

坚持把非诉讼纠纷解决机制挺在前面，成立“法院+工会”“法院+行业”“法院+行政”等解纷模式，促进纠纷调处由“小合唱”向“大合唱”转变。强化矛盾纠纷源头治理，依托基层法院广泛开展联建共建，有效推进矛盾纠纷在诉前“过滤”化解。

2. 深化诉讼制度和审判机制改革

积极推进以审判为中心的刑事诉讼制度改革，提高证人、鉴定人、侦查人员出庭做证率和案件当庭宣判率。深化民事案件“分调裁审”改革，建立多层次、全流程分流体系，推进简单案件文书简化，扩大简易程序适用范围，小额诉讼和简易程序适用率进一步提升，实现立审执全链条增效提质。

3. 深化智慧法院建设

构建起立案、送达、调解、庭审、执行全周期在线诉讼闭环，“互联网+诉讼”常态化运行，疫情防控期间实现诉讼服务不停摆、司法办案不松劲。

4. 做好公益诉讼检察工作

持续深入开展“公益诉讼守护美好生活”等一系列专项监督，依法立案公益诉讼案件229件。建立磋商机制，促请行政机关主动履职，发出诉前检察建议198件，行政机关整改到位198件。用心守护蓝天净水，办理破坏生态环境领域公益诉讼案件200件。

（九）着力提高普法教育的深度

1. 突出“关键少数”和“未来多数”学法用法

印发《领导干部应知应会法律法规共性内容清单》和《2022年度领导干部应知应会法律法规知识点》，推动领导干部学法用法制度化、常态化。落实国家工作人员旁听庭审制度，线上旁听庭审活动普遍落实，市、县（市、区）176个单位的1980余人参与现场旁听庭审。结合“开学第一课”，围绕校园欺凌、交通安全、禁毒等开展专题讲座650余场。市教育局、司法局、关工委、团委联合开展“学宪法 讲宪法”“小手牵大手 成长与法相伴”等青少年系列普法活动，累计参与学生39万余人次、家长6.5万余人次。

2. 凝聚普法工作合力

印发《2022年全市普法依法治理工作要点》《关于做好普法责任制“四个清单”修订工作的通知》《关于开展2022年“美好生活·民法典相伴”主题宣传月活动的通知》《关于开展2022年吴忠市国家机关“谁执法谁普法”履职报告评议活动的通知》等文件，指导349个部门（单位）修订普法责任制“四个清单”并公示；6个市直部门、25个县（市、区）直部门接受普法责任制履职报告公开评议。对5县（市、区）、35个市直部门实施“八五”普法工作情况检查指导，开展普法工作的自觉性进一步增强。

3. 增强法治宣传教育实效

开展法治文艺下基层活动，在乡村、社区演出37场，并通过新媒体开展线上云展演。打造“法在身边 吴忠微普法”视频普法品牌，22个部门的42名律师、行政执法人员现身说法，累计推送50余期视频节目，观看15.3万人次。市新闻传媒中心推送法治信息360余期（条），利通区成立12个乡镇普法志愿服务小分队以及“夕阳红调解”“援助零距离”“法律义诊”“普法小喇叭”4个机动队，常态化开展“法治护苗”“银发无忧”“普法‘赶集’”等N个志愿服务项目。“红寺堡视线”“魅力青铜峡”等视频号制作推送普法短视频60余期，同心县司法局制作发布民法典宣传系列微视频14部，累计播放量1000余万次。

（十）基层依法治理水平不断提升

1. 加强法治文化阵地建设

2022年，建成自治区黄河法治文化带示范项目利通区城南法治文化公园、新宁河法治文化长廊。争取自治区司法厅法治文化阵地建设专项经费796万元，打造青铜峡市民法典主题公园、同心县红色法治文化公园、盐池县红色法治文化广场、市第四中学青少年法治教育基地“模拟法庭”，升级11个村（社区）法治文化宣传阵地，法治文化阵地质量和作用不断提升。

2. 提升公共法律服务水平

7个公共法律服务中心、48个乡镇公共法律服务工作站、569个村（居）公共法律服务工作室制度机制进一步规范，村（居）法律顾问服务质量不断提升，48个基层司法所全部通过自治区新一轮标准化司法所验收，建成一站式矛调中心县级5个、乡镇、村（居）90个、律师调解工作室16个，打通了法治服务群众“最后一公里”。截至2022年10月，办理法律援助案件1723件，解答群众法律咨询4万余人次，制定修改村规民约140件，代书600余份，为群众避免和挽回经济损失1855余万元，免费为吴忠市低收入、困难人群办理保障性住房公证8000余件，减免公证费90余万元。

3. 加强民主法治示范村（社区）创建

探索“一核引领”“四治融合”“五社联动”的社区治理实践路径，持续推进村级治理“55124”模式，村级重大事项全部列入议事决策范围，村（居）会、村（居）监会实现全覆盖，村（居）自治水平全面提升。深入开展“法律明白人”培养工程实施，各县（市、区）累计组织培训340余场，培训1.5万余人，培养“法律明白人”骨干3042人。红寺堡区弘德村、青铜峡市甘城子村、同心县汪家塬村被命名为第九批“全国民主法治示范村（社区）”。

二、2022年吴忠市依法治市存在的主要问题

（一）法治建设工作发展不平衡

个别县（市、区）和部门对法治建设的全局性、重要性、紧迫性认识不足，法治建设责任压力传导不够，监督机制不健全，致使法治建设工作推进不平衡、亮点工作少，个别县区、市直部门对法治建设整改工作推进不力。

（二）重大行政决策程序意识不强程序不规范

个别领导和部门还存在“拍脑袋”决策和“临时抱佛脚”的惯性思维，不能做到科学谋划、严格按照年初计划执行重大行政决策目录执行，在征求公众意见、组织专家论证、风险评估、合法性审查等环节还存在不规范的地方，留给政府法制审核的时间不够。

（三）行政执法能力跟不上时代发展步伐

少数执法部门执法人员法治素养和执法能力跟不上发展需要，自由裁量权适用不规范，仍然存在重实体轻程序、重罚轻管、柔性执法意识和措施不多等现象，基层法治人员的配备与法治建设的需要还不相适应。

（四）司法改革措施需持续落地落细

近年来，司法改革取得了显著成效，但在一些方面仍有疏漏，如没有切实有效措施解决“刑事案件证人、鉴定人出庭应诉率仍然较低”现象。溯源治理协同机制还不完善，诉讼案件数量上升，审判执行压力仍然较大。

三、对推进吴忠市依法治市工作的思考和建议

2023年，吴忠市将结合依法治市实际，把贯彻落实好“一规划两纲要”作为总抓手，以学习贯彻习近平法治思想为主线，更好发挥法治固根本、稳预期、利长远的保障作用，以点带面提升全市法治建设整体水平，形成全面依法治市的强大合力。

（一）不断深化法治理论武装

深入学习贯彻党的二十大精神要义、自治区第十三次党代会精神，围绕习近平法治思想核心要义的“十一个坚持”，每月突出一个“坚持”开展

学习，每季度围绕一个主题开展研讨，推动全市各级干部系统学习习近平法治思想。落实《党政主要负责人履行推进法治建设第一责任人职责情况列入年终述职内容工作实施方案》，充分发挥领导干部“关键少数”作用，带头尊崇法治、敬畏法律，做尊法学法守法用法的模范。

（二）持续巩固法治政府建设示范市创建成果

经常性地开展“回头看”活动，坚决杜绝“牌子到手、创建到头”。筹备召开全市法治政府建设示范创建观摩会，加强指导、统筹推动4个县（市、区）积极申报第二批自治区法治政府建设示范县（区）。

（三）切实加强合法性审查

严格履行公众参与、专家论证、风险评估、合法性审查和集体讨论决定的民主决策程序，落实政府重大行政决策合法性审查机制。严格执行行政规范性文件“三统一”制度，加强全市行政规范性文件的管理，做到“有件必备”。

（四）注重落实行政执法“三项制度”

定期组织行政执法人员参加相关法律法规、业务知识专题培训，提升执法队伍依法行政意识和能力。扎实开展执法案卷评查专项活动，全面落实行政裁量权基准制度，提高行政执法案卷制作和管理水平。广泛运用说服教育、劝导示范、警示告诫、约谈等方式，努力做到宽严相济、法理情相容。进一步加强执法监督，将行政执法“不作为乱作为”专项整治投诉举报查处情况列入年度效能目标管理考核内容，倒逼行政执法责任制落实。重点督促各县（市、区）抓好执法力量下沉到基层，切实解决基层一线执法水平偏低的问题。

（五）深入开展行政应诉突出问题专项治理工作

持续督促行政部门开展自查自纠，统筹推进整改提高和建章立制等环节，通过摸排调研、府院联席会议、座谈交流、约谈等形式，研究解决重点难点问题，不断规范行政行为。大幅提高行政争议协调化解率，切实推进行政纠纷诉源治理工作取得明显成效。

（六）扎实推进公共法律服务体系建设

不断深化公共法律服务体系建设，进一步整合律师、公证、司法鉴定、仲裁、法律援助、人民调解等法律服务资源，持续完善优化公共法律服务平台建设和利民惠民服务举措，让群众享受触手可及的公共法律服务。推动公共法律服务事项动态监管，不断提高服务质量。加强大数据分析，全面了解群众诉求、掌握社情民意，提高社会治理科学化水平。做好公共法律服务体系建设经费保障，把公共法律服务体系建设工作经费和基础设施建设经费等列入同级财政预算，引导社会力量和社会资金投向公共法律服务领域，保证公共法律服务可持续发展。

（七）进一步提升法治建设能力

贯彻落实《进一步加强市县法治建设的实施意见》《吴忠市新时代法治人才培养规划（2022—2025年）》，制定具体推进措施，运用多种方式，加强市、县等基层法治建设水平。注重法治人才引进和培养，严格落实持证上岗和资格管理制度。扎实开展“法律八进”工作，积极营造办事依法、遇事找法、解决问题用法、化解矛盾靠法的法治环境。

2022年固原市依法治市工作发展报告

单兴兰

2022年，固原市坚持以习近平新时代中国特色社会主义思想为指导，全面贯彻落实党的二十大和自治区第十三次党代会精神，自觉把习近平法治思想作为根本遵循、行动指南，扎实实施依法治区战略，一体推进依法治市、依法执政、依法行政建设，一体建设法治固原、法治政府、法治社会，统筹抓好科学立法、严格执法、公正司法、全民守法，用法治方式保障发展大局、用法治标尺规范行政行为、用法治服务回应民生需求，法治固原建设成效显著，法治政府建设持续加强，法治社会建设不断提升，为巩固脱贫攻坚成果、推进乡村全面振兴、保障经济社会高质量发展营造了良好的法治环境。

一、加强习近平法治思想学习教育，强化队伍法治思维建设

始终坚持把学习宣传贯彻落实习近平法治思想作为重要政治任务和重大政治责任，纳入各级党委（党组）理论学习中心组、党校（行政学院）和学校的重点学习内容，融入国民教育、干部教育、社会教育和家庭教育各方面，广覆盖多角度开展学习宣传活动，不断增强领导干部法治意识、法治思维和法治水平。

作者简介 单兴兰，固原市依法治市办公室秘书科科长。

（一）抓好“关键少数”法治思维能力的提升

抓住领导干部这个“关键少数”，制定《领导干部学法清单制度（试行）》，推动学法用法工作制度化、规范化、长效化。市委、人大、政府、政协会前学法24场次，开展专题研讨4次，举办专题培训班6期、专题讲座9场次，市委、政府领导带头领学、讲法治课，示范带动全市各级党委（党组）会前学法2830余场次、研讨120余场次。

（二）多举措提升领导干部学法用法能力

坚持用习近平法治思想引领固原法治建设工作，把学习宣传贯彻习近平法治思想作为首要政治任务纳入“一规划两清单”（法治固原建设规划、法治政府建设任务清单、法治社会建设任务清单）和年度全面依法治市工作要点，列为领导干部任前法律知识考试和公务员学法用法考试的必考内容，先后有140名领导干部任前“考法”。

（三）建立“1+3+X”学法清单，提升干部法治素养

建立“1+3+X”学法清单，组织开展全市国家工作人员学法用法及考试工作，开展法治机构、政法单位政治轮训和岗位练兵，举办各类专题学习培训班和政治轮训15场次，3.7万余人开展了网络学法考法，教育引导全市广大党员干部学深悟透习近平法治思想，做坚定信仰者、积极传播者、模范实践者。邀请自治区司法厅相关处室负责同志对依法治市、县（区）办主任和副主任，市直各部门主要负责同志共63人开展法治建设专题培训辅导，并组织现场闭卷考试，推动法治工作部门培训轮训全战线、全覆盖。征订配发习近平法治思想权威辅导读本及口袋书6500余册，让读原著、学原文、悟原理成为常态。

（四）线上线下一体推进习近平法治思想宣传

坚持线上线下宣传一体推进，统筹网站、广播电视、公众号等宣传手段，运用“融媒体+微传播”方式等持续开展“百名律师基层法治大宣讲”活动，开展丰富多样的主题宣传活动1741场次、宣讲50场次，积极推进习近平法治思想进农村、进社区、进机关、进企业、进校园，持续推动习近平法治思想持续走深走实。

二、健全和完善地方规范体系，推动地方立法高质量发展

（一）围绕服务大局，加强地方立法

坚持以良法保障社会善治、维护群众根本利益，围绕建设黄河流域生态保护和高质量发展先行区美丽新固原总目标，加快城乡建设与管理、环境保护、历史文化保护、耕地保护、文明城市创建、“四权改革”“三山五河治理”等重点领域，向社会公开征集立法规划建议项目。统筹制定5年立法规划和年度立法计划，制定出台《固原市城市市容管理条例》地方性法规1件，计划出台政府规章1件，立法对经济社会法治的引领保障作用进一步凸显。固原市通过地方立法保护红色基因的经验做法被司法部点赞。

（二）坚持有件必审，维护法治统一

率先在自治区出台了行政规范性文件合法性审核办法，严把制定主体、权限、程序和内容关口，行政规范性文件“三统一”和有效期制度全面落实。2022年，市本级共审核各类文件112件，出具书面合法性审核审查意见书65份，向自治区政府、市人大报备行政规范性文件14件，并通过政府门户网站、政府公报及时向社会公开，备案率和公开率均达到100%，审查各县（区）、市直各部门报备的行政规范性文件12件。

（三）统筹立改废释，抓好集中清理

全面集中清理地方性法规、政府规章和行政规范性文件。统筹组织对全市现行有效的9件地方性法规、1件政府规章、136件行政规范性文件进行了集中清理，做到该废止的坚决废止、该失效的宣布失效、该修改的必须修改，及时纠正并有效解决了与上位法不一致、与经济社会法治不适应的问题，确保了地方性法规、政府规章和行政规范性文件与上位法不抵触、可操作、有特色。

三、坚持目标导向，深化推进法治政府建设

（一）持续推进放管服改革

全面制定完成市、县、乡三级政府行政权力清单、责任清单，分批次

下放县区 57 项，取消调整 29 项，暂停实施 20 项，市本级保留 3564 项，权责事项全部网上公开。全面落实全国统一的市场准入负面清单制度，制定产业发展指导目录，确保依法规范用权。持续开展“减证便民”活动，创新落实以“一门一窗一网”通办、“六多合一”并联审批、“三项机制”保障服务的“163”极简集成审批服务模式，实现市、县一体化运行，“跑一次”“网上办”占比 90%以上，真正实现“一窗办理”。全覆盖推进“证照分离”改革，梳理告知承诺制事项 90 项，注销“红顶中介”12 家。坚决杜绝变相设置行政许可，非行政审批许可事项全部清零，家门口服务站覆盖全市 90%以上建制村。全面落实政务服务“好差评”制度，建立完善“12345”统一政务咨询投诉举报平台，固原阳光政务微信公众号刊发“周回应”政府网站政民互动 42 期，及时回应企业和人民群众诉求。

（二）持续加强科学民主决策

将《重大行政决策程序暂行条例》的贯彻落实作为法治政府建设重要内容，制定并公布 2022 年度市、县（区）重大行政决策事项目录。把依法决策作为领导干部述法、法治督察考核的重要内容，推动各级领导干部严格遵循法定权限和程序进行决策。落实重大行政决策事项目录管理，2022 年市政府确定的 7 项重大行政决策事项全部向社会公开。加强重大事项合法性审查，司法行政部门固定列席政府常务会议，聘用法律顾问 20 名常态化参与重大行政决策咨询论证，科学决策、民主决策、依法决策水平有效提升。

（三）持续规范公正文明执法

全面推行行政执法“三项制度”，查纠执法不公、随意执法、粗暴执法、过度执法和以罚代管等突出问题，行政执法公信力进一步提升。召开行政执法协调小组第三次会议，通报了全市行政执法“三项制度”的推行情况。完成六大领域行政执法体制改革，实施直接执法、派驻执法、属地执法三种执法模式，推动执法层级和执法重心下移。推进跨领域跨部门综合执法改革，向市辖区划转综合执法事项 31 项，划转全额预算事业编制 3 名。组织开展市、县（区）行政执法主体资格、行政执法人员资格审查、学习培训，为 400 余名执法人员换发了统一的执法证件，对 40 名不符合行政执法条件的人员进行了清理。完成生态环境保护、交通运输、农业、文化市场、应急管理、市场监管等6部门执法制式服装和标志申领工作。开展行政处罚案件评查，对各县（区）、市直各执法单位2021年7月至2022年6月以来的200余件行政处罚案件进行自查自评和集中评查。

（四）持续提升行政应诉和行政复议水平

制定出台府院联席会议制度，推进行政机关负责人出庭应诉工作方案，进一步加强和改进行政应诉工作等制度性文件，建立市委政法委及政法各部门主要领导包抓五县（区）的领导包县机制，开展专项督查2次。针对行政机关负责人不出庭、出庭不出声等突出问题，创新实行“一单三联”机制，将行政应诉通知书同步发送同级纪检监察和司法行政机关，督促行政机关负责人出庭应诉。建立司法行政机关与人民法院行政案件情况通报、数据共享、重大疑难问题会商等工作机制，向行政应诉部门下发《关于委派负责人出庭应诉的函》18份，每季度对行政败诉案件、行政机关出庭应诉等情况进行通报，持续提升行政应诉水平。成立行政争议协调化解中心6家，制定出台方案、工作规则等文件制度，推动行政争议实质性化解。市政府主要领导带头出庭应诉，分管副市长、市直各部门负责人、行政执法人员等60余人旁听庭审活动，行政负责人出庭应诉率由2021年年底的33%提高到90%。持续深化行政复议体制机制改革，印发《关于进一步加强行政复议工作的通知》，规范设立行政复议工作机构，争取自治区新增政法专项编制7名，增设行政应诉和行政复议岗位，市、县行政复议工作制度更加健全，人员配备到位。2022年以来，全市共受理行政复议案件104件，审结92件，行政复议化解行政争议主渠道作用有效发挥。

四、深化政法体制改革，建设公正高效权威的司法制度

（一）多措并举，深化推进政法体制改革

进一步落实《全市政法领域全面深化改革工作任务清单》，探索出了“互联网+公安政务服务”“捕诉一体”“四大检察”“十大业务”“分调裁审”“四大公开”“1286诉源治理”“律师事务所规范化管理”“律师服务中心工作”“健全公共法律服务链条”“人民调解与诉源治理、访源治理相结合”等一系列行之有效的做法和举措，政法领域改革不断取得新

进展，司法建议、检察建议更加得到重视并及时反馈。

（二）以评促改，推进司法监督质效

严格案件评查，在全区率先出台了案件评查办法，为固原市探索开展执法案件评查提供了科学依据和统一标准，成为提升司法水平的“利器”。2022年，全市自评案件1964件，通过交叉评查、抽评等方式，被评为瑕疵案件12件，纠正案件1件。

（三）充分发挥监督制度治理效能

研究制定执法监督实施细则，着力解决谁来监督、怎么监督、监督谁、监督结果如何应用等问题，通过个案监督，推动解决了历史遗留问题和信访积案。特别是对涉法涉诉信访案件，既审查事实是否清楚、证据是否确实充分、法律适用是否正确、办案程序是否合法等案件办理情况，还审查执法司法理念、贯彻落实中央和自治区依法处理涉法涉诉信访问题制度等情况，真正把监督的作用发挥好，让人民群众在每一项法律制度、每一个执法决定、每一宗司法案件中都能感受到公平正义。

五、深入推进全民普法，切实提升法治社会建设水平

聚力推动法治社会建设各项任务全面落实，基层治理体系和治理能力现代化水平持续提升。固原市荣获平安中国建设示范市荣誉称号，积分制乡村治理模式被确定为8个典型案例之一向全国推广。

（一）深化推进全民普法建设

全面贯彻落实“谁执法谁普法”普法责任制，印发《关于做好普法责任制“四个清单”修订工作的通知》，督促各普法单位修订“四清单一办法”，在政府网站或微信公众号公示并严格落实。创新普法宣传教育形式，突出领导干部“关键少数”，全面推行网络学法用法和无纸化考试工作。推动青少年法治宣传教育工作“计划、教材、课时、师资”四落实，开展“宪法晨读”1096场次。利用农村“赶集日”和各种文化活动，积极宣传包括宪法、民法典等法律法规1700余场次，播出“以案释法”专题节目19期，开展“百名律师大宣讲”2452场次，发放宣传资料12.5万余份。“3·28特大网络电信诈骗案”网络直播首日观看人数达800万人次，推动

全社会学法尊法守法用法常态化、长效化，让法治思想、法治观念深入人心。不断加强市、县（区）、乡镇（街道）、村居（社区）四级法治文化基地（阵地）建设，建设法治文化公园13座、村（社区）法治文化阵地863个，固原市法治文化公园、固原市智慧普法平台两个项目建设正在有序推进。培育农村“法律明白人”10999人、“法律明白人”骨干2512人，全市尊法学法守法用法的社会氛围日益浓厚。

（二）全面落实“1+6”政策措施

聚焦乡村、社区、宗教、校园、企业、社团6个重点领域，创新基层治理方式，着力提升治理效能。重点实施乡村文明实践积分卡“铸魂工程”，实行“一村一警一顾问”模式，深化拓展乡村治理内涵。原州区三营镇安和村、西吉县火石寨乡小红庄村等9个建制村被命名为“全国民主法治示范村”。推行“5585”创建模式，创新开展感恩、认同、法治“三项教育”，加快创建铸牢中华民族共同体意识示范市，创成国家级示范单位8个、自治区级示范单位151个。加快推进中小学幼儿园“一校一警”工作机制，实现中小学和城市幼儿园专职保安配备、一键式报警、视频监控体系建设“4个全覆盖”。组织律师深入企业开展“法治体检”、法治宣传等法律服务，促进企业守法诚信经营。支持社团依法有序承接政府职能转移和基层公共服务，提升可持续发展能力。

（三）创新推行“1+1+3”工作机制

针对解决基层治理力量相对分散、统筹协调不够等问题，创新推行“一个功能型党支部组织领导+一个综治中心实体化机制化运行+三张清单督办考核”的“1+1+3”工作机制，积极构建一盘棋推进、一站式办理、一体化运行的基层治理新格局。建强一个功能型党支部，有效整合基层公安、司法、统战、教育、民政等部门力量，积极发挥驻乡镇律师、社会组织、人民调解员、基层自治组织等各方作用，开展联合集中办公，强化集约高效管理。建好一个综治中心平台，坚持以实战化建设为标准、实体化运行为目标、信息化建设为抓手，在市、县、乡三级建设规模合理、功能清晰、运转规范、实战性强的综治中心，建立周碰头、月研判、季考核的工作机制，推动人民调解、司法调解协调联动。建立问题、责任、考核“三张清单”制度，对各类矛盾纠纷和问题隐患事项，分类登记、建立台账，深入研判案情，找准问题症结，针对性制定调处方案，严格落实双重考核管理体制，从严督查问责，推动各级责任落实到位。

（四）持续提升平安固原建设水平

扎实开展矛盾纠纷排查化解，深入开展党的二十大安保维稳风险隐患“百日攻坚”和“调解九进·服务万家”专项行动，探索建立人民调解“1334”工作模式，全面推广隆德县“1286”诉前调解模式，在市信访大厅实现“律师+调解员”双派驻。2022年，全市排查化解各类矛盾纠纷5571件，调解成功5304件，成功率95.2%。重拳打击违法犯罪活动，组织开展命案防控、“云剑”、“昆仑”、打击“两抢一盗”等系列专项行动，八类主要案件破案率100%，命案发生率同比持平，群众安全感调查连续9年位居全区第一。深入推进电信诈骗、养老诈骗专项整治行动，发送宣传短信120余万条，制作宣传片235个，集中宣传1040场次。常态化推进扫黑除恶专项斗争，解决了一批顽瘴痼疾，清理了一批害群之马。巩固深化政法队伍教育整顿成果，坚持政治建警，开展“业务素质大培训、岗位技能大提升”活动。深入实施“3331工程”，加强优秀年轻干部常态化培养选拔。坚持服务群众，扎实开展“我为群众办实事”，化解群众急难愁盼问题435个，创新“一路一案一诉一调”典型经验，干部群众对政法队伍教育整顿满意度由74.82%上升到了98.76%。全区首创“公德心、自信心、守法心、敬畏心、感恩心”的“五心教育”社区矫正及安置帮教工作特色品牌，为“迷途浪子”指引回归路，为建设更高水平的法治固原和平安固原贡献应有之力。2022年，全市社区矫正及安置帮教对象未发生一起影响社会稳定的重大案事件。

（五）高效推动公共法律服务体系建设

全面建成市、县法律服务中心6个，乡镇法律服务工作站65个，村（居）法律服务工作室863个，智能终端配备率100%。市级各服务大厅、部门单位配备智能终端21台。打造“无人律所”，查询服务、远程视频咨询等功能得到有效发挥。制定《关于进一步加强刑事诉讼法律援助工作的意见》，办理各类法律援助案件2610件，为4847名当事人挽回或避免经济损失3800.76万元，实现刑事案件律师辩护全覆盖。积极引导律师、基层法律服务工作者、公证员、调解员、“法律明白人”等主动参与公共法律服务。市、县（区）公共法律服务联席会议制度全部建立，公共法律服务、律师值班、村（社区）法律顾问工作经费等已全部纳入同级财政预算。选派148名律师担任863个村（社区）的法律顾问，实现了村（社区）法律顾问全覆盖。2022年共开展法治讲座、解答咨询、提供法律意见等各类法律服务14905件次，固原市的做法在全区交流推广，被司法部点赞。深入推进“百所联百会”机制，组织12家律师事务所与11家商会签订服务协议，开展常态化“法治体检”。县级以上普遍设立法律顾问、公职律师，律师参与决策、提供法律意见等成为依法决策的重要程序。建成乡（镇）人民调解委员会65个，村（社区）调委会863个，专业性、行业性人民调解委员会45个，多层次、宽领域的人民调解组织网络基本形成。在宁夏师范学院建成国家统一法律职业资格考试固原考区考试基地和固原市行政执法考试基地，法考工作实现“零失误”，连续多年获评先进集体称号。固原仲裁委启动运行，固原市公共法律服务实现全链条全业务全时空覆盖城乡。

六、固原市依法治市工作面临的问题及发展展望

尽管固原市在全面推进法治建设各项工作中取得了一些成效，但还存在一些薄弱环节和不足。诸如，利用新媒体、新方式创新开展法治宣传教育仍有待加强，个别领导干部运用法治思维、法治方式化解矛盾的能力不足，基层执法单位法律专业人才相对缺乏，现有人员年龄偏大等等。

2023年，固原市将以学习宣传党的二十大精神为契机，进一步深入学习贯彻习近平法治思想和中央全面依法治国工作会议、习近平总书记视察宁夏重要讲话精神和自治区第十三次党代会精神，坚持党对法治政府建设的全面领导，坚持以人民为中心的发展思想，立足新发展阶段，突出时代性和人民性，着力解决法治政府建设中存在的突出问题，补齐法治短板，坚定不移走中国特色社会主义法治道路，努力建设更高水平法治固原，为固原经济社会发展提供有力法治保障。

（一）持续学深悟透用好习近平法治思想

深刻领会、准确把握习近平法治思想的丰富内涵和核心要义，吃透基本精神、明确工作要求，切实把习近平法治思想贯彻落实到全面依法治市全过程。举办领导干部习近平法治思想专题研讨班，抓好法治队伍习近平法治思想轮训，推动各级党委（党组）理论学习中心组落实会前学法制度，坚决把学习宣传研究阐释贯彻落实习近平法治思想的各项任务落实落地。

（二）着力推动法治政府建设深入开展

1. 持续提升重大行政决策水平

更加注重运用法律和制度遏制不当干预微观经济活动的行为，严格执行市场准入负面清单，严格遵循科学决策原则，健全重大行政决策专家咨询、风险评估、决策过程记录和材料归档制度，提高专家论证质量，确保行政决策适应经济社会发展和全面深化改革要求。

2. 持续改善法治化营商环境

聚焦经济循环畅通无阻这个关键，深入推进“放管服”改革，大力归并减少各类资质资格许可事项，降低准入门槛。有序推进“证照分离”改革全覆盖，将更多涉企经营许可事项纳入改革。深化投资审批制度改革，推进投资领域行政执法监督，全面改善投资环境。深入实施《优化营商环境条例》，依法平等保护各种所有制企业产权和自主经营权，防止滥用行政权力排除、限制竞争行为。加强政企沟通，在制定修改地方性法规、规章及行政规范性文件过程中充分听取企业和行业协会商会意见。规范涉企行政检查，着力解决涉企现场检查事项多、频次高、随意检查等问题。

3. 持续推进执法规范化建设

推动市及辖区原则上只设一个行政执法层级，乡镇（街道）逐步实现“一支队伍管执法”的改革。加强基层行政执法队伍建设，坚持权随事转、编随事转、钱随事转，确保放得下、接得住、管得好、有监督。推动行政执法权限和力量下沉，认真落实不同层级行政执法装备配备标准，破解基层责权不匹配，人才匮乏等难点。全面推行行政执法“三项制度”，推广柔性执法、免罚清单、免责清单，让执法既有力度又有温度。

（三）切实提高运用法治思维和法治方式的能力

1. 高标准推动“八五”普法工作

健全落实“四清单一办法”的普法责任制，通过打造空中课堂、组织文艺演出等方式，运用老百姓身边的案例，以案说法、以案释理，提高普法宣传教育的针对性、时效性，推动普法宣传教育走到群众身边、走进百姓心里，全面推动普法宣传教育大众化，提高全民法治素养。

2. 健全依法化解矛盾纠纷机制

积极推进行政复议体制改革，促进调解、仲裁、行政裁决、行政复议、诉讼等有机衔接，引导、支持人民群众依法表达诉求、维护权益；压实信访首问首访首办工作责任制，深入开展依法治理重复信访和依法化解信访积案专项行动，努力做到小事不出村、中事不出乡镇、大事不出县，不断夯实社会和谐稳定的基石。

3. 全面推进领导干部会前学法、任前考法、年终述法

把法治素养和依法履职情况纳入干部考核评价重要内容，提高运用法治思维和法治方式深化改革、推动发展、化解矛盾、维护稳定、应对风险的能力。

2022年中卫市依法治市工作发展报告

李　斌　王　晶　李彦良

2022年以来，在自治区党委、政府的坚强领导下，中卫市以习近平法治思想为指引，依法治市工作显著进步，科学立法、严格执法、公正司法、全民守法一体推进，法治中卫、法治政府、法治社会一体建设。

一、2022年中卫市依法治市工作发展状况

（一）加强党对全面依法治市的集中统一领导

1. 推动习近平法治思想学习走深走实

制定印发了《2022年度学习宣传贯彻习近平法治思想工作方案》，编制习近平法治思想学习资料，征订《习近平法治思想学习纲要》2500余本，印制《习近平法治思想学习手册》。开展7场次法治培训讲座、6期习近平法治思想大轮训，全市114个部门（单位）共计350余人参加。组织开展市政府常务会前学法28场，“送法进机关”法治讲座、法律知识测试等50余场。

2. 市委全面领导更加有力

制定印发《市委全面依法治市委员会2022年工作要点》《2022年中

作者简介　李斌，中卫市司法局党组书记、局长；王晶，中卫市司法局法治监督科科长；李彦良，中卫市司法局法治监督科（市委依法治市办）科员。

卫市法治政府建设工作要点》，确保各项工作有安排。2022年以来，提请召开了3次委员会会议和4次委员会办公室会议，部署法治建设各项工作。深入贯彻《中央全面依法治国委员会关于进一步加强市县法治建设的意见》，推进建立40个乡镇法治建设领导体制和工作机制。

3. 议事协调机构职能作用有效发挥

着力构建起环环相扣、无缝衔接的责任链条，形成上下联动、齐抓共管的工作格局。充分履行全面依法治市委员会办公室牵头抓总、运筹谋划、督促落实的职能，统一部署法治建设重要工作任务，协调跨部门跨领域法治工作重大问题。各协调小组均制定印发2022年工作要点，建立健全协调小组定期会议制度机制，2022年，立法、司法协调小组各召开1次会议，执法、守法普法协调小组各召开2次会议。

（二）提高立法质量和效率

1. 地方立法质量进一步提高

建立并落实立法项目请示报告制度，立法项目经分管副市长专题会、政府常务会、依法治市委员会会议通过后，方可组织实施。同时建立基层立法联系点制度，畅通民意反映渠道。2022年，共开展立法调研2次、专家论证会2次，征集意见建议70余条。按照市人大2022年立法计划，按时完成了《中卫市养犬管理办法（试行）》上升为地方性法规的起草、征集意见、论证、合法性审核等工作。政府规章《中卫市城市建筑垃圾管理办法》正在起草论证。

2. 规范性文件制发和备案管理有力推动

严格落实规范性文件调研起草、征求意见、合法性审核、集体讨论决定、主要负责人签发和统一登记、统一编号、统一印发等制度。2022年，对28件行政规范性文件进行了合法性审核，对司法厅、市直部门的35份文件及地方性法规、规章征求意见稿提出意见建议，并及时进行回复。对市政府9份行政规范性文件和1部政府规章向国务院、自治区人大及政府、市人大进行报备，对县（区）和市直有关部门报送的28件行政规范性文件进行备案审查。

3. 规范性文件清理工作稳步开展

对不符合法律、法规、规章，与上级机关政策规定不一致、不适应经济社会发展要求的规范性文件，及时清理、修改和废止。截至2022年，共清理设市以来行政规范性文件351件，其中保留121件、废止141件、宣布失效29件、修改60件。

（三）扎实推进依法行政

1. 依法履行政府职能

将全面实行政府权责清单制度纳入《2022年中卫市法治政府建设工作要点》，2022年共调整市本级及沙坡头区6个部门302项职权事项，实现清单“三级四同”，市、区及市本级部门职责边界更加清晰。深入推进“放管服”改革，持续优化营商环境，不断放宽市场准入门槛，全力推进“一网通办”“容缺受理”，企业登记全过程电子化办理率达96%，开办时间压缩至0.5个工作日内。组织开展“双随机、一公开”抽查检查，制定部门联合随机抽查事项清单和工作计划，成员单位从2021年的16个扩展到23个，抽查事项从2021年的39大类77项增加到54大类106项。

2. 推动依法行政更加规范

印发《中卫市人民政府重大行政决策咨询论证工作规则（试行）》，制作《重大行政决策程序工作指引》，重大行政决策未经合法性审查或经合法性审查不合法，不得提交市政府常务会议讨论，2022年共审查市政府常务会议重大事项议题30余件。

3. 开创行政执法监督新局面

每月定期发布《关于公布行政执法监督投诉举报方式的公告》，指定专人立案受理投诉举报案件，2022年共受理8件投诉举报案件，已办结7件。在全市范围内公开选聘25名行政执法监督员，借助外脑提高行政执法监督工作质效。公示了市本级具有行政执法主体资格的34个行政机关及中央、自治区驻中卫具有行政执法主体资格的8个部门，主动接受社会监督。狠抓行政执法人员资格管理工作，组织市本级22个行政执法部门156人参加行政执法证件综合法律知识考试（通过116人），25个行政执法部门663人分两批次更换国家统一行政执法证件，排查注销事业编制工勤岗位、退休、调离、不在岗位的67人的行政执法证件，并对市本级763名行政执法人员的信息进行了公示，督促行政执法人员持证上岗。

4. 深化行政复议体制改革

2022年，中卫市深化推进行政复议试点工作，全市两级行政复议机关受理案件84件，结案69件，撤销和责令履行10件，纠错率14.49%，对在办案中发现的行政违法或不当行为发放行政复议建议书3份。通过公平公正地办案，既维护了行政机关执法权威和当事人合法权益，又纠正了违法行为，有效发挥了复议内部监督作用。市司法局与市中级法院加强工作联系，建立预防和化解行政争议联席会议制度。成立中卫市行政争议协调化解中心，建立政府和法检两院的良性互动机制，畅通预防和化解行政争议渠道，推进行政争议的诉源治理和实质性化解。修订印发《中卫市人民政府行政应诉工作办法》，深入落实行政机关负责人依法出庭应诉制度。

5. 深入推进诉源治理

制定印发《中卫市"调解九进 服务万家"活动实施方案》，打造"中卫市矛盾纠纷调解中心"，构建集人民调解、行政调解、司法调解、仲裁调解多方力量为一体的"一站式"大调解机制。与市退役军人局联合成立中卫市涉军（属）矛盾纠纷人民调解委员会，在工业园区打造宁夏中卫工业园区公共法律服务中心（矛盾纠纷调解中心），逐步推动矛盾纠纷调处精准化。充分发挥市级人民调解委员会及专职人民调解员带头作用，落实"两排查一分析"制度，让调解员到工地、社区、企业主动排查化解矛盾纠纷。2022年全市有3671名调解员，其中专职调解员118名，共排查矛盾纠纷4884次，成功化解矛盾纠纷5100件。

（四）推进公正权威司法高质量发展

1. 构建新型司法权运行

健全和完善审委会（检委会）和专业法官（检察官）会议制度，提高办案质效，推动法律统一适用。针对不同类型的司法人员制定和优化绩效考核制度，并将考评结果与各类人员职级升降、入额退额、绩效分配挂钩，切实发挥考评的激励作用。

2. 推进以审判为中心的刑事诉讼制度改革

严格落实常见刑事案件证据标准，促进类案同判；完善侦查机关与检察机关的联席会商制度，深化刑事案件律师辩护全覆盖，严格执行庭前会议、法庭调查与非法证据排除规程；逐步健全和落实侦查人员、证人、鉴定人员出庭做证制度；强化律师执业权利保障；积极推进认罪认罚从宽制度，切实提高诉讼效率。

3. 健全司法人员职业保障制度

严格落实防止干预司法“三个规定”，切实将司法人员违规干预过问案件情况压缩至最小限度，并将司法人员违规干预过问案件情况纳入党风廉政建设责任制和政绩考核。中卫市中级法院为全体干警购买意外伤害保险。沙坡头区公安分局成立维护民警正当执法权威委员会，切实保障民警履行法定职责。

（五）加快建设法治社会

1. 开启新时代普法依法治理

通过设置法律咨询台、悬挂宣传横幅、发放法治宣传手册等多种方式，向群众讲解相关法律法规，结合案例进行释法说理。组织开展“法律进乡村”活动 140 余次，“法律进社区”活动 50 余次，“法律进企业”活动 30 余次，“法律进学校”活动 130 余次。积极实施农村“法律明白人”培育工程，培育“法律明白人”3334 人、骨干 1180 人。推进法治教育入校园，法治副校长配备率达到 100%，切实加强中小学校普法教育，预防和减少青少年违法犯罪，中卫市第一小学和第四中学 2 个学校创建为自治区级“法治示范校”。

2. 加强公共法律服务体系建设

建立健全公共法律服务一张清单、首问责任制、限时办结制、服务承诺制、责任追究制、一次性告知等 30 余项制度。建成市、县（区）法律援助中心 4 个、乡镇公共法律服务工作室 41 个、村（社区）公共法律服务工作站 511 个。切实发挥村（居）法律顾问作用，全市 128 个村（居）法律顾问为 511 个村（社区）提供各类法律意见 150 余次，调处化解矛盾纠纷 200 余次。全市共计配备法律智能终端机 45 台、可视电话机 580 台，便利群众通过智能设备获取有效法律咨询服务。全市共建成公共法律服务微信群530余个，通过微信群搭建点对点服务的桥梁，接待咨询8000余人，引导申请法律援助和调解、寻求律师帮助等其他途径解决法律问题4000余人，接听咨询电话3200余次，引导和帮助群众利用法律服务智能终端设备解决法律问题800余人。落实“百所联百会”机制，为市属21家商会和15家律师事务所牵线搭桥，以结对方式现场签订《法律服务合作协议》。主动为商会企业提供多种形式的法律服务，开展联合调研9次，座谈交流15次，“法治体检”24次，法律咨询、法治宣传活动55次，调解案件10起，代理各商会企业纠纷案件14起，胜诉率100%，挽回经济损失300余万元。

3. 不断推进基层社会治理

制定《关于健全完善市域社会治理体系提高治理能力的实施意见》《关于健全完善乡村治理体系提高治理能力的实施意见》等7个文件，聚焦乡村、社区、宗教、校园、企业、社团治理，健全完善市域社会治理制度体系，推动基层社会治理体系和治理能力现代化。扎实推进村民代表大会“55124”模式和“村级事务阳光票决”村级事务民主管理，激发自治活力。在市、县、乡三级打造社会主义核心价值观主题公园、广场、街道147个，示范社区31个，推动社会主义核心价值观深入人心。强化制度机制创新，深入推进基层整合审批服务执法力量改革，全市41个乡镇（街道）重构党政机构和事业单位，统一设置“5办4中心”，下沉乡镇行政审批和公共服务事项123项，504名部门派驻乡镇工作人员转隶到乡镇工作。抓住乡镇党委换届契机，配齐配强乡镇政法委员41名，全市派出所所长进乡镇党委、社区民警进社区党组织实现全覆盖。深化农村“一村一辅警一法律顾问”和“1+X+N”社区警务模式。明确网格化服务管理工作职责，在全市443个建制村、68个社区重新调整划分网格3424个，扎实推进网格员、网格督导员、网格长、楼栋长、单元长“两员三长”网格化服务管理模式，配备网格员3403名，楼栋长、单元长15000余人。

4. 社区矫正质量进一步提高

全市2022年设有4个社区矫正管理局、4个社区矫正委员会、41个乡镇级社区矫正委员会，配备专职社区矫正工作人员49名。起草制定了《中卫市社区矫正志愿服务管理办法》《沙坡头区社区矫正中心规范》等20余项工作制度，确保了社区矫正工作有序开展。整合利用社会资源，积极引入第三方社会组织，为社区矫正对象开展多种形式的帮扶教育；同时统筹协调民政、住建、人社等多方力量和资源，对存在困难的社区矫正对象开展针对性帮扶活动，不断加强教育帮扶力度。2022年，开展社区矫正对象心理健康培训共计17场次390人次，为社区矫正对象办理低保3人、申请解决公租房1人、给予临时救助44人45500元。牢固树立安全底线思维，开展社区矫正对象、刑满释放人员安全隐患大排查大整治专项行动，定期排查风险隐患，2022年，全市社区矫正对象和刑满释放人员未发生过个人极端案（事）件。

5. 坚持建设法治工作队伍

坚持把法治人才培养纳入全市人才工作统筹安排，提高培养质量，科学配置资源，建立法治人才库。巩固深化政法队伍教育整顿成效，持续整治顽瘴痼疾，提升法治队伍执行力、战斗力。改进督察检查考核方式，进一步明确干部考核评价内容，把干部考核结果作为干部选拔任用、评优选优、激励约束的重要参考。

二、2022年中卫市依法治市工作存在的问题

（一）依法治市工作统筹推进不够有力

个别领导干部对全面依法治市工作重要性认识不足，没有把全面依法治市同社会、经济发展同谋划、同部署、同推进，实际操作存在“两张皮”现象。个别部门对推进全面依法治市部署不熟悉、不重视，仍然把全面依法治市工作当做某一个机构、某一个部门的工作，缺乏大局观念，“说起来重要、做起来次要、忙起来不要”。

（二）行政执法监督队伍自身建设不足

从事行政执法活动的编制人员较少，配备的法制审核人员不足，特别是执法权向乡镇下移后，基层执法人员和任务明显不匹配。同时，行政执法监督人员的素质参差不齐，整体水平不高，执法水平有待进一步提高。

（三）公共法律服务机制不健全

部分领导对建立公共法律服务体系重视不够、支持不力，部门协调配合不够，司法行政工作“孤掌难鸣”。特别是乡镇党委、政府保障机制不完善，经费投入不足，政府购买公共法律服务的制度体系尚未完全建立，导致公共法律服务体系建设基层基础滞后。

（四）依法决策机制不够完善

个别重大行政决策事项还存在未经合法性审查或不经集体讨论决定的情况，一些涉及生态环境、公共事业等重大民生决策事项，未按要求开展风险调查和民意调查。个别重大行政决策事项未征求公众意见或公开征求意见时间少于30日。

三、对中卫市依法治市工作的思考建议

党的二十大报告专章部署坚持全面依法治国、推进法治中国建设的战略任务，把法治提升到了史无前例的高度。下一步，中卫市将进一步认真学习宣传贯彻党的二十大精神，按照党的二十大关于法治建设的部署要求，大力实施依法治市战略，踔厉奋发建设法治中卫。

（一）夯实全面依法治市根基

1. 发挥领导干部示范引领作用

推动党员领导干部特别是党政主要负责人带头做尊法学法守法用法的模范，做到“深学之、笃信之、践行之”，进一步坚守法治初心、增强法治信心、强化法治担当，提升领导干部法治思维能力。

2. 压紧压实工作责任

坚持将党政主要负责人履行推进法治建设第一责任人职责情况纳入全市领导班子和领导干部年度考核，建立经常督察和专项督察机制，强化督导力度和问责追责，压紧压实责任、层层传导压力，提高各级各部门从严履行法治建设工作责任的能力。同时，争取依法治市专门工作经费，用于教育培训、法治宣传等日常工作，进一步提升工作水平。

3. 构建齐抓共管工作格局

始终把坚持党的领导贯穿到法治建设全过程、各方面，不断提高法治

建设的能力和水平。各级党委依法治市、县（区）办进一步发挥好牵头作用，协调各成员单位，形成委员会总揽、办公室统筹、协调小组归口、成员单位承办的工作机制，形成强大工作合力。

（二）补齐依法行政短板

1. 严格落实重大行政决策程序

按照《重大行政决策程序暂行条例》《宁夏回族自治区重大行政决策规定》，健全科学、民主、依法决策机制，完善决策制度、事项目录和决策程序，严格履行重大行政决策公众参与、专家论证、风险评估、合法性审查、集体讨论决定等程序，持续提升重大行政决策质量和效率。重大行政决策未经合法性审查或经合法性审查不合法的，不得提交决策机关讨论，不得以征求意见等方式代替合法性审查。

2. 加强行政规范性文件制定和监督管理

严格落实备案审查制度，依法及时废止和修订违宪违法的行政规范性文件。采取专项检查、不定期抽查、定期通报等方式，对市直部门、县（区）行政规范性文件制定备案管理工作进行督导检查，督促制定机关依法、及时、规范做好报备工作。同时对存在的问题及时督促整改，进一步提升中卫市行政规范性文件管理水平。

3. 深化公共法律服务平台建设

深入推进“线上、线下”公共法律服务体系建设。在督促指导市、县（区）做好“智慧公法”平台在线办理业务的同时，积极争取自治区经费支持，加大经费投入，推动市、县（区）、乡（镇）三级公共法律服务平台规范升级，继续打造品牌示范“公共法律服务工作站”。

4. 健全政府法律顾问、公职律师制度

充分发挥法律顾问、公职律师在依法决策中的重要作用，建立健全决策过程记录和材料归档制度，严格落实重大行政决策程序。推进评选出重大行政决策示范案例公示示范带动作用。严格落实重大决策终身责任追究制度及责任倒查机制。

（三）加快法治建设进程

1. 提高立法能力

完善“党委领导、人大指导、政府依托、各方参与”的立法机制，进一步明确有关部门立法工作职责，提高领导干部重视程度，充分调动部门参与立法工作的主动性、积极性，从体制机制层面解决立法机构缺位问题。加强系统内部监督，促进立法工作规范化，确保顺利推进立法各项工作。

2. 提升执法水平

配齐配强基层执法监督人员力量，保障行政执法监督业务经费和必要的物质设备条件。进一步加强对行政执法监督人员的学习培训，提高行政执法监督人员素质，促使其不断更新法律知识，增强法治观念，熟练掌握执法各阶段的程序要求及有关内容。通过执法监督促进行政执法规范化。

3. 深化司法体制改革

深化执法司法制约监督体系改革，完善政法单位之间制约监督、社会监督、智能化管理监督机制。加大督查督办，严格落实错案追究和惩戒制度。持续推进“放管服”改革，全面优化智慧警务、智慧检务、智慧审判，依法有序推动政法领域改革走深走实。

4. 坚持法治宣传教育

继续实施“八五”法治宣传教育，持续拓宽“法律八进”发展空间，增强普法工作的吸引力和实效性，推动各级各部门新媒体平台开设普法专栏，形成普法矩阵。加强法治文化建设，把普法融入法治实践、基层治理和日常生活，积极营造办事依法、遇事找法、解决问题用法、化解矛盾靠法的法治环境。

2022年宁夏法治发展大事记①

徐东海

1月

15日，宁夏社会科学院“2021年宁夏社科成果暨2022宁夏蓝皮书系列丛书新闻发布会”在自治区新闻发布厅召开，《宁夏蓝皮书宁夏法治发展报告（2022）》面向社会公开发布。

17日，自治区人大常委会举行宪法宣誓仪式，自治区十二届人大常委会第三十二次会议任命的国家机关工作人员依法向宪法宣誓。

19日，宁夏回族自治区政协十一届五次会议开幕。会期共4天，共安排4次大会，包括开幕会、大会发言、选举大会、闭幕会。会议期间，共安排3次小组讨论、1次联组讨论、1次界别活动，共有听取审议政协宁夏回族自治区委员会常务委员会工作报告、听取审议政协宁夏回族自治区委员会常务委员会关于政协十一届四次会议以来提案工作情况的报告等6项议程。

作者简介 徐东海，宁夏大学2020级民族社会学专业博士研究生、宁夏社会科学院社会学法学研究所助理研究员。

①根据2022年《宁夏日报》、《新消息报》、宁夏人大网、宁夏法治微信公众号、宁夏新闻网等相关信息资料整理。

20日，宁夏回族自治区人大十二届五次会议开幕。大会期间，共安排了1次预备会议、3次全体会议、5次主席团会议，会议议程有审议时任自治区主席咸辉关于政府工作的报告、审查和批准自治区2021年国民经济和社会发展计划执行情况与2022年国民经济和社会发展计划草案的报告等共10项。会议期间，各代表团举行代表团会议及分团会议，对6个报告和先行区促进条例进行审议；第三次全体会议进行了大会选举和宪法宣誓仪式，表决了各项决议草案和法规草案。

2月

8日，宁夏回族自治区市场监督管理厅发布消息，由自治区市场监管厅牵头制定的《电梯应急处置规范》地方标准将于4月17日起正式实施。

14日，宁夏回族自治区应急管理厅发布消息，《宁夏回族自治区突发事件总体应急预案》于日前由自治区政府印发。

17日，全区反诈人民战争工作部署会在银川召开。会议深入学习贯彻习近平总书记重要指示精神，总结工作、分析形势，部署开展为期三年的反诈人民战争。

18日，宁夏回族自治区党委全面依法治区委员会办公室发布消息，2022年宁夏将全面落实《法治宁夏建设规划（2021—2025年）》等规划方案，深入推进全面依法治区，全力护航重大战略实施、人民群众高品质生活、营商环境持续向好，努力建设更高水平的法治宁夏。

23日，自治区党委召开全区党内法规工作会议，指出要深入学习贯彻习近平总书记关于加强党内法规制度建设重要指示和全国党内法规工作会议精神，认真贯彻自治区党委部署要求，奋力推进全区党内法规制度建设高质量发展，以优异成绩迎接党的二十大及自治区第十三次党代会胜利召开。

28日，宁夏回族自治区公安厅发布消息，2021年全区人民群众对公安工作满意度达94.95%，连续5年上升；公众安全感达到93.66%，连续12年保持在90%以上，老百姓获得感、幸福感、安全感进一步提升。

3月

1日，自治区市场监督管理厅（知识产权局）发布消息，知识产权公共服务机构在全区五市实现全覆盖。

2日，中央全面依法治国委员会办公室通报2021年度法治政府建设实地督察发现的典型经验做法，“宁夏坚持在法治轨道上推进基层治理体系和治理能力现代化”这一典型经验做法名列其中。

10日，银川市妇联、银川市兴庆区人民检察院日前联合在银川市妇女儿童活动中心为宁夏首家“涉案未成年人家庭教育指导工作站”的成立揭牌，现场协商会签了《涉案家庭教育指导工作合作协议》。

14日，自治区党委全面依法治区委员会办公室主办的全区法治政府建设课堂正式开讲。

15日，宁夏回族自治区司法厅对全区29家司法鉴定机构的269名司法鉴定人开展为期一个月的全面评查。

17日，平安宁夏建设协调小组会议在银川召开，会议听取了平安宁夏建设协调小组各专项组工作述职，总结2021年工作，分析当前形势，研究部署2022年任务，研究审议相关文件。

21日，宁夏回族自治区人民检察院发布消息，宁夏检察机关2022年将部署开展民事检察“质量建设年”活动，聚焦服务全区经济社会高质量发展，推动我区民事检察工作高质量发展。

22日，宁夏回族自治区人民检察院于日前印发了《宁夏检察机关落实“七号检察建议”助推寄递安全管理工作意见》，要求各级检察机关要严厉打击不法人员利用“网络+寄递”形式实施违法犯罪活动，守护寄递行业安全。

4月

1日，自治区党委全面依法治区委员会守法普法协调小组下发《关于做好普法责任制“四个清单”修订工作的通知》，通过全面落实普法责任制，推进法治宣传教育工作取得实效。

8日，全区打击整治养老诈骗专项行动部署会在银川召开，会议学习贯彻全国打击整治养老诈骗专项行动部署会精神，安排全区的专项行动，切实维护老年人合法权益，促进老年人事业健康发展。

11日，自治区司法体制改革专项小组会议在银川召开。会议深入学习贯彻习近平法治思想，传达习近平总书记在中央全面深化改革委员会第二十四次会议上的重要讲话精神，审议有关改革文件，分析研判形势，安排下一步工作。

12日，宁夏检察机关全面开展“检爱同行·共护未来”未成年人保护法律监督专项行动。此次专项行动将以整治社会关注的重点领域和社会关心的涉未成年人突出问题。

14日，国家税务总局宁夏回族自治区税务局、自治区司法厅于日前联合印发《关于建立公职律师参与涉税争议咨询调解中心的实施意见》。该意见结合宁夏实际，决定在全区税务系统建立“公职律师参与涉税争议咨询调解中心”，建设“一站式”涉税矛盾争议解决机制，实现矛盾纠纷归口管理。

18日，宁夏回族自治区十二届人大常委会第三十三次会议在银川召开。会议传达学习了十三届全国人大五次会议和全国政协十三届五次会议精神，表决通过了《宁夏回族自治区优化营商环境条例》《宁夏回族自治区中小企业促进条例》，作出了关于调整自治区第十二届人民代表大会常务委员会代表资格审查委员会副主任委员的决定。会议听取审议了《宁夏回族自治区枸杞产业促进条例（修订草案）》、《关于检查〈宁夏回族自治区养老服务促进条例〉实施情况的报告》《自治区人民政府关于推进用水权改革工作情况的报告》。会议还表决通过了有关人事任免议案。

19日，宁夏回族自治区司法厅于日前印发《公共法律服务护航黄河流域生态保护和高质量发展先行区建设专项行动实施方案》，全面提升公共法律服务能力和水平，积极为黄河流域生态保护和高质量发展先行区建设提供综合性公共法律服务。

26日，宁夏回族自治区人民检察院成立“知识产权检察办公室”，专门开展知识产权检察工作，对知识产权进行全方位综合性司法保护。

28日，银川市金凤区司法局人民调解工作传承创新，在打破原有人民调解案卷评审小组的基础上，引入第三方对第一季度人民调解案卷集中评审。这是宁夏司法行政系统首次引入第三方开展人民调解案卷评查。

5月

5日，宁夏回族自治区人民检察院将于2022年5月至10月部署开展打击养老诈骗专项行动，依法严厉打击养老诈骗犯罪，全力追赃挽损，最大限度维护老年人合法权益。

6日，自治区反恐怖工作领导小组会议暨全区反恐怖工作电视电话会议在银川召开。

7日，宁夏回族自治区司法厅发布消息，宁夏已完成涉及《民法典》的政府规章和行政规范性文件的清理工作，全区各级行政机关共清理出54件需废止、修订的政府规章和行政规范性文件，其中有43件与民法典精神、原则和规定不符，相关部门已完成修改和废止工作。

9日，自治区打击整治养老诈骗专项行动办公室向社会公布举报方式，鼓励广大群众积极举报养老诈骗违法犯罪线索。

10日，宁夏回族自治区公安厅发布消息，工程建设等政府采购重点领域突出问题专项治理工作开展以来，全区各级公安机关聚焦研判和打击主责主业，共查办串通投标案件375起，抓获犯罪嫌疑人143名，涉案总额约25亿元。通过治理，群众对串通投标违法犯罪的认知和自觉抵制意识显著增强，取得良好的法律效果和社会效应。

12日，宁夏回族自治区生态环境厅公布2022年首批生态环境执法典型案例。

13日，宁夏回族自治区市场监督管理厅发布消息，决定于2022年5月至12月集中组织开展2022年反不正当竞争专项执法行动。此次专项执法行动主要聚焦4个方面的重点问题，着力解决医药回扣、“水军黑公关”、网络“二选一”“剧本营销”等不正当竞争和违法违规行为。

18日，宁夏回族自治区市场监督管理厅（知识产权局）发布消息，将于2022年5月中旬起至10月中旬集中开展打击商标恶意注册行为专项行动。

23 日，宁夏回族自治区扫黑办发布消息，在 2021 年度全国群众安全感调查中，宁夏扫黑除恶斗争成效群众满意度为 97.37%，位居全国第三。

31 日，由自治区未成年人保护工作委员会办公室、自治区民政厅举办的“喜迎二十大　同心护未来”未成年人保护宣传月活动在银川市光明广场启动。

6 月

1 日至 2 日，自治区十二届人大常委会第三十五次会议在银川闭幕。表决通过了《宁夏回族自治区枸杞产业促进条例》，表决通过了关于修改《宁夏回族自治区节约用水条例》《宁夏回族自治区水工程管理条例》的决定，表决通过了关于废止《宁夏回族自治区劳动合同条例》的决定，表决通过了关于批准 2022 年自治区本级预算调整方案的决议，表决通过了人事任免议案。

2 日，自治区党委宣传部、公安厅在银川联合举行全国公安系统英雄模范立功集体表彰大会宁夏获表彰代表记者见面会。

10 日，中国共产党宁夏回族自治区第十三次代表大会在银川隆重开幕。梁言顺代表中国共产党宁夏回族自治区第十二届委员会，向大会作了题为《坚持以习近平新时代中国特色社会主义思想为指导 奋力谱写全面建设社会主义现代化美丽新宁夏壮丽篇章》的报告。

15 日，宁夏回族自治区防范和处置非法集资工作领导小组办公室牵头各成员单位和金融机构共 83 家单位，在银川市光明广场开展全国防范非法集资宣传日暨打击整治养老领域非法集资专项行动现场宣传活动，进一步提高社会公众对非法集资危害性的认识和鉴别能力。

22 日，由银川市总工会、银川市司法局、银川市律师协会联合主办的“百名律师进千企”活动在银川经济技术开发区 IBI 育成中心启动。

同日，人民银行银川中心支行“打击‘征信修复’乱象　保护群众合法权益”新闻发布会发布消息，2022 年，宁夏“征信修复”乱象治理工作成效显著，已组织对宁夏辖区注册名称和经营范围中含“征信”字样的 201 家机构进行了联合治理，占线索机构总数的 72.8%。其中督促变更工商信息 99 家，注销 80 家，纳入异常经营名录 22 家。

29 日，宁夏未成年人保护工作推进会在银川召开。会议深入学习贯彻习近平总书记关于加强未成年人保护工作的重要论述及《中华人民共和国未成年人保护法》，认真落实自治区第十三次党代会部署要求，安排下一步全区未成年人保护工作。

同日，全区打击整治养老诈骗专项行动第二次推进会在银川召开。

30 日，宁夏回族自治区司法厅发布消息，该厅印发《司法所规范化建设三年行动实施方案（2022—2024 年）》，从加强司法所政治建设、基础保障、队伍建设、延伸触角、职能提升五个方面，出台了 26 项工作举措，全面推进新时代司法所规范化建设提档升级。

7月

2 日，宁夏回族自治区人力资源和社会保障厅出台《宁夏社会保障卡申领使用管理办法（试行）》（简称《办法》），明确社会保障卡申领和使用方面的政策措施，对保障持卡人安全、规范、便利用卡，维护持卡人合法权益，提高人力资源社会保障管理和公共服务水平发挥积极作用。《办法》共 9 章 32 条，自 2022 年 8 月 1 日起正式施行。

4 日，宁夏回族自治区司法厅于日前印发《关于法律援助经济困难状况个人诚信承诺制实施意见》，从适用范围等五个方面全面规范法律援助证明事项告知承诺制度，切实解决群众在申请法律援助中办事慢、来回跑、证明难等问题，实现法律援助应援快援。

5 日，宁夏公安厅交通管理局发布消息，宁夏将于 2022 年 7 月 1 日至 9 月底，在全区开展夏季酒驾醉驾集中整治百日行动，严查酒驾醉驾违法犯罪，严防酒驾醉驾肇事肇祸。

7 日，宁夏回族自治区司法厅发布消息，即日起在宁夏全区范围内启用电子版行政执法证件（包括“行政执法证”和“行政执法监督证”），与实体版行政执法证件具有同等效力，这也是西北地区首个实行电子行政执法证件的省份。

14 日，宁夏回族自治区公安厅于日前出台《关于全区公安机关加强警企共建建立常态化联系服务企业工作机制的意见》，优化营商环境，服务保障先行区建设，推动全区经济社会高质量发展。

15日，宁夏回族自治区司法厅、教育厅于日前联合印发《宁夏法律职业资格考试基地管理办法（试行）》，首次命名宁夏师范学院等5个法考考点院校为宁夏法律职业资格考试基地，标志着我区法律职业资格考试基地从建设到管理实现了科学化、规范化、标准化、统一化。

18日，宁夏回族自治区市场监督管理厅（知识产权局）发布消息，由银川市知识产权局于日前主持完成的专利侵权纠纷行政调解协议，经银川市中级人民法院审理后给予司法确认，这是宁夏首例经司法确认的知识产权纠纷行政调解案件。

19—29日，宁夏开展2022年度全区法治建设实地督察。

27—29日，自治区十二届人大常委会第三十六次会议在银川召开。会议表决通过了《宁夏回族自治区公共文化服务保障条例》《宁夏回族自治区安全生产条例》，表决通过了关于修改《宁夏回族自治区人民代表大会常务委员会议事规则》等三件地方性法规的决定，表决通过了关于废止《宁夏回族自治区预防职务犯罪工作条例》的决定，表决通过了关于批准《银川市城市供热条例》的决定，表决通过了关于批准2021年自治区本级财政决算、2022年自治区本级预算调整方案（第二次）的决议，表决通过了人事任免议案。

29日，宁夏回族自治区司法厅发布消息，宁夏各地法律援助机构将军人军属作为重点援助对象，及时有效地维护其合法权益，实现退役军人法律援助工作站全覆盖。

8月

2日，宁夏回族自治区司法厅、宁夏律师协会于日前编制形成《宁夏律师行业适用稳经济支持政策工作指引》，这也是我区首个律师行业适用优惠政策的工作指引。

3日，宁夏回族自治区高级人民法院下发《关于宁夏三级法院开展司法作风突出问题集中整治情况的通报》，对全区法院开展司法作风突出问题集中整治以来存在的问题逐一进行通报，并分析成因，提出整改建议。

同日，宁夏回族自治区公安厅发布消息，宁夏公安“百日行动”锁定6个非法涉油场点，通过多警种联合集中收网行动，抓获犯罪嫌疑人12名，回收100余吨原油，涉案价值约50万元。

23日，宁夏回族自治区人大常委会于日前对《自治区水资源管理条例》实施情况进行了执法检查。

29日，宁夏回族自治区自然资源厅发布消息，结合宁夏实际将于2022年8月29日—9月3日组织开展全区测绘法宣传日暨国家版图意识宣传周活动。

9月

6日至9日，司法部督查组来宁督查《中国共产党政法工作条例》贯彻落实情况。

9日，银川市检察院牵头组织司法、税务等17家行政执法单位，召开银川市行政执法与刑事司法衔接工作联席会，共同商谈落实《银川市“两法衔接”工作考核标准》。

20日，平安宁夏建设表彰大会在银川举行。会议表彰2019—2020年度平安宁夏建设先进集体、个人，授牌命名2017—2020年度平安宁夏建设示范县，总结2017年以来平安宁夏建设成绩经验，部署推进更高水平的平安宁夏建设。

23日，《宁夏回族自治区用水权收储交易管理办法》正式发布，10月10日起实施，有效期至2025年12月31日。

10月

9日，宁夏回族自治区党委、政府于日前印发《宁夏回族自治区知识产权强区建设纲要（2021—2035年）》，对未来15年全区知识产权事业发展远景作出系统谋划。

16日，中国共产党第二十次全国代表大会在北京人民大会堂开幕。习近平代表第十九届中央委员会向大会作报告。

28 日，中国共产党宁夏回族自治区第十三届委员会第二次全体会议在银川召开，全会审议通过了《中共宁夏回族自治区委员会关于学习宣传贯彻党的二十大精神的意见》。

11 月

3—4 日，自治区十二届人大常委会第三十七次会议在银川召开。会议表决通过了新修订的《宁夏回族自治区土地管理条例》《宁夏回族自治区爱国卫生工作条例》，表决通过了关于修改《宁夏回族自治区污染物排放管理条例》等三件地方性法规的决定，表决通过了关于批准《银川市水资源管理条例》《石嘴山市城市公园管理条例》《固原市城市市容管理条例》《中卫市养犬管理条例》的决定，表决通过了《宁夏回族自治区人民代表大会常务委员会关于加强国有资产管理情况监督的决定》《宁夏回族自治区人民代表大会常务委员会关于自治区第十三届人民代表大会代表名额和选举问题的决定》《宁夏回族自治区人民代表大会常务委员会关于重新确定设区的市人民代表大会常务委员会组成人员名额的决定》，表决通过了有关人事任免议案等。

29—30 日，自治区第十二届人民代表大会常务委员会第三十八次会议在银川召开。会议表决通过了《宁夏回族自治区固体废物污染环境防治条例》《宁夏回族自治区人民代表大会常务委员会关于召开自治区第十三届人民代表大会第一次会议的决定》，表决批准了 2022 年自治区本级预算调整方案（第三次）的决议，表决通过了有关人事任免议案。

12 月

2 日，宁夏回族自治区党委全面依法治区委员会发布第二批全区法治政府建设示范地区（单位）和项目命名决定，全区 15 个地区（单位）、项目获得命名。